一流大学研究文库
WCU SERIES

教育部哲学社会科学研究重大课题攻关项目
"我国高校'双一流'建设推进机制与成效评估研究"（18JZD051）研究成果

世界一流大学建设蓝皮书

2020-2021

The Blue Book of
Building World-Class Universities

冯倬琳 刘念才 著

上海交通大学出版社
SHANGHAI JIAO TONG UNIVERSITY PRESS

内容提要

本书梳理了中外一流大学建设的文献综述,比较了中外一流大学的发展指数,并剖析了中外一流大学的典型案例。主要侧重"发展指数"和"借鉴研究"两个议题:"发展指数"主要包括世界一流大学的人才培养、原创研究、学术大师、经济贡献、品牌影响力和服务国家战略六个关键领域的指数构建、指标测量和组别对比;"借鉴研究"主要包括学术文献的借鉴、政策演变的借鉴、学校实践的借鉴和典型案例的借鉴。

本书可以为"双一流"建设提供政策建议,适合高等教育研究者和实践工作者使用。

图书在版编目(CIP)数据

世界一流大学建设蓝皮书:2020-2021 / 冯倬琳,
刘念才著. —上海:上海交通大学出版社,2021
(一流大学研究文库)
ISBN 978 - 7 - 313 - 24939 - 5

Ⅰ. ①世… Ⅱ. ①冯… ②刘… Ⅲ. ①高等学校-教
育建设-研究-世界- 2020-2021 Ⅳ. ①G649.1

中国版本图书馆 CIP 数据核字(2021)第 087548 号

世界一流大学建设蓝皮书(2020—2021)

SHIJIE YILIU DAXUE JIANSHE LANPISHU (2020—2021)

著　　者:冯倬琳　刘念才

出版发行:上海交通大学出版社　　　　　　地　　址:上海市番禺路 951 号
邮政编码:200030　　　　　　　　　　　　电　　话:021 - 64071208
印　　制:常熟市文化印刷有限公司　　　　经　　销:全国新华书店
开　　本:710 mm×1000 mm　1/16　　　　印　　张:17.25
字　　数:277 千字
版　　次:2021 年 6 月第 1 版　　　　　　　印　　次:2021 年 6 月第 1 次印刷
书　　号:ISBN 978 - 7 - 313 - 24939 - 5
定　　价:98.00 元

前　言

　　《世界一流大学建设蓝皮书（2020—2021）》是教育部哲学社会科学研究重大课题攻关项目"我国高校'双一流'建设推进机制与成效评估研究"（18JZD051）的系列成果之一。该系列是上海交通大学教育学院世界一流大学研究中心的品牌研究，旨在提供该领域的最新进展和深度分析，内容主要包括中外一流大学建设的文献梳理、中外一流大学的发展指数，及中外一流大学的典型案例剖析。

　　"世界一流大学建设的文献"从学术研究、国家政策和学校实践三个视角梳理近年来关于世界一流大学建设的中外文献，对中外一流大学重点建设项目的实践和反思进行年度分析。

　　"世界一流大学发展的指数"设计世界一流大学发展的关键指数，分析我国"双一流"建设大学与世界一流大学对标样本组的指数结果，对中外一流大学的建设指数进行年度比较。

　　"世界一流大学建设的案例"选择发达国家、新兴经济体的世界一流大学和我国"双一流"建设大学的典型案例，分析学校、院系的办学特色，对中外一流大学建设的典型案例进行剖析。

　　本项目研究团队希望《世界一流大学建设蓝皮书（2020—2021）》能为我国"双一流"建设以及高等教育研究者、实践工作者和政策制定者提供有益参考。

目　录

第一章　全球世界一流大学建设的文献研究　　　　　　　...1

　第一节　学者视角下的世界一流大学建设　　　　　　...1

　第二节　国家政策视角下的世界一流大学建设　　　　...9

　第三节　学校实践者视角下的世界一流大学建设　　　...17

第二章　中国世界一流大学建设的文献研究　　　　　　...23

　第一节　学者视角下的世界一流大学建设　　　　　　...23

　第二节　国家政策视角下的世界一流大学建设　　　　...30

　第三节　学校实践者视角下的世界一流大学建设　　　...36

第三章　世界一流大学人才培养指数　　　　　　　　　...41

　第一节　背景与思路　　　　　　　　　　　　　　　...41

　第二节　研究方案与设计　　　　　　　　　　　　　...48

　第三节　对标大学与我国一流大学的指数对比分析　　...54

　第四节　人才培养案例分析　　　　　　　　　　　　...56

　第五节　政策建议　　　　　　　　　　　　　　　　...72

第四章　世界一流大学原创研究指数　　　　　　　　　...75

　第一节　背景与思路　　　　　　　　　　　　　　　...75

第二节　研究方案与设计 ...82

第三节　对标大学与我国一流大学的指数对比分析 ...87

第四节　原创研究案例分析 ...89

第五节　政策建议 ...106

第五章　世界一流大学学术大师指数 ...108

第一节　背景与思路 ...108

第二节　研究方案与设计 ...113

第三节　对标大学与我国一流大学的指数对比分析 ...119

第四节　学术大师案例分析 ...126

第五节　政策建议 ...135

第六章　世界一流大学经济贡献指数 ...137

第一节　背景与思路 ...137

第二节　研究方案与设计 ...144

第三节　对标大学与我国一流大学的指数对比分析 ...153

第四节　经济贡献案例分析 ...156

第五节　政策建议 ...166

第七章　世界一流大学品牌影响力指数 ...170

第一节　背景与思路 ...170

第二节　研究方案与设计 ...175

第三节　一流大学的品牌影响力指数对比分析 ...184

第四节　品牌影响力案例分析 ...188

第五节　政策建议 ...203

第八章　世界一流大学服务国家战略指数 ...207

第一节　背景与思路 ...207

第二节 研究方案与设计 …217

第三节 我国一流大学服务国家战略指数对比分析 …226

第四节 国家战略贡献案例分析 …229

第五节 政策建议 …247

附录 …252

附表 1 一流大学"人才培养"指数(2020—2021) …252

附表 2 一流大学"原创研究"指数(2020—2021) …254

附表 3 一流大学"学术大师"指数(2020—2021) …256

附表 4 一流大学"经济贡献"指数(2020—2021) …258

附表 5 一流大学"品牌影响力"指数(2020—2021) …260

附表 6 一流大学"服务国家战略"指数(2020—2021) …262

缩略语一览 …264

第一章
全球世界一流大学建设的文献研究

自 20 世纪 80 年代末开始,世界各国陆续出台世界一流大学或学科建设的计划,历经重点建设项目的萌芽、成长和发展阶段,世界一流大学建设的研究逐渐成为全球学者、政策制定者和实践者的关注热点。本章从学者视角、国家政策视角和学校实践者视角出发,在 Scopus 数据库平台、各国教育部门官方网站、专题国际研讨会等搜集相关文献作为研究资料。这些文献涉及欧洲地区的德国、俄罗斯、法国,美洲地区的加拿大,亚太地区的澳大利亚、日本、印度等 21 个国家,涵盖了主要的发达国家和新兴经济体国家。三个角度思考和讨论的侧重点有所差异,学者视角的文献主要侧重国家层面的规划和影响及学校层面的追求和变革,国家政策视角的文献主要侧重全球各国重点建设项目的发展变化,学校实践者视角的文献主要侧重当前世界一流大学或学科建设的成功经验和现实困境。

第一节　学者视角下的世界一流大学建设

本节在 Scopus 数据库平台以"excellence initiative"为关键词进行检索,截取时间段为 2015～2019 年,同时要求作者是学术机构的研究人员,共检索出390 篇文献。本研究从中选取出与一流大学或学科重点工程建设相关的文献,以此综述当前学者视角下集中探讨的主题。

一、国家层面

1. 国家战略的影响

在国际竞争日趋激烈的大背景下,各国都越来越重视一流大学或学科的发展,致力于通过高等教育来加强本国的竞争力。无论是发达国家,还是发展中国家,都先后出台了各具特色的战略规划,主要通过集中分配资金的方式促进大学或学科的发展,产生了一系列积极的影响。

国家战略规划在科研方面的直接影响最为显著,总体上学者普遍认为相关措施提升了科研生产力。从高质量科研论文的产出来看,托尔格·莫勒(Torger Möller)等在德国卓越计划(The German Excellence Initiative)的背景下通过高被引论文来衡量德国大学的科研成果,文献计量分析的结果表明,与没有获得额外资助的大学相比,入选德国卓越计划的大学高被引论文增幅更大[1]。从国际顶级期刊发表的研究成果来看,达妮埃拉·德·菲利波(Daniela De Filippo)等分析了西班牙的大学在实施卓越校园计划(Spain's Campus of International Excellence)之后在《自然》(*Nature*)和《科学》(*Science*)期刊上发表的文章数量增加,科研质量和生产力有所上升[2]。从专利的产出上看,埃里克·E·莱曼(Erik E. Lehmann)等研究了德国的大学在参加卓越计划之后的创业活动,发现其大学与行业的合作更多,专利数量上有所增加[3]。然而,同时也有部分研究得出国家一流大学或学科建设战略规划对科研产出并没有产生显著积极影响的结论。尤塔·沃勒斯海姆(Jutta Wollersheim)等学者以商学和经济学为例探讨德国的大学参与卓越计划是否对学术表现产生影响,结果却表明在机构层面,卓越计划没有对学术表现产生显著的积极影响[4]。可能卓越计划对不同学科的科研影响是有差别的,卢茨·伯恩曼(Lutz Bornmann)分析和比较了德国卓越计划所支持的卓越集群计划开始前和开始后高被引出版物作者的社会网络结构数据,发现生命科学和自然科学的结果是不同的,自然科学反映出的效果更好[5]。

[1] MÖLLER T, SCHMIDT M, HORNBOSTEL S. Assessing the effects of the German Excellence Initiative with bibliometric methods[J]. Scientometrics, 2016, 109(3): 2217 – 2239.
[2] DE FILIPPO D, CASANI F, SANZ-CASADO E. University excellence initiatives in Spain, a possible strategy for optimising resources and improving local performance[J]. Technological Forecasting and Social Change, 2016, 113(2): 185 – 194.
[3] LEHMANN E E, STOCKINGER S A E. Entrepreneurship in Higher Education: The impact of competition-based policy programmes exemplified by the German Excellence Initiative[J]. Higher Education Quarterly, 2019, 73(1): 70 – 84.
[4] WOLLERSHEIM J, LENZ A, WELPE I M, et al. Me, myself, and my university: A multilevel analysis of individual and institutional determinants of academic performance[J]. Journal of Business Economics, 2015, 85(3): 263 – 291.
[5] BORNMANN L. Is the promotion of research reflected in bibliometric data? A network analysis of highly cited papers on the Clusters of Excellence supported under the Excellence Initiative in Germany[J]. Scientometrics, 2016, 107(3): 1041 – 1061.

间接影响可以体现在大学排名的变化和科研人才的流动两个方面。其一,很多国家一流大学或学科建设战略规划的直接目标就是通过增强科研实力来提升本国大学或学科的排名,一些学者由此也指出了其对各国大学排名带来的影响。马提亚斯·门特(Matthias Menter)等学者评估了德国的大学在世界大学排名中的变化情况,在 QS 世界大学排名(Quacquarelli Symonds,简称 QS)和泰晤士高等教育世界大学排名(Times Higher Education World University Rankings,简称 THE)中,包括慕尼黑大学(University of Munich)、慕尼黑工业大学(Technical University of Munich)等在内第一批入选德国卓越计划的精英大学排名稳步提高,有效提升了知名度和竞争优势①。特奥多罗·卢克马丁内斯(Teodoro Luque-Martínez)等学者分析了西班牙卓越校园计划对其大学在世界大学学术排名(Academic Ranking of World Universities,简称 ARWU)中的影响,比较该计划实施前三年和后三年的平均水平,发现参与该计划的大学在 ARWU 排名当中获得了更有利的位次②。可以看出,国家战略规划的支持能够加速推动大学或学科的发展。

其二,科研人才始终是一流大学或学科建设中不可或缺的重要资源,各国战略规划对学者的国际流动也产生了明显的影响,因此一些研究针对学者的社会流动进行了探索。亚历克斯·孔茨(Alex Cuntz)认为国家的卓越计划政策能够吸引海外人才,促进了拥有类似政策的国家之间对科学精英的国际竞争,依据欧洲研究理事会的记录,科学精英们没有普遍选择比他们原籍提供更多资金的国家,高质量的科学体系才是其考虑的决定性因素③。埃琳娜·茨维特科娃(Elena Tsvetkova)等尝试分析了入选俄罗斯卓越计划(The Russian Academic Excellence Initiative)的大学在全球人才市场中的竞争力,在该计划的号召下,其大学将重点招募全世界的优秀科学家,尝试借助突破性科研来建立卓越的学术声誉④,促

① MENTER M, LEHMANN E E, KLARL T. In search of excellence: A case study of the first excellence initiative of Germany[J]. Journal of Business Economics, 2018, 88(9): 1105 - 1132.
② LUQUE-MARTINEZ T, DONA-TOLEDO L, DOCAMPO D. Influence of the Campus of International Excellence initiative on the position of Spanish universities in Shanghai's academic ranking[J]. Revista Espanola De Documentacion Cientifica, 2016, 39(3): 1 - 15.
③ CUNTZ A. Do public R&D funds affect the location choices of elite scientists in Europe? [J]. Research Evaluation, 2016, 25(4): 383 - 395.
④ TSVETKOVA E, LOMER S. Academic excellence as "competitiveness enhancement" in Russian higher education[J]. International Journal of Comparative Education and Development, 2019, 21(2): 127 - 144.

进了学者的流动。学者的国际流动进一步促进了全世界高等教育的合作与交流,同时也不可避免地加剧了国家之间的竞争。

2. 高等教育系统的变化

随着世界各国逐渐开始推动一流大学或学科建设,一些国家的高等教育系统也随之发生了变化,学者们从历史发展脉络的角度对部分典型的国家进行了梳理。俄罗斯从苏联时代起形成了本国独特的高等教育系统,近期的卓越计划也产生了重要影响,受到学者们的关注。安娜·斯莫伦斯娃(Anna Smolentseva)从高等教育普及与分化的视角进行了分析,苏联时期政府就已经将其高等教育普及到大众化的阶段,甚至由公共部门为部分学生提供学费,到其解体时约有四分之一的适龄人口接受了高等教育,不过有一半以上属于非全日制的大学生,通过工作和学习结合来提高人口素质。20世纪90年代开始,俄罗斯高等教育系统的改革方向转向保障高等教育的质量和卓越性,但是由于政府投入的资金无法承担高等教育的扩张,后期政府给予了高等教育机构收费筹集资金的权利,促成了高等教育私有化;近来随着卓越计划等俄罗斯一流大学建设规划的出台,进一步刺激了精英和非精英高等教育机构的分化,其高等教育系统产生分层现象①。阿列克赛·叶戈罗夫(Aleksei Egorov)等从大学职能发挥的视角进行了分析,苏联时代将高等教育视为公司运作的子系统,大学教育是为了培养满足经济发展所需的劳动力,高等教育系统形成了“准企业”模式,确保了毕业生的工作分配;20世纪90年代推出大学收费学习课程,形成有偿教育服务,并且大学拥有了课程的决策自主权,同时大学还在满足当地雇主的培训和人员配备需求方面发挥更加积极的作用,确保能够赚取额外的收入;21世纪以后,俄罗斯力图打造更强劲的高等教育格局,合并地方大学,组建联邦大学,推进卓越计划以提升其大学的全球竞争力,更好地完成国家教育和研发的任务,高等教育系统的任务转变为全面促进社会经济和创新潜力的发展②。

法国为了维持其高等教育在世界上的领先地位,成为了受一流大学或学科建设影响而重组其高等教育系统的典型国家。法国原本就拥有独特的高等教育

---

① SMOLENTSEVA A. Universal higher education and positional advantage: Soviet legacies and neoliberal transformations in Russia[J]. Higher education, 2017, 73(2): 209-226.

② EGOROV A, LESHUKOV O, FROUMIN I. "Regional flagship" university model in Russia: Searching for the third mission incentives[J]. Tertiary Education and Management, 2020, 26(1): 77-90.

系统,传统上属于双轨制,自1968年其大学分化后,许多大学从学科界限上被分散开来,而当前的世界大学排名则认为好的研究和教学需要多学科综合性大学来完成。近年来,法国为了提升其大学的竞争力,先后推出建立卓越中心、吸引更多国际学生、协调各机构的课程设置和研究等战略,甚至重组及合并一部分大学来提高影响力,如将巴黎第二、第四、第六大学合并为索邦大学等,使高等教育系统得到进一步完善①。除俄罗斯、法国之外,德国、英国等其他国家的高等教育系统由于实施各类战略规划同样发生了或多或少的变化,也就是说各国高等教育系统通过调整以促进一流大学或学科建设的进程。

3. 追求卓越的挑战

世界各国一流大学或学科建设通常以追求卓越为宗旨,由此也随之暴露出一些问题,引发了广泛的讨论。主要问题是指向社会公正,公共资金集中于部分精英大学的现状加剧了各国大学之间的不平等,容易对高等教育发展的各方面产生不利影响②。在入学机会上,大学竞争的加剧导致大学的学费高涨,尤其是顶尖大学,弱势群体很大程度上失去了进入顶尖大学学习的机会;在教学质量上,大学设置的课程是为了使其在世界大学排名中取得更好的成绩,而非专注于知识的开发和研究,教学的内在价值无法得到足够的重视③;在科学研究上,一方面是对科研数量的追求,迫使科研人员将他们的研究分解到几篇文章当中,可能会产生在研究真正完成之前就发表或者重复发表的现象,还有一方面是为了获得在少数高质量期刊上发表成果的机会,科研网络中形成了孤立密集的小集团,他们在持续保持优势地位的同时使得有限的资源无法得到公正的分配④。必须承认,一流大学或学科建设促进了一部分精英大学得到了快速发展,但也不可避免地加剧了社会公正问题:资源更多地集中在了少数优势学校中,各国大学内部出现分化现象,产生了马太效应。高等教育是促进社会流动的重要渠道之一,原本有利于社会公正的维护,而很多国家的卓越计划促成了一部分精英大学的诞生,对文化、经济、社会资本要求的提升使原本处于弱势阶层的群体更加难以

---

① HIGHMAN L. Remapping French higher education: Towards a multi-tiered higher education system?[J]. Tertiary Education and Management, 2020, 26(2): 199 - 214.

② KRIEGER A. Germany: Equality or excellence[J]. Nature, 2016, 537(7618): S12 - S13.

③ HUGONNIER B. Current and Future Trends in the World of Universities[J]. Higher Education Forum, 2016, 13(1): 43 - 56.

④ MACDONALD S, STEEN J, SHAZI R. Aiming for excellence: Reflections on the advanced institute of management research and its elite[J]. British Journal of Management, 2016, 27(2): 438 - 454.

企及这些大学,如何有效促进社会流动成为了新的问题。同时,为了追求更多资源,精英大学不断加强教学和科研质量,提升其在世界大学排名中的位置,以达到国家战略规划的要求,维护自身的优势地位。但学者们也对此提出了质疑,有些学校功利化地追求排名中的相关指标,导致教学和科研质量无法得到保障。

此外,部分欠发达国家或地区在一流大学或学科建设过程中也正面临许多挑战,其需要在本身有限的条件中推进高等教育的发展。罗伯特·蒂杰森(Robert Tijssen)等访问了非洲科研人员,听取了他们对于非洲卓越科研倡议(African Research Excellence)(该倡议为领导科学创新的长期卓越发展提供机会,并资助、实施和促进科研项目)的看法,而受访者表示非洲面临的挑战包括资金不足、科研基础设施和设备落后、科研动机和时间不足、人力资源稀缺、在顶尖期刊难以发表成果、与利益相关者的协作性弱等[1]。特贝耶·莫拉(Tebeje Molla)等分析了非洲高等教育卓越中心项目(The Africa Higher Education Centers of Excellence Project)。该项目由世界银行资助,不仅在尼日利亚、加纳、塞内加尔等国家建立卓越大学中心,还促进了科学、技术、工程、数学(Science,Technology, Engineering and Mathematics,简称STEM)相关学科以及农业、卫生方面的高级专门研究。研究者指出非洲面临着专业技能短缺、科研生产率低、人才流失严重等问题[2]。总体来说,大多数欠发达地区在推进大学或学科建设中都会遇到资源限制的问题,其高等教育本身的发展是否达到了建设一流大学或学科的阶段以及是否所有国家或地区都需要以追求卓越为目标,这些问题都值得思考。

二、学校层面

1. 追求平等与多元

为了应对一流大学或学科建设的需求,学校也采取了各种方式来加强或维持卓越,不少学者提出多样性与平等是卓越机构的重要标准,而关于学校追求多样性与平等的研究主要集中于性别平等和学生文化背景多元化两个方面。性别平等主要关照到如何改变女性学者在学术界的不利地位,比吉特·里格拉夫

[1] TIJSSEN R, KRAEMER-MBULA E. Research excellence in Africa: Policies, perceptions, and performance[J]. Science and public policy, 2017, 45(3): 392-403.

[2] MOLLA T, CUTHBERT D. Re-imagining Africa as a Knowledge Economy: Premises and Promises of Recent Higher Education Development Initiatives[J]. Journal of Asian and African Studies, 2018, 53(2): 250-267.

(Birgit Riegraf)等认为德国在一流大学建设中引入了性别平等的原则,他们将两所传统德国大学作为案例来探究卓越与性别之间的关系,结果表明,虽然学校在资金分配、科研评估、早期职业生涯培养等方面的激励措施使学术界正在向优秀的女性学者开放,但两所大学女性的比例仍随着职业阶层的上升而下降,总体上女性处于不利地位①。罗兰·布洛克(Roland Bloch)等考察了德国为了建设一流大学而建立的博士生教育部门,该部门特别强调加强两性平等,采取各类措施鼓励女性研究生积极参与申请②。戴安娜·比利莫利亚(Diana Bilimoria)等分析了美国国家科学基金会(National Science Foundation,简称 NSF)"学术领导力卓越机构"项目(Institutions Developing Excellence in Academic Leadership),其目标是建设理想的学习社区,通过改变学术文化,来增强 STEM 学科中的性别平等、多样性和包容性,最终培养出学术领袖,并将性别平等转型制度化,提高STEM 学科中女性学者的地位和领导力③。传统观念会将科研卓越与男性文化联系在一起,偏颇地认为科研创新是男性学者努力的结果,一流大学建设则为促进性别平等提供了契机。事实上,即使在 STEM 学科领域中,女性学者的比例随着时代变化发展在不断攀升,可众多研究表明她们的确受到了不公正的待遇,在卓越资助体系下重新考虑科研资源的分配及科研成果的评估等措施在一定程度上能够帮助女性学者,更重要的是学校需要有意识地将性别平等视为卓越标准。

学生文化背景多元化需要学校能够包容不同背景的学生,创造出多元、共存的学习交流环境。山姆·奥斯本(Sam Osborne)等学者发现比起社会科学、人文艺术等学科,澳大利亚土著居民从事 STEM 学科相关职业的比例较少,而这些学科是当前就业的焦点,因此该国的一些大学采取促进公平和卓越的措施,借助社区的帮助、长远的承诺、具有文化响应性的教学等方式来增加土著居民参与到大学 STEM 实践项目中的机会④。在引入卓越标准的过程中,部分大学已经注

① RIEGRAF B, WEBER L. Excellence and gender equality policies in Neoliberal Universities[J]. Gender and Research, 2017, 18(1): 92-112.
② BLOCH R, MITTERLE A. On stratification in changing higher education: The "analysis of status" revisited[J]. Higher Education, 2017, 73(6): 929-946.
③ BILIMORIA D, SINGER L T. Institutions Developing Excellence in Academic Leadership (IDEAL) A partnership to advance gender equity, diversity, and inclusion in academic STEM[J]. Equality, Diversity and Inclusion: An International Journal, 2019, 38(3): 362-381.
④ OSBORNE S, PAIGE K, HATTAM R, et al. Strengthening Australian Aboriginal participation in university STEM programs: A Northern Territory perspective[J]. Journal of Intercultural Studies, 2019, 40(1): 49-67.

意到利用政策上的倾斜来保障学生群体的多元化,特别是保护一些弱势背景的学生,这实际上也维护了教育的公平。进一步来说,一流大学或学科建设中对多样性与平等的追求在某种意义上反映了大学始终需要坚持开放性和包容性。

2. 学校变革与优化

学校的变革与优化是其配合一流大学或学科建设的体现,基于此背景的改革措施成为了当前的研究热点之一。学校的改革措施大多与教学和研究职能紧密相关,从这两方面入手,符合大学使命宣言中对于二者的重视①。关于教学方面的改革,卢克·米勒德(Luke Millard)等以英国卓越教学中心倡议(The Centers for Excellence in Teaching and Learning)为例阐述了学校在该倡议推动下采取的课程改革措施,其中一种方式是"学生参与",雇佣部分学生和工作人员一起创建课程,尝试通过与学生合作来改善学校的学习体验②。玛西·彼得罗伊凯利(Marcy Peteroy-Kelly)等针对美国科学促进会(American Association for the Advancement of Science,简称AAAS)倡议的《本科生物教育的愿景与变革》(*Vision and Change in Undergraduate Biology Education*)进行了探索,认为建设一流生物学科需要为学生提供独特的、高影响力的课程及课外体验,诸如增加跨学科的相关入门课程、利用当地的实地考察站和外部研究设施开展合作学习、服务学习等教学改革措施③。塔里库尔·伊斯兰(Tarikul Islam)等研究了印度国立伊斯兰大学(Jamia Millia Islamia,Central University)为响应国家提高科学和技术能力、在新兴学科领域达到全球卓越的倡议而开发的一门新兴主题的智能传感器和物联网课程,课程参与者有机会与国际教师互动,帮助他们学习传感器设计、软件开发和不同硬件数据的组件要求④。学校教学方面的改革集中在课程上的调整与优化,进一步强化学生为本的教学理念,加入了实践学习、合作学习、国际化等要素,有助于提升教学效果和学生的满意度。

关于研究方面的改革,莎拉·E·克劳福德(Sarah E. Crawford)等研究了

① JUNGBLUT J, JUNGBLUT M. All different? All equal? differentiation of universities' mission statements and excellence initiatives in Germany[J]. Science and Public Policy, 2016, 44(4): 535 - 545.
② MILLARD L, HARGREAVES J. Creatively employing funding to support innovation[J]. Innovations in Education and Teaching International, 2015, 52(3): 335 - 344.
③ PETEROY-KELLY M, BRANCACCIO-TARAS L, AWONG-TAYLOR J, et al. A qualitative analysis to identify the elements that support department level change in the life sciences: The PULSE Vision & Change Recognition Program[J]. PloS one, 2019, 14(5): 1 - 26.
④ ISLAM T, MUKHOPADHYAY S C, SURYADEVARA N K. Smart sensors and internet of things: A postgraduate paper[J]. IEEE Sensors Journal, 2016, 17(3): 577 - 584.

学校在德国卓越计划的资金支持下如何推动研究项目的建立,包括打造项目研究室、提供类似种子基金的资助等,其目的是促进跨学科研究,并提供平台使科学家获得合作创新的机会,聚焦于解决现实问题①。威廉·克鲁尔(Wilhelm Krull)认为学校应当努力建设一种创造力的文化来真正实现科学研究上的卓越,提出为学者提供最好的训练和最好的技能学习环境以提升竞争力,利用非常规的研究项目以提升创造性思维和灵感,提供学校领导对研究人员的可靠承诺,发挥跨文化和跨学科交流在研究项目中的中心作用,以国际合作为当代研究的基础,给予充分时间以保持研究项目的连续性,组织专家进行集中性的研究等举措②。学校研究方面的改革集中于学者的合作与交流,包括跨国、跨文化、跨学科等不同层次,扩大了研究的深度和广度。

第二节　国家政策视角下的 世界一流大学建设

本节收集了各国官方网站发布的关于一流大学或学科建设的政策文本,涉及欧洲地区的德国、俄罗斯、法国,美洲地区的加拿大,亚太地区的澳大利亚、日本、印度等 21 个国家。从国际层面的视野出发,根据各国重点建设项目的开展情况综述了当前国家政策视角下集中探讨的主题。

一、重点建设项目的历史演变

1. 萌芽阶段(1989～2000)

21 世纪之前,仅有少数国家尝试一流大学或学科建设的计划,全球化的理念正在形成当中,各国大学重点建设项目基本处于萌芽阶段。总体上看,大多是那些高等教育在国际上还未占据主流地位的发达国家先行推出了相关政策。加拿大早在 1989 年就推出了卓越研究中心网络计划(Networks of Centers of Excellence Program),通过与国际机构建立合作伙伴关系来有效提升高校协同

①　CRAWFORD S E, NEE Cofalla C B, AUMEIER B, et al. Project house water: A novel interdisciplinary framework to assess the environmental and socioeconomic consequences of flood-related impacts[J]. Environmental Sciences Europe, 2017, 29(1): 1 - 10.

②　KRULL W. Towards a culture of creativity: Reflections on Europe's strive for excellence in research and innovation[J]. European Review, 2015, 23(1): 12 - 27.

创新能力以及将科研成果转化为实体经济的能力①。丹麦在 1991 年推出卓越中心计划(Centers of Excellence),通过为顶尖研究人员提供最佳的工作条件和组织条件来增强丹麦的科学研究能力,并且中心建设领域比较灵活,允许跨学科建立②。芬兰在 1994 年也推出了卓越中心计划,旨在建设具有创造性和生产性的研究和培训环境,以期获得卓越的成果,最终加强芬兰科学研究的国际竞争力,提高其知名度和认可度③。上述的这些国家普遍采取的手段是打造特定学科或跨学科领域的卓越中心,通过强化科研实力在国际上提升竞争力和认可度。

在萌芽阶段晚期,个别具备一定实力的发展中国家同样意识到了发展高等教育的重要性,开始规划一流大学或学科建设。例如,印度作为最具发展潜力的新兴经济体国家之一,在 1997 年国家第九个五年计划期间提出了卓越潜力大学计划(Universities with Potential for Excellence),为有潜力的大学提供实质性资助,使这些大学能够适应现代教育的发展,并通过开发适合学生的教学材料、改变评价方法等措施促进其达到一流大学的水准,成为世界上其他大学的学习标杆④。然而,印度的政策显示出发展中国家的重点建设项目与发达国家仍存在差距:大学的基础设施不够完善,追求卓越的目标还需要长线的投入过程。这一时期,国际社会竞争意识逐步形成,部分在高等教育领域起步较晚的国家开始尝试性地启动重点建设工作。

2. 成长阶段(2001～2010)

2000 年以后,一流大学和学科建设进入了成长阶段,特别是世界大学排名的出现让各国高等教育实力有了更直观的比较方式。一些具有传统优势的发达国家或想要进一步巩固和扩大优势,或意识到在竞争中逐渐落后意图寻求复兴,还有一些新兴经济体国家力求在国际舞台上占据一席之地,导致很多国家规划了类型多样的重点建设项目。发达国家如德国在 2005 年建立了卓越计划,要求提升德国大学和科研机构的研究水平和整体质量,包含"博士生院""卓越研究集

---

① Natural Sciences and Engineering Research Council. Networks of Centres of Excellence Program[EB/OL].[2019 - 01 - 11].http://www.nce-rce.gc.ca/Programs-Programmes/NCE-RCE/Index_eng.asp.

② Danish National Research Foundation. Active Centers of Excellence[EB/OL].[2018 - 04 - 18].https://dg.dk/en/centers-of-excellence-2/list-of-centers.

③ Academy of Finland. Leading the way in science[EB/OL].[2018 - 04 - 22].http://www.aka.fi/globalassets/awanhat/documents/tiedostot/julkaisut/aka_CoE_brochure_2014-2019.pdf.

④ University Grants Commission. Universities of Excellence Scheme[EB/OL].[2019 - 05 - 12].https://www.ugc.ac.in/pdf.news/1952943_XII-Plan-Guidelines-For-UPE-and-UoE-Revised.pdf.

群"和"高校顶尖研究的未来理念"三条资助线,促进其在科学领域获得杰出成就,从而使德国能够在国际上发挥引领作用①。日本在 2007 年建立世界顶级国际研究中心计划(World Premier International Research Center Initiative),改变了日本传统的科研运作和管理模式,以高水平研究标准和研究环境来吸引世界各地的优质研究人员,致力于推进前沿研究、创建跨学科领域、建立国际研究环境和改革研究组织②。法国在 2010 年启动卓越大学计划(Initiatives d' Excellence),对其国内的一批高等院校进行学科合并与重组,使多所法国大学能够跻身世界大学排名前列,加快科技创新和技术转让步伐,促进法国经济的增长③。

新兴经济体国家如马来西亚于 2007 年提出国家高等教育行动计划(The National Higher Education Strategic Plan),推动世界一流大学建设,在高等教育领域建立若干重要项目,促进教育基础设施、课程、研究等方面的创新发展,并加强教学过程中的技术应用④。越南于 2008 年开始实施新模式大学计划(New Model University Project),提出建立高质量的与以往国家高度集中管理建设模式不同的新型大学,采用更为灵活的管理和教学模式,重视培养学生的创新思维能力,使越南大学在各方面达到国际标准⑤。这一时期,世界上大多数发达国家和新兴经济体国家都参与到了一流大学或学科建设的角逐中,各国之间呈现出激烈竞争的态势。

3. 发展阶段(2011～2020)

新世纪经过十年的发展之后,世界各国在全球化的浪潮中紧密地联系在了一起,一些国家的一流大学或学科建设已经取得了阶段性的成功,全球重点建设进入了发展阶段。这一阶段的一项重要发展是越来越多的国家推行相关的重点建设政策,如澳大利亚从 2011 年起实施第一轮卓越研究中心计划(ARC Centers of Excellence),搭建了大学、科研机构、政府和企业之间的合作平台,整

①　German Research Foundation. Excellence Initiative(2005 - 2017)[EB/OL].[2019 - 01 - 10].http://www.dfg.de/en/research_funding/programmes/excellence_initiative/index.html.

②　German Research Foundation. World Premier International Research Center Initiative[EB/OL].[2019 - 01 - 11]http://www.jsps.go.jp/english/e-toplevel.

③　Ministère de l'éducation Nationale. Investissements d'avenir: Initiatives d'excellence[EB/OL].[2019 - 01 - 10].https://www.enseignementsup-recherche.gouv.fr/cid51351/initiatives-d-excellence.html.

④　Ministry of Higher Education. The National Higher Education Strategic Plan Beyond[EB/OL].[2019 - 01 - 11].http://www.ilo.org/dyn/youthpol/en/equest.fileutils.docHandle?p_uploaded_file_id=477.

⑤　Ministry of Education and Training. New Model University Project[EB/OL].[2019 - 01 - 10].https://english.vietnamnet.vn/fms/education/140075/vietnam-halts-new-model-university-project.html.

合其全国的优势来推动各领域的科学研究,借此实现卓越①。以色列在 2011 年实施了第一期卓越研究中心计划(The Israeli Centers of Research Excellence),布局建立多个学科的前沿研究中心,希望从根本上加强以色列学术研究的国际地位②。韩国从 2013 年起执行 21 世纪智慧韩国高水平大学建设工程(Brain Korea 21 Program for Leading Universities & Students),具体措施包括完善大学培养体系以提高研究生教育质量和研究质量、利用产学合作培养学科领域的专业人才以提高研究生整体素质等③。

另一项重要发展体现在很多国家根据此前卓越政策的实际推进情况陆续推出了后续方案,继续保障一流大学或学科的成功建设。日本继 2007 年推出世界顶级国际研究中心计划之后,又构建了全球顶级大学计划(Top Global University Project),旨在提升日本高等教育的国际兼容性和竞争力,推动其大学国际化发展和创新改革,要求增加国际学生和教师比率,并强化英语课程的设置④。俄罗斯继 2007 年的联邦大学计划和 2008 年的国家研究型大学计划之后,进一步推出俄罗斯 5 - 100 计划(Project 5 - 100),明确提出要建立一批学术声誉卓越的大学,提高其大学在世界排名中的位置,改善其高等教育体系,吸引更多人才,从而充分挖掘俄罗斯大学的教育和研究潜力⑤。这一时期,国际社会的重点建设项目由于初见成效而得到了繁荣发展,更多国家加大了对于一流大学和学科发展的投资力度。

二、重点建设项目的国际比较

1. 共性与特征

各国基于不同国情提出的关于一流大学和学科建设的政策是非常复杂的,但是一些总体性的特征还是有迹可循的。第一,提升世界排名是重点建设的显

---

① Australian Research Council. ARC Centres of Excellence[EB/OL].[2019 - 01 - 11].https://www.arc.gov.au/grants/linkage-program/arc-centres-excellence.

② Planning and Budget Committee. The I-CORE Program[EB/OL].[2019 - 01 - 11].http://www.i-core.org.il/The-I-CORE-Program.

③ South Korea's Ministry of Education, Science, and Technology. Brain Korea 21 Program for Leading Universities & Students[EB/OL].[2020 - 02 - 01].https://bkplus.nrf.re.kr/sub01/sub101/list.do.

④ Ministry of Education, Culture, Sports, Science and Technology. Top Global University Project[EB/OL].[2019 - 01 - 10]. http://www.mext.go.jp/b_menu/houdou/26/09/__icsFiles/afieldfile/2014/10/07/1352218_02.pdf.

⑤ Ministry of Education and Science of the Russian Federation. Project 5 - 100[EB/OL].[2019 - 01 - 10].https://5top100.ru/en/about/more-about/.

性目标。重点建设往往都以高等教育取得国际领先的水平为目标,如法国卓越大学计划希望建立 5 至 10 所在国际上具有一流竞争力和影响力的顶尖大学,保持法国的世界一流地位①。而衡量大学水平的直观手段就是世界大学排名,所以不少国家依据排名提出了预期目标。俄罗斯 5 - 100 计划规划在 2020 年至少有 5 所大学进入世界大学排名的前百强之列,提升俄罗斯在全球教育市场中的地位②。21 世纪智慧韩国高水平大学建设工程的目标之一是建立全球研究型大学,在 QS 排名前 200 名中的韩国大学数量要从 2012 年的 6 所提升到 11 所③。越南新模式大学计划提出建设达到国际标准的高质量大学,在 2020 年前进入世界大学排名的前 200 名④。

　　第二,创新是重点建设的核心要素。各国政策中普遍融入创新元素,只是在提法上有所区分。加拿大卓越研究中心网络计划尝试通过与国际机构建立合作伙伴关系,有效地提升高校协同创新能力及加拿大在工程、卫生、自然、社会和生物医学等领域的科学实力⑤。澳大利亚卓越研究中心计划在大学、科研机构、政府和企业之间搭建平台,定位于高度创新型的研究,运用跨学科合作的方式解决最具挑战性的研究问题,并吸引国际研究人员和其他工商业或非营利部门合作进行研发活动⑥。马来西亚高等教育卓越中心计划旨在建立马来西亚的世界一流大学,使其大学在 2020 年之前能够吸引更多国际学生和教师,更重要的是通过高等教育的发展带动国家成为具有竞争力和创新精神的发达国家⑦。

　　第三,动态管理机制是重点建设的重要保障。一流大学和学科建设的实施不仅需要合适的规划,还需要监管措施以保障质量,因此多国政策都提及了采用动

---

①　Ministère de l'éducation Nationale. Investissements d'avenir: Initiatives d'excellence[EB/OL]. [2019 - 01 - 10]. https://www.enseignementsup-recherche.gouv.fr/cid51351/initiatives-d-excellence.html.

②　Ministry of Education and Science of the Russian Federation. Project 5 - 100[EB/OL]. [2019 - 01 - 10]. https://5top100.ru/en/about/more-about/.

③　South Korea's Ministry of Education, Science, and Technology. Brain Korea 21 Program for Leading Universities & Students[EB/OL]. [2019 - 04 - 22]. https://bkplus.nrf.re.kr/sub01/sub101/list.do.

④　Ministry of Education and Training. New Model University Project[EB/OL]. [2019 - 01 - 10]. https://english. vietnamnet. vn/fms/education/140075/vietnam-halts-new-model-university-project. html.

⑤　Natural Sciences and Engineering Research Council. Networks of Centres of Excellence Program[EB/ OL]. [2019 - 0111]. http://www.nce-rce.gc.ca/Programs-Programmes/NCE-RCE/Index_eng.asp.

⑥　Australian Research Council. ARC Centres of Excellence[EB/OL]. [2019 - 01 - 11]. https://www.arc. gov.au/grants/linkage-program/arc-centres-excellence.

⑦　Ministry of Higher Education. The National Higher Education Strategic Plan Beyond[2019 - 01 - 11]. http://www.ilo.org/dyn/youthpol/en/equest.fileutils.docHandle?p_uploaded_file_id=477.

态管理机制。德国卓越计划分为两轮,每轮都会进行初次筛选和最终筛选,并且评选结果不是终身性的,卡尔斯鲁厄大学(Karlsruhe Institute of Technology)、弗莱堡大学(University of Freiburg)及哥廷根大学(University of Goettingen)就在第二轮竞争中遭到淘汰[1],体现出了该计划的流动性,大学即使入选也要保持自身的发展质量。日本全球顶级大学计划会对入选学校进行中期评估和后续检查,主要是为了深入了解学校的发展情况和存在的问题,并根据评审结果对其进行调整,甚至可能会终止项目[2]。

2. 预期与现状

在很多国家的有关政策中,2020 年是一个重要节点,要求一流大学和学科建设项目达成一定的预期效果。那么实际的发展现状如何呢? 发达国家以法国和新西兰为例,新兴经济体国家以俄罗斯和马来西亚为例,这些国家都在规划中提出要在 2020 年左右结束项目,所以本节总结了代表性国家入选大学在世界四大排名(ARWU 排名、THE 排名、QS 排名、USNEWS 排名)中的表现情况,对其发展现状进行简单的国际比较。代表性国家入选大学情况如表 1 - 1 所示,其中法国为卓越大学计划 2016 年评估后继续获得资助的大学,新西兰为入选卓越研究中心计划的大学,俄罗斯为 5 - 100 计划 2018 年评估后获得最高资助的大学,马来西亚为入选高等教育卓越中心计划的大学。

表 1 - 1   入选大学概况

国　　家	入　选　大　学
法国[3]	艾克斯—马赛大学,波尔多大学,斯特拉斯堡大学,索邦大学,巴黎文理研究大学,巴黎萨克雷大学
新西兰[4]	林肯大学,奥塔哥大学,奥克兰大学,惠灵顿维多利亚大学,坎特伯雷大学,梅西大学

---

[1] German Research Foundation. Excellence Initiative at a Glance[EB/OL].[2020 - 02 - 01].https://www.dfg.de/en/research_funding/excellence_strategy/index.html.

[2] Ministry of Education, Culture, Sports, Science and Technology. Top Global University Project[EB/OL].[2019 - 01 - 10].http://www.mext.go.jp/b_menu/houdou/26/09/__icsFiles/afieldfile/2014/10/07/1352218_02.pdf.

[3] Ministère de l'éducation Nationale. Investissements d'avenir: Initiatives d'excellence[EB/OL].[2019 - 01 - 10].https://www.enseignementsup-recherche.gouv.fr/cid51351/initiatives-d-excellence.html.

[4] Ministry of higher education, skills and employment. Centres of Research Excellence[EB/OL].[2019 - 01 - 11].https://www.tepunahamatatini.ac.nz/.

（续表）

国　家	入　选　大　学
俄罗斯①	俄罗斯高等经济研究大学,圣彼得堡国立信息技术、机械与光学大学,莫斯科物理技术学院,莫斯科工程物理学院,俄罗斯国立理工大学,托木斯克国立大学,新西伯利亚国立大学
马来西亚②	马来亚大学,马来西亚国民大学,马来西亚理科大学,马来西亚博特拉大学,马来西亚玛拉工艺大学

　　根据 2020 年世界四大排名的表现情况,表 1－2 梳理了代表性发达国家一流大学或一流学科建设大学的现状。

表 1－2　发达国家入选大学的排名概况

国　家	大　学	ARWU	THE	QS	USNEWS
法　国	艾克斯—马赛大学	101—150	301—350	491	164
	波尔多大学	201—300	401—500	458	577
	斯特拉斯堡大学	101—150	401—500	379	226
	索邦大学	44	80	77	37
	巴黎文理研究大学	79	45	53	82
	巴黎萨克雷大学	37	201—250	262	118
新西兰	林肯大学	801—900	501—600	356	1 033
	奥塔哥大学	301—400	201—250	176	237
	奥克兰大学	201—300	179	83	134
	惠灵顿维多利亚大学	301—400	501—600	215	515
	坎特伯雷大学	401—500	301—350	227	318
	梅西大学	601—700	501—600	287	522

　　代表性发达国家已经在一流大学和学科建设中取得了一些成效,不仅入选大学在四大排名中全部上榜,而且绝大多数学校位列排名中的前 500 强。法国已经有两所大学稳定地跻身四大排名的前 100 强,新西兰的奥克兰大学也在 QS

①　Ministry of Education and Science of the Russian Federation. Project 5－100［EB/OL］.［2020－02－01］.https://5top100.ru/en/news/91146/.
②　Ministry of Higher Education. The National Higher Education Strategic Plan Beyond［2019－01－11］. http://www.ilo.org/dyn/youthpol/en/equest.fileutils.docHandle?p_uploaded_file_id=477.

排名中位列百强。但与建设具有一流竞争力的顶尖大学这一目标相比,入选大学目前看来还有所差距,未能进入任何大学排行榜的前 10 位,两国高等教育发展在国际上并不具有绝对优势。

根据 2020 年世界四大排名的表现情况,表 1-3 梳理了代表性新兴经济体国家一流大学或学科建设大学的现状。

表 1-3   新兴经济体国家入选大学的排名概况

国 家	大 学	ARWU	THE	QS	USNEWS
俄罗斯	俄罗斯高等经济研究大学	901—1 000	251—300	322	574
	圣彼得堡国立信息技术、机械与光学大学	801—900	401—500	436	752
	莫斯科物理技术学院	401—500	201—250	302	402
	莫斯科工程物理学院	601—700	401—500	329	388
	俄罗斯国立理工大学	801—900	601—800	451	1 050
	托木斯克国立大学	801—900	501—600	268	509
	新西伯利亚国立大学	401—500	1 001+	801—1 000	—
马来西亚	马来亚大学	301—400	301—350	70	232
	马来西亚国民大学	501—600	601—800	160	638
	马来西亚理科大学	501—600	601—800	165	584
	马来西亚博特拉大学	701—800	601—800	159	611
	马来西亚玛拉工艺大学	—	1 001+	651—700	948

注:—表示未上榜。

代表性新兴经济体国家一流大学和学科的建设情况总体来说并未尽如人意,少数入选学校未能在四大排名中全部上榜,并且仅有马来亚大学在 QS 排名中跻身百强,大部分大学还处于中下游的位置。俄罗斯未能完成 2020 年至少有 5 所大学跻身世界百强大学之列的目标,马来西亚也并没有在 2020 年前成为国际学生和教师的主要选择,距离预期成果相距较远。从四个代表性国家来看,在各国开展重点建设项目的背景下,入选大学至少能够跻身两到三个世界排名的前 1 000 位,有所进步,然而都未能达到预期目标。相对而言,发达国家的大学即便没有完全成为世界一流,不过总体排名表现还是要优于新兴经济体国家的大学。

第三节　学校实践者视角下的
世界一流大学建设

本节收集了 2015～2019 年期间举办的第六届、第七届和第八届世界一流大学国际研讨会（International Conference on World-Class Universities，简称 WCU 会议）的汇报材料，从中筛选出在各大学担任管理职务的汇报者，他们大多担任校长、副校长等职务，在会议中分享了关于世界一流大学或学科建设的见解。本研究根据会议材料综述当前学校实践者视角下集中探讨的主题。

一、建设经验

1. 实施的策略

实践者们作为大学的主要领导者，他们都直接参与一流大学和学科的建设过程，具有丰富的实践经验，由此热衷于在 WCU 会议中分享各自国家的大学实施了怎样的策略来追求卓越。绝大多数实践者强调了依托国际合作来促进学校发展的策略，新加坡南洋理工大学（Nanyang Technological University）副校长弗雷迪·博埃（Freddy Boey）指出该校作为一所全面的研究型大学在世界各大排名中都位居前列，克服新加坡本土资源有限的关键手段就是采取了全球化的做法，具体途径包含拓宽学术范围、重视科学研究、推动教育改革、振兴人力资源、投资基础设施、建立全球伙伴关系等，如与跨国科技公司进行密切的产业合作，形成科研创新平台，从而在学校甚至国家范围塑造出鼓励创新的环境氛围[①]。沙特阿拉伯法赫德国王石油与矿业大学（King Fahd University of Petroleum and Minerals）副校长萨赫勒·N·阿卜杜拉约瓦德（Sahel N. Abduljauwad）指出在国家高等教育未来计划推动大学卓越发展的背景下，该校实施了"加强与世界领先的大学和企业合作"的战略，要求合作对象必须是信誉良好、排名靠前的世界级机构，通过教职工的互动，采用联合举办讲习班、访问、会议等方式自下而上建立合作关系，其内容集中于少数符合学校使命愿景的关键项目上，目前为止这类合作在原创性的科研上已经取得了比较积

① BOEY F. Strategies for Academic & Societal Success for a Young University: The NTU Singapore Experience[Z]. Sixth International Conference on World-Class Universities，2015.

极的效果①。澳大利亚迪肯大学(Deakin University)副校长约翰·莫洛尼(John Molony)指出该校在了解了中国的"双一流"建设项目后,调整相关计划并加强与中国大学的合作伙伴关系,参考中国的一些概念以指导一流大学的建设。学校在科研合作上推出协作研讨会、合作融资等,在教学合作上推出双学位、交流项目等②。可以说,国际化水平被实践者们视为一流大学和学科建设的公认标准,所以合作交流成为高等教育发展的必然选择。

与此同时,以法国为代表的国家产生了一种特殊的情况,不仅注重与世界的合作和联系,也非常强调整合国家内部资源来提升整体实力。法国巴黎大学(University of Paris)校长克里斯蒂娜·克莱里奇(Christine Clerici)以巴黎大学和索邦大学为例分析了重塑法国高等教育卓越地位的策略,主要是采取合并的方式形成在世界舞台上竞争力更强、声誉更高的综合性大学,巴黎第五、第七大学、地球物理学院重组为巴黎大学,巴黎第二、第四、第六大学重组为索邦大学(Sorbonne University),带来的显著效果就是两所大学在 2020 年 ARWU 排名中迅速跻身世界前 50 位③。法国的经验显示,综合性大学在一流大学和学科建设中更具优势,也就意味着传统单科性教育可能不再符合当今高等教育发展的潮流。

2. 发挥的作用

社会各方普遍认可一流大学和学科应当产生广泛的影响力,并发挥积极作用,那么这也就成为了各校在建设阶段追求的目标之一,而实践者们在 WCU 会议中主要提及的作用集中于促进繁荣发展和维护社会公正两个方面。促进繁荣发展是指一流大学和学科要具备让所在地区、国家乃至全世界受益的能力。澳大利亚詹姆斯·库克大学(James Cook University)副校长克里斯·科克林(Chris Cocklin)分析了学校基于环境科学和生态学、热带海洋科学和管理、地球科学等在国际领先的优势学科与社区、行业和政府接触,构建合作伙伴关系,共享研究成果,承担社会责任,以一种互利的方式与利益相关者互动,发挥学校的

① ABDULJAUWAD S N, Sait S M. Impact of Collaboration with World-Class Universities: The KFUPM Story[Z]. Sixth International Conference on World-Class Universities, 2015.
② MOLONY J. The Double First-Class Policy as A New Mechanism Encouraging Excellent International Partnership[Z]. Eighth International Conference on World-Class Universities, 2019.
③ CLERICI C. Recreating Frence Excellence: University of Paris and Sorbonne University[Z]. Eighth International Conference on World-Class Universities, 2019.

力量确保地区的可持续发展及繁荣①。美国印第安纳大学（Indiana University）副校长威廉·M·普莱特（William M. Plater）重点强调了美国一流大学在贡献全球共同利益中的作用，并阐述了实际效果如何取决于高校教师的多样化贡献，教师是知识的生产者、研究的引擎、教学组织者、社区活动参与成员、高校学科的贡献者、管理者和领导者，任教于一流大学的教师更要充分作出多样化贡献，为服务全球共同利益树立榜样，助力于全球发展，具体服务形式如促进民主参与，开展有益于社会的研究，对社会政策进行公共批评等②。一流大学和学科促进繁荣发展的作用往往都是立足地区、放眼全球，受益于此，许多国家都开始大力支持相关建设项目的开展，在竞争与合作中推动全人类的进步。

维护社会公正是指一流大学需要在促进性别平等、帮助弱势群体等方面做出贡献。沙特阿拉伯阿卜杜拉国王科技大学（King Abdullah University of Science and Technology）校长陈繁昌（Tony F. Chan）提出了该校在沙特 2030 愿景计划（Vision 2030）中发挥的作用，通过教育培训实现人力资源开发、通过医疗改革实现国家转型、通过 4G 技术应用实现产业发展等，而其中特别值得称道的是在文化转型方面的贡献，采取的措施如鼓励更多女性接受高等教育及外籍女性无须穿戴阿拉伯罩袍，成为了国家第一个男女同校的大学，考虑到阿拉伯国家的传统，可见其在维护性别平等上做出的努力③。美国加州大学河滨分校（University of California，Riverside）校长金·A·威尔科克斯（Kim A. Wilcox）指出该校将"培养学者、追求平等"作为使命的一部分，与美国一流大学普遍追求培养美式白人精英不同，其仍然坚持大量招收低收入家庭的学生，甚至超过了所有常春藤盟校（The Ivy League）的总和，希望弱势背景的学生也能够进入大学并获得展示自身才华的机会④。一流大学的一流属性中也包含了对于社会责任的承诺，这类作用或许是隐性的，很难直接促进大学的发展，但增强了大学的价值内涵。

①　COCKLIN C. A University for the Tropics［Z］. Sixth International Conference on World-Class Universities，2015.
②　SHAKER G G, PLATE W M. The Role of American World-Class Universities in Serving the Global Common Good［Z］. Seventh International Conference on World-Class Universities，2017.
③　CHAN T F. The Role of Research Universities in National Transformation［Z］. Eighth International Conference on World-Class Universities，2019.
④　WILCOX K A. Providing Access to Excellence：A Roadmap for World-Class University［Z］. Eighth International Conference on World-Class Universities，2019.

二、建设瓶颈

1. 评估的问题

世界大学排名的出现使一流大学有了直观的衡量标准,实践者们虽然大多十分重视大学排名的提升,但同时也认为对一些大学排名的误用带来了评估上的问题,因此对一流大学和学科建设过分注重排名指标的现象也提出了质疑。实践者们在 WCU 会议中指出的评估问题大致可以归为大学排名本身的缺陷和误用大学排名带来的消极影响。大学排名固有的缺点主要是无法对学校进行全面的衡量,巴黎第六大学(后并入索邦大学)原副校长劳伦特·布韦松(Laurent Buisson)认为在自然科学和医学以外的领域中,难以建立客观的衡量标准,如对于文学和历史来说,对它们的关注在很大程度上取决于国家或地方文化,而这些内在价值很难在排名当中有所体现[1]。比利时布鲁塞尔自由大学(Free University of Brussels)原校长皮埃尔·德·马瑞特(Pierre De Maret)表示大众通常会假定跻身排名前百强的大学为世界一流大学,但必须意识到排名的缺点,一类问题在于 THE、QS 等排名机构使用的声誉调查似乎充满主观性,并且缺乏应用方法的透明性和被调查者的可靠性;另一类问题在于排名不能衡量大学的社会价值,如尊重和传授道德原则的重要性,以及在高校运作中展现社会包容性和参与性[2]。受主客观条件的限制,大学排名肯定是无法面面俱到地评价一所学校,特别是文化、育人等方面的内在价值,所以应当要求一流大学和学科建设的参与者们不能将全部目光放在提升排名上,更加合适的做法是将其作为一个辅助性的工具来促进发展。

误用大学排名带来的消极影响同样受到了实践者们的关注,俄罗斯国立高等经济大学(National research university "Higher school of economics")副校长玛丽亚·尤德克维奇(Maria Yudkevich)分析了俄罗斯的大学在各排名中仅有教育相关指标得分较高的原因,俄罗斯存在大学和科研机构长期分离的情况,传统上大学更注重教学,关心为不同行业培养专家,而非从事基础和应用研究,因

---

① BUISSON L. Trading Between Visibility and Performance at Global and Local Levels: The Example of Research Universities in France[Z]. Sixth International Conference on World-Class Universities, 2015.

② DE MARET P. World-Class Universities in a Post-Truth World[Z]. Seventh International Conference on World-Class Universities, 2017.

此围绕教学建立的大学仅在大学排名中与教育相关的指标占优势,如 QS 排名中的师生比,但整体上的排名却不靠前列①,误用当前大学排名对科研成果的指向性很容易导致教师分散精力、忽视教学的情况。新加坡国立大学(National University of Singapore,简称 NUS)原副校长希拉姆·罗摩克里希纳(Seeram Ramakrishna)引用了新加坡总理李显龙(Lee Hsien Loong)关于高等教育发展的论述,与其他国家相比,新加坡的大学由于学术水平较高,已经取得了较好的国际排名,但大学发展的关键绩效指标不能只是放在排名上,需要重视的是大学为新加坡服务的好坏,是否给予新加坡人良好的教育②。目前误用大学排名带来的消极影响主要体现在对科研的偏重,在一定程度上可能会使大学偏离教育的中心。

2. 面临的挑战

一流大学和学科建设的过程不是一帆风顺的,实践者们在为各校发展的过程中遇到了许多挑战,他们在 WCU 会议中集中提出了两类问题,即学校或学科转型面临的挑战和资源限制面临的挑战,希望在专家群策群力的探讨中获得有效的解决方案。在学校或学科转型面临的挑战中,爱尔兰国立都柏林大学(University College Dublin)校长安德鲁·迪克斯(Andrew Deeks)提出了推动一流大学和学科发展产生的两难困境:教学与科研,排名导致学校偏重科研,但二者应当相辅相成;单学科与跨学科,跨学科发展必须建立在单学科强大的基础上,学校需要建立支持学科活动的组织架构;人文艺术学科与 STEM 学科,各方需求和资助体系导向出现偏颇,需要加以平衡;创新/应用研究与无明确目的/出于好奇心的研究,存在短期利益思维和学术兴趣之间的斗争等③。沙特阿拉伯阿卜杜勒阿齐兹国王大学(King Abdulaziz University)副校长阿米尼·诺曼(Amin Noaman)分析了该校通过向创业型大学转型以建设一流大学过程中遭遇的挑战,包括一些类别的教育服务和项目无法满足学生需求,创新和创造的环境氛围不强,学生缺乏批判性思维的训练,对教育职业存在负面成见,课程

① YUDKEVICH M. Global Visibility and Locally Engagement: Can They Go Together? The Case of National Research University Higher School of Economics [Z]. Sixth International Conference on World-Class Universities, 2015.
② RAMAKRISHNA S. Strategies to be Globally Visible and Locally Engaged [Z]. Sixth International Conference on World-Class Universities, 2015.
③ DEEKS A J. World-class universities: Characteristics and challenges [Z]. Seventh International Conference on World-Class Universities, 2017.

过分依赖经典教学方式导致质量下降,教育培训的产出与劳动力市场的需求不一致,教育产业发展的配套服务缺失等[1]。目标指向一流大学和学科的高校在建设过程中极有可能面对转型的阵痛,如何突破瓶颈还有待实践的努力。

在资源限制的挑战中,美国明尼苏达大学(University of Minnesota)原校长埃里克·W·卡勒(Eric W. Kaler)指出一流大学发展需要充足的资金,而当前最现实的问题就是政府公共资金投入的逐年减少,虽然大学的资金来源变得多样化,可以寻求企业支持、校友捐赠、专利许可和科技转化的收入等,但政府投入依旧占据较大比例,如 2008 年该校资金来源中 62％源自联邦政府,这一部分的缩减是很难弥补的[2]。德国慕尼黑大学校长伯纳德·胡贝尔(Bernd Huber)同样对依赖于政府投入提出了担忧,认为有些国家会从政治利益的角度来规划大学的科研活动,对大学的自治和决策产生妨碍,所有利益相关者应了解学术研究的全球性质,而非试图计算其经济和社会影响的大小[3]。荷兰乌得勒支大学(Utrecht University)校长亨克·库梅林(Henk Kummeling)从研究数据资源开放性的角度叙述了开放科学受到的限制,如欧洲的开放科学平台设置了诸多条件才允许将数据传输给第三国,也就是说即使数据资源的共享得到了提倡,但在实践层面上仍难以运行[4]。大学发展的资源必然是有限的,因而全球竞争变得更加激烈,实践者们除了寻求开拓新资源外,如何合理配置已有资源也是重要议题。

(郭鑫,肖港,冯倬琳)

---

① NOAMAN A. KSA 2030 Vision：Institutional accreditation for entrepreneurship and engagement-Challenges and opportunities[Z]. Seventh International Conference on World-Class Universities, 2017.

② KALER E W. The Role of Universities in Society：Challenges Ahead[Z]. Eighth International Conference on World-Class Universities, 2019.

③ HUBER B. The Role of Universities in Society：Challenges Ahead[Z]. Sixth International Conference on World-Class Universities, 2015.

④ KUMMELING H. WCU's in the New Era of Open Science[Z]. Eighth International Conference on World-Class Universities, 2019.

第二章
中国世界一流大学建设的文献研究

我国世界一流大学建设以 1995 年"211 工程"的开始为重要标志,后续又推出了"985 工程""2011 计划"和"双一流"建设计划,历经战略起步阶段、持续推进阶段,逐渐步入创新发展阶段。本章选择学者视角、国家政策视角和学校实践者视角进行分析,在中国知网数据库、教育部门官方网站等平台上搜集文献资料。三个视角对我国世界一流大学和学科建设思考和讨论的侧重点有所差异,学者视角的文献侧重国家层面的战略、评价问题及学校层面的现状和措施,国家政策视角的文献侧重我国世界一流大学和学科建设计划的历史演变及政府公职人员对于相关政策文件的解读,学校实践者视角的文献侧重当前我国在一流大学和学科建设过程中注重融合中国特色社会主义指导思想和学校的专业特色。

第一节　学者视角下的世界一流大学建设

本节在中国知网数据库平台以"一流大学建设"及"一流学科建设"为主题词进行检索,截取时间段为 2015～2019 年,同时要求作者是大学、科研院所等学术机构的从业者,共检索出 520 篇文献,从中选取出与一流大学或学科重点建设相关的文献,以此综述当前学者视角下集中探讨的主题。

一、国家层面

1. 战略路径的选择

从"211 工程""985 工程"到"双一流"建设方案,中国为提升高等教育综合实力和国际竞争力持续推出国家战略,在这一背景下,学者们针对中国建设一流大学或学科的路径展开了广泛的探索。

一则是基于中国特色社会主义国情探讨了如何建设的问题,白强分析了中国特色"双一流"大学建设的逻辑根据,提出扎根中国大地的建设路径包括把"立德树人"作为大学改革发展的根本任务、把传承创新民族文化作为大学改革发展的精神内核、把服务国家战略需求作为大学改革发展的根本追求、把办好人民满意的教育作为大学改革发展的自觉目标以及把一流学科和一流师资建设作为大学改革发展的重要抓手①。王嘉毅等结合习近平总书记关于高校建设的重要论述,提出建设新时代中国特色世界一流大学,要加强高校党的建设,提高效率、突出优势、兼顾公平、补齐短板,塑造先进校园文化,坚持开放办学理念,深入推进高校综合改革②。管春英阐述了世界一流大学建设原则中的中国特色,提出要扎根中国大地发掘比较优势、重视学科建设不断面向国家和区域创新、在服务社会和国家中追求卓越、在传统文化和区域文化的融合中建设现代大学制度③。学者们初步指明了结合中国国情推进一流大学或学科建设的方向,但这些路径在实践层面上的实施还有待检验。

二则是基于其他国家一流大学或学科建设的经验而提出的一些启示,薛珊等以新加坡世界知名大学的发展战略为例总结了"后发型"国家一流大学的建设路径,认为中国建设一流大学应当塑造创新创业文化、引进一流的师资队伍、深入推进国际化办学及提升大学治理能力④。梁会青等探究了瑞士如何通过其世界一流大学建设来突破英美的主导地位,成为全球竞争力最强、全球创新指数最高的国家之一,认为对中国的借鉴主要有发挥政府在宏观层面的制度建设作用、发挥高校在实践层面的主体作用、提升学术团队和研究生的国际化水平来强化创新科研⑤。刘宝存等总结了德国、法国、俄罗斯、日本、韩国等国家实施相关卓越大学计划的共性特征,认为中国的建设路径需要考虑加强政府对创建计划的经费保障和政策支持、整合区域高校资源以形成多元交错的良性高等教育系统、

① 白强.中国特色"双一流"大学建设的逻辑根据与路径选择[J].重庆大学学报(社会科学版),2018,24(6):208-216.
② 王嘉毅,张晋,彭勇.论新时代中国特色世界一流大学建设——学习习近平总书记关于教育的重要论述[J].教育研究,2019,40(3):4-11.
③ 管春英.世界一流大学建设的基本原则及其中国特色[J].江苏高教,2016,32(5):20-23.
④ 薛珊,刘志民."后发型"世界一流大学建设的路径及启示——以新加坡两所大学为例[J].高校教育管理,2019,13(4):27-38.
⑤ 梁会青,魏红.瑞士世界一流大学建设路径探析[J].江苏高教,2018,34(3):101-107.

着力调动大学内部的建设积极性及完善政策评估机制与退出调整机制[①]。在学习国外建设经验的过程中可以发现政府的引导性和大学自身的自主性都是非常重要的,并且当前在世界范围内被广泛认可的一流大学非常强调创新性和国际性,意味着这些要素是中国大学未来进一步努力发展的方向。

与此同时,还有一些学者针对一流学科的建设路径进行了研究,武建鑫根据QS世界一流学科排名归纳了其分布特征,建议中国一流学科建设要构建可持续发展的学科生态系统和重视特色学科或优势学科的"品牌效应"[②]。胡建华从中国"双一流"建设项目对大学学科调整的影响出发,指出中国当前一流学科的建设路径可以分为:集群组合,将有关联或相近的几个学科组合成学科群;领域构建,突破原有的学科边界,跨学科、多学科成为发展的新导向;生态布局,调整、整合构建新的学科集群,形成有利于各学科发展的良性学科生态系统[③]。学科生态和学科交叉成为了学者关注的热点,也是一流学科建设路径的重要思路。

2. 评价方式的探索

学者们对评价方式的探索主要可以分为一流大学建设成效的评价和一流学科建设成效的评价两个部分。一流大学是国家创新系统的核心模块,通过对一流大学建设绩效进行评价,有利于引导高校改革,促进高校竞争。钟永恒等利用国家自然科学基金的相关数据对我国42所一流大学建设高校展开了定量分析,将不同学校的国家自然科学基金项目数量、基金经费和项目主持人数量视为基础研究竞争力的关键评价指标,经过统计发现42所高校之间存在着比较明显的差距[④]。冯用军等提出世界一流大学评价体系既要具有中国特色又要符合国际标准,构建了反映人才培养、科技研发、社会影响和国际声誉四个维度的指标体系并赋予了相应权重,具体指标内容包括教学质量、学科实力、科技项目、科技平台、校友捐赠、媒体影响、境外师生、学术影响等,结果表明中国特色世界一流大学总体上还是取得了较好的建设成效[⑤]。崔育宝等提出中国特色的世界一流大学建设的评价体系需要优化评价标准,既要将人才培养和教育教学作为重点核

① 刘宝存,张伟.国际比较视野下的创建世界一流大学政策研究[J].比较教育研究,2016,38(6):1-8.
② 武建鑫.聚集与分散:世界一流学科的分布特征研究[J].研究生教育研究,2019,34(3):78-84.
③ 胡建华."双一流"建设对大学学科调整的影响[J].南京师大学报(社会科学版),2019,46(4):20-26.
④ 钟永恒,芦楚屹,刘佳等."双一流"高校基础研究竞争力分析——基于国家自然科学基金[J].科技管理研究,2019,39(20):85-90.
⑤ 冯用军,赵雪,朱立明.中国特色世界一流大学建设成效评价体系理论建构与实践验证[J].江苏高教,2019,35(1):20-26.

心任务,赋予其最高权重,引导一流大学建设高校注重课程教学能力、博士生教育质量、年轻科研人才培养水平和学术团队卓越科研成果产出能力的提升;也要在评价体系中着重体现中国特色,重视立德树人、文化传承与创新、党对高校的领导、对国家战略与经济发展的支撑度与贡献率等中国特色性指标的开发[①]。大部分学者提出一流大学的评价中教育教学是不可忽视的重要内容,这样的评价导向有助于改善当前中国部分大学片面追求科研指标以提升排名的现象,督促大学重新将办学重点落实到教育学生上。

　　一流学科建设是一流大学建设和发展的保障,对一流学科建设成效进行评价有利于大学对自身学科发展的现状有比较清晰的了解,明确自身的优势与不足,更好地确立大学学科的发展战略。学科评价是衡量各学科质量的重要方式之一,基于中国的现状,不少学者针对一流学科建设和中国教育部学科评估之间的联系进行了深入的探究。徐高明认为学科评估能够引领一流学科建设,所以学科评估对象要注重从面向全体到突出重点、评估指标要注重从聚焦核心要素到重视系统整合、评估理念要注重从围绕学科点到关注学科体系,这三方面的完善可以促进中国一流学科建设的评估工作[②]。周继良等指出学科评估与一流学科建设的遴选在评价标准方面存在差异,一流学科建设应更侧重于关系到国家安全和重大利益的学科,要求发展一批覆盖哲学、社会科学、自然科学、工程技术等重点领域的新兴学科和交叉学科[③]。张应强提出学科评估是为一流学科建设和发展而评估,学科评估目标可以调整为服务于"双一流"建设,在遵循学科建设和学科发展规律的基础上,重点发挥学科评估的排名竞争和基于绩效评估的问责等衍生性功能[④]。中国教育部的学科评估可以作为帮助一流学科建设的手段之一,但评价方式和侧重点的不同是需要考虑的因素。当然,也有学者脱离了教育部的学科评估来探索一流学科建设的评价,武建鑫等指出一流学科的评价要注重学科组织养成自我改进的质量文化、激发学科组织自我演化的生长动力及建构协同有序的学科生态互动机制[⑤]。

---

① 崔育宝,李金龙,裴旭等.我国世界一流大学建设评价体系的构建及完善论思[J].学位与研究生教育,2017,34(11):23-29.
② 徐高明.学科评估要引领一流学科建设[J].高教发展与评估,2018,34(3):8-11.
③ 周继良,张金龙.学科评估与一流学科建设的制度平衡[J].高教发展与评估,2018,34(6):1-8+117.
④ 张应强."双一流"建设需要什么样的学科评估——基于学科评估元评估的思考[J].清华大学教育研究,2019,40(5):11-18.
⑤ 武建鑫,周光礼.世界一流学科:"以评促建"何以可能——基于系统科学的分析[J].国家教育行政学院学报,2016,23(11):53-61.

3. 存在问题的思考

中国一流大学和学科建设仍处于进行阶段,在摸索的过程中也遇到了各种各样的问题,引发了学者们的思考。一部分学者对标当前世界一流大学,找出中国大学或学科在发展层次上存在的差距。余荔等比较了中国"双一流"建设大学和美国常春藤盟校、英国罗素大学集团的科研生产力状况,发现中国大学的科研水平虽然呈现上升趋势,但仍存在质量和影响力上的差距,并且论文产出以机构内部合作为主,国际化科研合作水平有待提高①。王英杰对比了美国世界一流大学的发展历程,提出中国建设一流大学不仅仅需要资金方面的投入,更重要的差距在于制度的改造和观念的更新,学术自治和民主管理是核心问题②。范笑仙等比照了域外媒体和专家对中国"双一流"建设方案的评价,归纳出存在的问题有师资"近亲繁殖"现象严重导致多样化程度低、教育教学上对批判和怀疑精神的培养不够重视、国际化战略规划和实施之间不对称等③。中国一流大学和学科的整体水平在建设过程中有所提高,现阶段暴露的更多的是一些深层次的理念差距。

还有一部分学者将目光聚焦于政策实施上的问题,周付军等分析了中国国家层面颁布的"双一流"建设政策文本,提出政策内容上存在模糊性、忽视学校层次和学科上的差异、短期规划不足、建设时间和实践问题缺乏系统考量等问题④。周志刚指出了中国"双一流"建设机制调整过程中遇到的问题,包括有形资源和无形资源的聚集使高等教育系统的底层薄弱、为追求个别学科的短期突破使高校的学科生态遭到破坏及重点建设产生的身份标签增加了高校跨界竞争的障碍⑤。王建华依据中国"双一流"建设政府驱动的特征,尝试探究了其局限性,认为实践中政府会倾向于高估政策的实际影响力,忽视了大学对于改革缺乏积极性和主观能动性,很少反思政策本身是否符合高等教育改革和发

① 余荔,张玉丹.中国"双一流"建设大学基础科研生产力与世界一流大学的差距[J].中国科技论坛,2019,35(10):154-163+170.
② 王英杰.以美国为例谈世界一流大学建设中的几个问题[J].华东师范大学学报(教育科学版),2016,34(3):1-4.
③ 范笑仙,杜晓馨.以域外媒体和专家视角为镜鉴看"双一流"建设[J].现代大学教育,2019,35(3):17-25.
④ 周付军,胡春艳.政策工具视角下"双一流"政策工具选择研究——基于政策工具和建设要素双维度的分析[J].教育学报,2019,15(3):84-93.
⑤ 周志刚,宗晓华."双一流"建设政策的制度调适、实施逻辑与推进机制[J].现代教育管理,2019,38(6):11-17.

展的规律①。中国"双一流"建设方案已经提出了理想的目标,但在落实方面还存在一些问题。

二、学校层面

1. 变革措施

中国大学在"双一流"建设背景下同样采取了很多变革措施,学者们对这些措施的研究基本上集中于管理和教育两个方面。比起国外的一流大学,中国高校在过去通常会采用单一的行政化管理手段,而一流大学或学科建设对管理措施提出了新的要求。别敦荣提出"双一流"建设要求大学在管理改革上实施战略管理,即制定一定时期内的、明确的发展战略,高效率地推进战略实施,有助于大学提高发展的目的性,有效地配置办学资源,提高办学效率,达到短时间内实现跨越式发展的目标②。武永江建议一流大学的推进可以在学校层面构建治理共同体,其策略包括调动不同类别学术人员的积极性以塑造争议性思维,大学领导者需要分权经营以维持长期生存能力及培养全体教职工的质量保证共识和自治共治意识③。李玲玲等分析了中国一流大学建设高校的章程文本,针对高校内部治理问题提出,学校应进一步明晰党政职权的行使范围,结合学校实际将重大行政事项分解直到明确为止;进一步规范各项职权的运行程序,为学生、教师参与学校民主管理提供切实可行的依据;进一步健全高校治理的决策机制,使掌握高深学问的教授能够参与学校管理的决策④。中国大学在管理上实现一流需要放宽权限,让学校领导、教职工、学生等多元主体参与其中并贡献力量,制定出科学策略来促进长远发展。

关于教育改革方面的讨论,王耀祖等认为"双一流"建设推动了教育模式的改革与创新,很多中国的知名大学都已经开始实践,如北京大学开展的博雅人才培养、学科大类培养、基础学科拔尖人才培养等多模式、多层次的跨学科培养形式;南京大学建立"三三制"本科培养模式和"五四三"双创人才培养模式等⑤。

---

① 王建华.政策驱动改革及其局限——兼议"双一流"建设[J].江苏高教,2018,34(6):6-11.
② 别敦荣."双一流"建设与大学管理改革[J].中国高教研究,2018,34(9):1-6.
③ 武永江."双一流"建设背景下大学治理共同体的内涵、诉求及其培育[J].现代教育管理,2019,38(6):23-28.
④ 李玲玲,蔡三发.基于章程文本分析的高校治理问题研究——以"一流大学"建设高校为例[J].高教探索,2018,34(8):14-19.
⑤ 王耀祖,高晓杰."高校·学科·育人:高等教育现代化"研究实践新进展——基于《2017年高等教育国际论坛论文集》文本分析[J].现代教育管理,2018,37(2):10-16.

马陆亭讨论了中国如何实现一流的本科教育,提议在教学形式上实施小班化教学;在教学方法上,倡导探究式学习;在教学内容上,搭建合理知识结构;在教学制度上,增加学生选择性;在教学安排上,努力实现知行合一;最终形成"课堂教学＋实践活动＋校园文化"的教育模式①。中国大学在教育方式上实现一流仍要以学生为本位,加强综合素养的培养。

2. 现状特征

从 1990 年开始,中国各类重点大学建设工程陆续开展,发展至当下已经形成了一些特色,学者们普遍关注到重点建设大学的学科建设和就业特点。大部分学者针对"双一流"建设背景下中国大学学科建设的实施特征进行了探索,胡建华指出,中国大学建设一流学科的基本特征是学校依赖于政府政策的驱动,根据政府提供的物质条件来推动学校重点学科的发展②。杨家福分析了中国一流学科建设高校中入选学科的情况,发现中国大学的学科建设通常以国家发展迫切需求的前沿性学科、基础性学科和弘扬自身传统的优势传统学科为重点③。宋亚峰等从中国 42 所一流大学建设高校的学科布局中总结了四类具有不同特征的学校群体:"第一类以清华大学、北京大学等为代表,特点是理工社协同发展,具有多样化的学科生态体系;第二类以中山大学、兰州大学等为代表,特点是基础学科群支撑发展,以人文、社会和自然科学的雄厚实力来支撑其他学科的发展;第三类以哈尔滨工业大学、天津大学为代表,特点是主干应用学科群引领发展,工学、医学和法学等应用学科引领其他学科的发展;第四类以中央民族大学、中国农业大学等为代表,特点是特色学科差异化发展,在特定学科具有明显的优势。"④中国的大学在实施学科建设过程中虽然受到政府的较大影响,但也紧抓自身发展特点,通过多元路径迈向一流。

少数学者对中国大学的就业特征进行了分析,探究了一流大学建设高校毕业生的就业去向。李澄锋等发现中国一流大学建设高校培养的博士生就业具有以学术就业为主的特征,一流大学建设 A 类高校和 B 类高校中分别有 65.73％、83.45％的学术型博士毕业生会选择在高等院校、科研机构或国内外博士后流动

① 马陆亭."双一流"建设不能缺失本科教育[J].中国大学教学,2016,32(5):9-14+26.
② 胡建华."双一流"建设对我国高校学科建设的影响[J].江苏高教,2018,34(7):5-8+13.
③ 杨家福,谢彦明,王佳."双一流"入选高校和学科数据透视[J].现代教育管理,2019,38(2):32-36.
④ 宋亚峰,王世斌,郡海霞.我国一流大学建设高校的学科布局与生成机理[J].江苏高教,2018,34(9):9-15.

站等机构工作①。徐志平等分析了中国 63 所"双一流"建设高校的《毕业生就业质量报告》,发现近年来博士毕业生具有就业单位趋于多元化的特点,虽然学术岗位仍是主要就业途径,但企业就业比例上升,政府部门就业比例下降②。博士生是一流大学人才培养的重要成果,中国的博士毕业生对于从事学术工作有着强烈意愿,不过随着重点建设工作的推进,也逐渐产生了多元化的趋势。

第二节　国家政策视角下的世界一流大学建设

本节收集了中国政府官方的政策文本和公职人员的评论文献。政策文本是在中国教育部门官方网站上收集的资料,包括《面向 21 世纪教育振兴行动计划》《国家中长期教育改革和发展规划纲要(2010—2020 年)》等政策文件。评论文献是在中国知网数据库平台以"一流大学建设"及"一流学科建设"为主题词进行检索,截取时间段为 2015～2019 年,并从中选取出作者单位隶属于政府部门的文献,共检索出 35 篇评论文献。本节依据政策文本和评论文献的内容来综述当前国家政策视角下集中探讨的主题。

一、建设任务的历史演变

1. 初步规划阶段(1995～2000)

中国在改革开放之前,曾选定过若干所大学为全国重点大学,但较为系统化的一流大学或学科建设工程是从 1995 年启动"211 工程"开始的。在 1995 至 2000 年期间,中国政府出台政策致力于推动一批学校和学科的发展,提出了明确的建设任务,然而学校名单没有最终确认,这一时期属于初步规划阶段。1995年《"211 工程"总体建设规划》较早地提出了中国高等教育事业面向世界的任务:

一部分重点高等学校和一部分重点学科,接近或达到国际同类学校和学科的先进水平,大部分学校的办学条件得到明显改善,在人才培养、科学研究上取得较大成绩,适应地区和行业发展需要,总体处于国内先进水平,

---

① 李澄锋,陈洪捷,沈文钦.博士研究生学术职业选择的群体差异——基于中国博士毕业生调查数据[J].学位与研究生教育,2019,36(8):36-41.
② 徐志平,沈红.我国"双一流"大学博士毕业生就业特征分析[J].现代教育管理,2019,38(3):106-111.

起到骨干和示范作用①。

政府在首次提出的规划任务中使用了"接近""改善"等措辞,即便视野放射至全球,仍然采取了一种谨慎且不冒进的态度。1999年《面向21世纪教育振兴行动计划》标志着"985工程"的推出,开始直接提出了建设世界一流大学的任务:

> 建设世界一流大学,具有重大的战略意义。按照江泽民同志在北京大学百年校庆大会上讲话的精神,"为了实现现代化,我国要有若干所具有世界先进水平的一流大学。"经过长期的建设和积累,我国少数大学在少数学科和高新技术领域已达到和接近国际先进水平,拥有一批高水平的教授,尤其是本科生培养质量较高,为创建世界一流大学创造了条件②。

从政策内容来看,中国大学在20世纪90年代已经得到了初步发展,部分学科和领域在世界范围内取得了优势,说明中国一流大学和学科建设正式拉开了帷幕。在初步规划阶段,政府明确了世界一流水平的建设任务,为后续的推进工作打下了基础。

2. 持续推进阶段(2001～2010)

步入21世纪的第一个时期,中国"211工程"和"985工程"确定了最终的学校名单,分别入选了116所和39所大学,这一时期属于一流大学和学科建设的持续推进阶段。政府提出的建设任务扩展到了更多的领域,在2002年发布的《关于"十五"期间加强"211工程"项目建设的若干意见》中除了涉及重点学科和院校整体建设外,更是指出要通过这些大学和学科来搭建公共服务体系,具体服务内容包括中国教育和科研计算机网高速地区主干网升级工程、高等教育文献保障体系二期工程、仪器设备和优质资源共享系统等③。不仅如此,建设一流大学和高水平大学的任务还具体分解为若干计划,在2004年发布的《2003—2007年教育振兴行动计划》中将高水平大学和重点学科建设的任务分解为加大实施

---

① 中华人民共和国国家计划委员会,中华人民共和国国家教育委员会."211工程"总体建设规划[EB/OL].[2020 - 02 - 01].http://www.cssn.cn/zt/zt_xkzt/zt_jyxzt/gdjyzcbq/zchmgj/201909/t20190927_4978564.shtml? COLLCC=2171805228&.

② 中华人民共和国教育部.面向21世纪教育振兴行动计划[EB/OL].[2020 - 02 - 01].http://old.moe.gov.cn/publicfiles/business/htmlfiles/moe/s6986/200407/2487.html.

③ 中华人民共和国国家计划委员会,中华人民共和国教育部,中华人民共和国财政部.关于"十五"期间加强"211工程"项目建设的若干意见[EB/OL].[2020 - 02 - 01].http://www.moe.gov.cn/srcsite/A22/s7065/200209/t20020902_110575.html.

"高层次创造性人才计划"力度、推进"研究生教育创新计划"、启动"高等学校科技创新计划"及实施"高等学校哲学社会科学繁荣计划"①。同年,为了加快完成建设一批世界一流大学和国际知名的高水平研究型大学的任务,《教育部、财政部关于继续实施"985 工程"建设项目的意见》中特别强调了国际交流与合作的建设任务:

> 建设有利于国际学术交流与合作研究的环境,聘请世界著名学者来校讲学、合作研究,与世界一流水平的大学或学术机构开展实质性合作,建立高层次人才联合培养及研究基地,开展高水平的国际合作科研项目,召开高水平的国际学术会议,加大吸引外国留学生来华留学的力度,推动我国高等教育国际化进程②。

在持续建设阶段,政府落实了一流大学和学科建设的任务,并且逐渐关注到大学社会服务属性和国际化属性的重要性,真正实现"一流"必须要满足这两个属性。该阶段晚期,随着"211 工程"和"985 工程"初见成效,中国高等教育发展已经达到了一定的规模和水平,但同时产生了同质化倾向、原创性不足等问题,于是政府在 2010 年发布的《国家中长期教育改革和发展规划纲要(2010—2020年)》中对建设任务提出了更高要求:

> 促进高校办出特色。建立高校分类体系,实行分类管理。发挥政策指导和资源配置的作用,引导高校合理定位,克服同质化倾向,形成各自的办学理念和风格,在不同层次、不同领域办出特色,争创一流……加快创建世界一流大学和高水平大学的步伐,培养一批拔尖创新人才,形成一批世界一流学科,产生一批国际领先的原创性成果,为提升我国综合国力贡献力量③。

3. 创新发展阶段(2011~2020)

2011 年以后,中国一流大学和学科建设迎来了创新发展阶段,继"211 工程"和"985 工程"之后,政府推出了"双一流"建设的国家战略。在 2015 年发布的

① 中华人民共和国教育部.2003—2007 年教育振兴行动计划[EB/OL].[2020 - 02 - 01].http://www.gov.cn/gongbao/content/2004/content_62725.htm.
② 中华人民共和国教育部,中华人民共和国财政部.教育部、财政部关于继续实施"985 工程"建设项目的意见[EB/OL].[2020 - 02 - 01].http://www.moe.gov.cn/srcsite/A22/s7065/200406/t20040602_174769.html.
③ 国家中长期教育改革和发展规划纲要工作小组办公室.国家中长期教育改革和发展规划纲要(2010—2020 年)[EB/OL].[2019 - 12 - 14].http://old.moe.gov.cn/publicfiles/business/htmlfiles/moe/info_list/201407/xxgk_171904.html.

《统筹推进世界一流大学和一流学科建设总体方案》不仅要求一批大学和学科接近或达到世界先进水平,而且将目标定位于进入世界一流行列或前列,建设任务分为建设一流师资队伍、培养拔尖创新人才、提升科学研究水平、传承创新优秀文化和着力推进成果转化五个部分[①]。五项任务中,建设一流师资队伍和培养拔尖创新人才对应一流大学的教学职能,提升科学研究水平对应一流大学的科研职能,传承创新优秀文化和着力推进成果转化对应一流大学的社会服务职能,意味着在科研成果导向的当下,政府极力引导一流大学建设要对教育和服务质量同样重视。需要注意的是原先"211 工程""985 工程"等重点建设项目并非被"双一流"建设项目取代,而是统筹纳入到了新的战略部署中,2016 年政府还相继出台过《"211 工程"建设实施管理办法》和《关于继续实施"985 工程"建设项目的意见》。2017 年,在《统筹推进世界一流大学和一流学科建设实施办法(暂行)》中进一步明确了一流大学建设高校和一流学科建设高校的任务:

> 一流大学建设高校应是经过长期重点建设、具有先进办学理念、办学实力强、社会认可度较高的高校,须拥有一定数量国内领先、国际前列的高水平学科,在改革创新和现代大学制度建设中成效显著。一流学科建设高校应具有居于国内前列或国际前沿的高水平学科,学科水平在有影响力的第三方评价中进入前列,或者国家急需、具有重大的行业或区域影响、学科优势突出、具有不可替代性[②]。

随后,政府公布了《关于公布世界一流大学和一流学科建设高校及建设学科名单的通知》,确认了首批入选高校的名单。从更具体的内容上看,"双一流"建设项目当前更加注重动态管理机制、依托第三方评价等,体现出中国一流大学和学科建设任务在创新发展阶段焕发了新生机。

二、管理人员的政策解读

1. 目标与理念定位的解读

目前,各类相关政策都提及了中国建设一流大学或学科的目标定位,然而这

① 国务院.统筹推进世界一流大学和一流学科建设总体方案[EB/OL].[2020-02-01].http://www.moe.gov.cn/jyb_xxgk/moe_1777/moe_1778/201511/t20151105_217823.html.
② 中华人民共和国教育部,中华人民共和国财政部,中华人民共和国国家发展和改革委员会.统筹推进世界一流大学和一流学科建设实施办法(暂行)[EB/OL].[2020-02-01].http://www.gov.cn/xinwen/2017-01/27/content_5163903.htm#1.

并不意味着所有的大学都应该追求同一个目标,因此一些国家和省属机关的公职人员对此进行了更细致的解读。教育部的公职人员普遍认同中国大学在"双一流"建设中,规划自身办学目标和理念时要紧密结合实际发展状况,不能盲目定位。教育部本科教学评估专家委员会委员李延保分析了《国家中长期教育改革和发展规划纲要(2010—2020 年)》中把拔尖创新人才培养作为教育改革具体目标的规划,但认为其作为这一历史阶段学校人才培养目标的定位还需仔细斟酌,创新型人才缺乏明确的衡量标准,拔尖人才更是极少数,不适合作为学校整体的人才培养目标,要认识到教育的现实和教育的理念之间存在着巨大差距①。教育部教育发展研究中心原主任张力解读了十九大报告中关于"加快一流大学和一流学科建设,实现高等教育内涵式发展"的总体方向,指出对于创新人才培养的目标,不同领域、不同类型的高校都需要选择合适方式,争创一流水平的范围可以是世界、全国甚至省域,必须认识到可以沿着多个维度迈上新的阶段,加强多方位协同创新②。

省属机关的公职人员更多地从实践层面分解了"双一流"政策中的目标与理念,对各省的大学提出了具体的规划。隶属湖北省教育厅的韩习祥等根据《统筹推进世界一流大学和一流学科建设总体方案》的部署,对湖北省的大学提出了多元一流目标,设定"985 工程"高校以创建世界一流大学为首选建设目标,"211 工程"高校以创建世界一流学科和高水平大学为重点建设目标,本地区博士学位授权高校和少数硕士学位授权高校以创建国内一流学科和国内高水平大学为主要建设目标,部分硕士学位授权高校和部分本科院校以创建国内特色学科和办好一流本科为建设目标③。江西省副省长朱虹基于"十三五"规划中"提高高校教学水平和创新能力,使若干高校和一批学科达到或接近世界一流水平"的建议,提出江西省的实际情况是省内没有"985 工程"高校和部属院校,高等教育在全国属于中下游水平,所以省内大学想要在短期内赶超国内一流大学可能都是不现实的,不过可以集中精力、人力、物力、财力,在某个领域、某个学科、某些专业打造优势特色,以此来实现全国一流乃至世界一流的目标④。

---

① 李延保."双一流"大学建设中人才培养目标定位的思考[J].中国高校科技,2017,23(Z1):4-6.
② 张力.新时代加快一流大学和一流学科建设的战略意义[J].中国高等教育,2018,54(5):27-28.
③ 韩习祥,梁传杰,张文斌.省级层面统筹推进一流大学和一流学科建设[J].中国高等教育,2017,53(Z1):43-46.
④ 朱虹.增强创新能力建设一流大学[J].赣南师范学院学报,2015,36(6):1-2.

2. 管理与评价机制的解读

由于政府部门对于一流大学或学科建设在管理与评价机制上发挥着直接性、主导性作用，因而管理与评价政策成为了政府公职人员讨论的焦点之一。关于管理机制的改革，中国教育学会第八届理事会会长钟秉林解读了《统筹推进世界一流大学和一流学科建设实施办法（暂行）》的指导思想，认为一流的大学治理体系需要完善大学领导体制，实现校务公开和信息透明，协调学术权力和行政权力的关系，并加强人事聘任和考核制度、教学和学生管理制度、学科和科研管理制度等制度建设工作[①]。中国高等教育学会副会长管培俊分析了《国家中长期教育改革和发展规划纲要（2010—2020 年）》中提出的建设"中国特色现代大学制度"和"完善治理结构"，强调大学的各方利益相关者共同参与治理和决策的过程，实现彼此的权利制衡，此外还应关注组织文化等"软件"因素，这种文化塑造了大学的精神，具有重要意义[②]。政策中已经明确指出了"双一流"背景下高等教育管理改革的方向，政府公职人员总体上提议从多方参与管理的角度入手，打造更加规范、更加细致的治理体系，从而为一流大学和学科的建设提供强有力的保障。

评价机制是一流大学和学科建设的导向，政府公职人员对此类政策的解读均采用了较为全面的标准。教育部社会科学委员会副主任顾海良阐释了《统筹推进世界一流大学和一流学科建设总体方案》中的"强化学科建设绩效考核"，指出可以从提升高校人才培养、科学研究、社会服务、文化传承创新和国际交流合作等方面对学科建设绩效进行综合评价，如人才培养上强化聚集世界高层次人才的绩效评价，科学研究上强化为国家经济发展和战略实施做出重要贡献的绩效评价，文化传承创新上强化形成一流大学精神文化的绩效评价等[③]。全国人大代表、江苏省教育厅厅长、党组书记葛道凯围绕习近平总书记在中央全面深化改革领导小组审议"双一流"方案会议、全国高校思想政治工作会议等会议中的系列讲话学习中，提出推动一批有条件的学校或学科跻身世界一流必须要坚持特色、办出水平和完善机制，其中完善机制具体来说就是要通过评价机制改革来促进高等教育质量的全面提高，改革的重点在于突出分类评价，突出绩效导向，

①　钟秉林.励精图治、厚积薄发、创建世界一流大学和一流学科[J].教育经济评论,2017,2(4): 3 - 6.
②　管培俊.一流大学建设的两个关键要素：制度与人[J].中国高教研究,2018,34(5): 4 - 9.
③　顾海良."双一流"建设要坚持以学科建设为基础[J].中国高等教育,2017,53(19): 15 - 16.

突出动态监测,激发高校活力,确保建设实效,而非将发展的目光紧紧盯在能拿多少经费和专项上[①]。

第三节　学校实践者视角下的世界一流大学建设

本节在中国知网数据库平台以"一流大学建设"及"一流学科建设"为主题词进行检索,截取时间段为2015~2019年,同时要求作者是在大学中承担院长、校长、书记等职务的实践者,共检索出147篇文献,从中选取出与一流大学或学科建设相关的文献,以此综述当前学校实践者视角下集中探讨的主题。

一、基于指导思想的建设

1. 内涵探讨

新时代下,一流大学和学科建设作为中国高等教育事业发展的重大战略规划,将习近平新时代中国特色社会主义思想落实到"双一流"的各方面是发展的前提条件和必然选择,社会各界已经达成共识[②]。讨论相关指导思想在"双一流"建设中的基本内涵是实践者们关注的重点,他们分别从宏观和微观的角度阐释了个人的理解。从中国高等教育事业整体发展的宏观视角看,中国人民大学副校长朱信凯领会了习近平思想在教育中的时代内涵,教育历史方位上从过去"穷国办大教育"到当前"大国办强教育",致力于向教育强国迈进,追求质量和内涵世界第一;教育主要矛盾变为人民群众对接受更高层、更加公平和更高质量教育的需求更加期盼;中国立足于教育舞台的方位从"边缘"走向"中心",希望发挥"领跑"作用;就是这些时代内涵构成了实施"双一流"建设工程的伟大意义[③]。四川大学原校长谢和平也认为,习近平思想在高等教育新时代的内涵体现在中国要从高等教育大国向高等教育强国加速迈进,坚定不移地走中国特色世界一流大学建设道路,从注重"规模和数量"转变为强调"质量和效益",中国高校积极

① 葛道凯.新时代"双一流"建设的内涵与路径[J].中国高等教育,2018,54(5):29-30.
② 赵智兴,段鑫星."双一流"建设研究的热点主题与前沿窥探[J].广西社会科学,2019,35(3):180-184.
③ 朱信凯.习近平关于教育的重要论述对"双一流"建设的规定性和指导意义[J].国家教育行政学院学报,2019,26(6):3-8+50.

走向世界高等教育舞台中央①。

从中国大学发展的微观视角看,中国药科大学校长来茂德认为习近平思想的内涵可以体现在办学方向、治理模式和发展方式三个方面,办学方向上培养社会主义事业的合格建设者和可靠接班人,重视中国特色社会主义理论教育"进教材、进课堂、进头脑";治理模式上协调好党委、行政、学术委员会和教代会的关系,还要以开放的心态,积极与社会各方面交流和沟通;发展方式上服务国家和民族的需要,做好顶层设计,对有限目标进行持续、有足够水平的投入②。福州大学党委书记陈永正讨论了习近平思想的深刻内涵,提出必须把习近平新时代中国特色社会主义思想与推进"双一流"建设相结合,高校应当抓住"双一流"建设的机遇,坚持社会主义办学方向,坚持党对高校的领导,加强和改进党的建设,全面贯彻党的教育方针,深化高等教育综合改革,加快建设教育强国③。

2. 贯彻方式

在厘清指导思想的内涵后,力图建设一流大学和学科的中国高校采用不同的方式贯彻到了各实践领域,实践者们结合各高校自身发展的情况对指导思想的贯彻方式进行探索。北京大学党委书记郝平指出了北京大学建设中国特色世界一流大学过程中贯彻十九大精神的方式,毫不动摇坚持和完善党对学校的领导,落实党委领导下的校长负责制;用习近平新时代中国特色社会主义思想全面指导学校的各项工作;不断调整和完善教学模式,建立具有世界水准的北大人才培养体系;重视教师队伍建设,着力推进人事管理体制、教师聘任制度改革;以问题为导向继续深入推进综合改革;按照科教兴国、人才强国和创新驱动战略的要求,不断完善和精心组织实施学校"双一流"规划④。

南京大学校长陈骏根据习近平新时代中国特色社会主义思想提出一流大学的"四个坚持",坚持追求真理,通过整合在教学、科研、服务和交流之间实现知识的"链接"与"耦合",从而开拓通向真理的道路,南京大学哲学系青年教师胡福明在1978年就发表过《实践是检验真理的唯一标准》的篇章;坚持立德树人,南京

① 谢和平.以党的十九大精神为引引　全面加快新时代世界一流大学建设步伐[J].中国高等教育,2019,55(2):31-33.
② 来茂德."中国特色和世界一流"大学的内涵探究[J].中国高等教育,2017,53(7):32-35.
③ 陈永正.以习近平新时代中国特色社会主义思想引领"双一流"建设[J].国家教育行政学院学报,2017,24(11):3-8.
④ 郝平.努力开创新时代中国特色世界一流大学建设的新局面[J].北京大学学报(哲学社会科学版),2017,54(6):5-10.

大学在对学生的管理与服务中渗透"大学工"全程育人理念,使"隐性课程"成为萦绕在学生周围的"文化空气";坚持原创研究,南京大学在江苏省范围内就建立了20多个"校府"合作平台,合作推动原创项目;坚持绿色发展,南京大学联合香港中文大学和台湾"中央大学"成立了"绿色大学联盟",旨在推动建立合作平台,推动资源共享,盟校之间共同举办学术活动,开展环保知识竞赛,交流前沿动态等①。

四川大学党委书记王建国分析了四川大学如何深入学习贯彻习近平总书记系列重要讲话精神和治国理政新理念新思想新战略,人才培养上要求实现思政课与其他课程结合,将社会主义核心价值观教育覆盖人才培养全课程,推动"探究式,小班化"课堂教学改革等;科学研究上牵头国家重点研发计划项目,牵头筹建国家转化医学重大基础设施,在新型功能高分子材料、生物医用材料、化学化工领域取得了一批世界首创的科研成果等;社会服务上成立了四川首个高校产业技术研究院,创新设立校地合作基金,对口扶贫四川甘洛县和岳池县并探索教育扶贫、人才扶贫、智力扶贫、科技扶贫、医疗扶贫等高校精准扶贫模式,建有5所海外孔子学院以弘扬中华文化、宣传中国道路、传播中国声音等②。

二、基于行业特色的建设

1. 服务社会需求

实践者们普遍认为行业特色型大学往往具备建设世界一流大学或学科的基础,这类学校原本就拥有某些鲜明的特征和优势,能够在"双一流"建设的过程中发挥力量更好地服务于社会需求。中国传媒大学副校长段鹏指出学校在建设一流的戏剧与影视学科上要以国家需求为导向,坚持科研与创作齐头并进,面向重大战略需求,瞄准国际国内科研发展前沿,整体推进广播电视艺术理论、电影理论、戏剧戏曲理论转型升级;强化中国特色,创新科研组织模式,以研究任务为主体来组建跨学科团队,全方位提升中国特色戏剧与影视学的学术实力③。南京林业大学校长王浩提出学校打造以林为特色的一流学科体系需要始终紧密对接国家战略和行业、区域重大需求,不断深化服务内涵,强化协同创新,瞄准重大经

① 陈骏.一流大学的责任与担当[J].中国高教研究,2017,33(12):5-9.
② 王建国.以十九大精神指引中国特色世界一流大学建设[J].中国高等教育,2017,53(21):19-22.
③ 段鹏,王德平."双一流"建设背景下行业特色型大学的学科建设与发展[J].中国高等教育,2018,54(23):32-34.

济社会问题,紧扣支撑生态建设、引领产业升级、服务绿色发展三大主题,努力在行业特色领域取得一批重大标志性成果,为国家、行业、区域发展提供有力支持①。华中农业大学校长邓秀新表示世界一流学科建设与国家战略和区域经济社会发展同向同行,特色发展要聚焦方向、服务需求、注重创新,所以必须面向经济社会主战场,面向世界科技发展前沿,深入分析产业时代特征②。"双一流"建设项目为行业特色型大学提供了新机遇,针对社会需求以巩固、扩大优势学科成为了其发展共识。

更进一步来看,实践者们总结了定位于一流大学或学科的行业特色型高校服务社会需求的方式,主要体现在深化产学研结合、打造科研创新平台等。中国石油大学校长张来斌认为聚焦特色学科就要深化产学研合作,构建校企多方合作机制,建设对话平台并定期召开会议强化信息交流和沟通,加强科技成果转化平台和信息库建设,建立信息共享机制,在企业涉足较少的应用基础研究和前瞻性研究领域提早布局③。西安电子科技大学党委书记陈治亚在行业特色型高校建设世界一流大学的思考中提出要紧盯社会需求,与行业单位联合构筑高水平科研平台,相互开放和共享科研平台资源,这既能激发科研机构的创新活力,也能使企业获得持续的技术创新能力④。行业特色型大学服务社会的方式与其他学校并没有太大区别,但其具体的服务内容中更侧重于学校的特色学科。

2. 培养特色人才

行业特色型大学在建设一流大学或学科过程中还担负着培养特色专业人才的使命,实践者们主要探究了培养目标和培养方式两个方面的工作。关于培养目标,上海财经大学校长蒋传海提出建设一流学科要培养一流学生,即培养具有全球视野和民族精神,富有创造力、决断力及组织力的卓越财经人才,这类人才应当在"素质、知识、能力、体格"上综合发展,具有服务国家服务人民的社会责任感⑤。中国科学技术大学(简称中国科大)副校长杨金龙将"红专并进"的校训统筹纳入学校人才培养的目标,"红"是为社会主义建设服务,培养国家最急需的国

① 王浩.行业特色型大学建设"双一流"的实践与思考[J].中国高等教育,2019,55(1):27-29.
② 邓秀新.围绕一流学科目标定位　引领行业高校特色发展[J].中国高等教育,2017,53(19):26-28.
③ 张来斌.高水平行业特色型大学"双一流"建设要把握好三对关系[J].高等工程教育研究,2018,36(6):92-95.
④ 陈治亚,郝跃.行业特色型高校建设世界一流大学与学科的思考[J].中国高校科技,2015,21(12):4-6.
⑤ 蒋传海.聚焦一流追求卓越　推进高水平研究型大学建设[J].中国高等教育,2019,55(1):20-22.

防科技人才;"专"是具有崇尚科学、追求卓越的创新精神与能力①。东北师范大学校长刘益春指出师范类大学可以通过一流学科建设来推动世界一流师范教育,其目标是为国家培养更多的卓越教师和未来教育家,践行融合的教师教育理念,落实立德树人根本任务,着力解决教师教育和基础教育领域中的重大热点、难点问题②。行业特色型大学培养一流人才的目标,相比于培养全方位发展的"全才",更强调培养能在某一专业领域做到极致的"专才"。

关于培养方式,中国科大校长万立骏阐释了学校为培养高水平科研创新拔尖人才而推行的创新产学研及中外协同育人模式:"一是'所系结合、科教结合、理实结合',依托重大科研平台,进行本研一体化长周期培养;二是研用结合,充分利用实践平台,推进产学研合作,联合培养专业学位研究生,为学校应用型人才培养提供实践实训机会;三是中外联合,面向全球招聘师资,同时邀请国际著名大学的教授利用学术休假到该校开设长期课程,并逐步提高学校专业英文课程的覆盖面。"③北京化工大学校长谭天伟分析了学校培养新工科人才采取的创新改革措施,构建面向解决复杂工程问题的创新型人才培养平台,建立以问题为导向的学习方式,实现"以教为主"向"以学为主"教育模式转变;构建"3+5"人才培养模式,即"学术型、工程型、复合型"人才培养类型,在"课堂、校园、社会、国外、网络"人才培养环境中全方位培养;构建国际化人才培养创新体系,扩大双语课、全英文课建设范围,建立"2+2""2+3"等国际化联合培养模式、博士生联合培养模式④。行业特色型高校在人才培养方式上注重和一流学科建设结合,根据各自实际发展情况采取不同形式,总体上比较重视应用性和国际性。

(郭鑫,肖港,冯倬琳)

---

① 杨金龙.责任、使命、作为:新时代一流大学建设的探索与实践[J].学位与研究生教育,2018,35(9):1-5.
② 刘益春.扎根中国大地　以一流学科助推世界一流师范教育[J].中国高等教育,2017,53(19):25-26.
③ 万立骏.适应新形势　把握新机遇　努力创建特色鲜明的世界一流大学[J].研究生教育研究,2015,30(5):1-5.
④ 谭天伟.立足学科特色　增强核心竞争力　推进北京化工大学一流学科建设[J].高等工程教育研究,2018,36(6):87-91.

第三章
世界一流大学人才培养指数

人才培养是一流大学建设的核心使命，是一流大学建设的声誉载体，也是衡量一流大学建设的重要尺度。本章使用"国际知名校友""国际学生""博士研究生"3个一级指标建构了人才培养指数，通过国际比较发现，在人才培养指数上国内顶尖大学组与世界一流大学组较为接近，但与世界顶尖大学组仍存在较大差距，尤其在"国际学生"指标上，与世界顶尖大学组、世界一流大学组均存在较大差距。而后研究选取美国卡内基梅隆大学、新加坡国立大学及中国北京大学开展案例分析，分别探讨了交叉学科人才、创业人才及拔尖人才的培养机制。基于国际比较与案例分析，研究建议：加快交叉学科管理制度建设，制定交叉学科人才培养方案；完善大学创业教育组织结构，跨国界建构创业教育课程体系；依托高水平课程体系与师资队伍，突出拔尖人才个性化培养。

第一节　背景与思路

一、人才培养与一流大学建设

全面推进世界一流大学建设是新时期我国高等教育发展的重大国家战略，世界一流大学不仅是知识发现和科技创新的重要力量，先进思想和优秀文化的重要源泉，更是培养各类高素质优秀人才的重要基地。然而，2005年在温家宝总理看望钱学森时，钱老再次感慨："为什么我们的学校总是培养不出杰出人才？""钱学森之问"成为社会各界共识，成为一道关于中国教育事业发展的艰深命题。为此，国家高等教育改革以及"双一流"建设均强调人才培养的重要性。

2009 年由教育部联合中组部、财政部启动实施"基础学科拔尖学生培养试验计划"。2010 年《国家中长期教育改革和发展规划纲要(2010—2020 年)》明确提出"创新人才培养模式"、探索"拔尖创新人才培养改革试点"等改革部署。2015 年国务院发布《统筹推进世界一流大学和一流学科建设总体方案》,明确提出"突出人才培养的核心地位",将培养"拔尖创新人才",即"具有历史使命感和社会责任心,富有创新精神和实践能力的各类创新型、应用型、复合型优秀人才"作为"双一流"建设的五大任务之一。

1. 人才培养是一流大学建设的核心使命

放眼全球,世界一流大学无不以培养具有全球竞争力的领袖型人才作为己任。人才是实现民族振兴、赢得国际竞争的重要战略资源。通过高质量的人才培养,为国家经济建设和社会发展提供强有力的人力资源支撑和智力支持,是一流大学的根本职能。一流人才是各行业的领军者和决策者,直接从事和负责相关政策制定、决断和选择,处于机构和组织的塔尖地位[①]。一流人才自身受教育水平将直接或间接影响整个机构、组织或群体的各项利益及发展方向,对国家社会稳定和经济发展产生深远影响[②③]。世界一流大学与一流学科建设要紧紧抓住人才培养的核心使命,不断提高人才培养能力,特别是行业引领型人才培养能力[④],为国家发展和社会进步提供可靠的、源源不断的"高精尖缺"人才。

2. 人才培养是一流大学建设的声誉载体

只有培养出世界一流人才,才能成为名副其实的世界一流大学。世界一流大学之所以享有更高的社会认可度、支持度和国际知名度,关键在于培养了一批又一批推动社会进步的一流人才。一流人才毕业后服务于经济建设的各个领域,为母校的社会声誉产生直接影响。社会公众在评价高校时,首先关注其毕业生的发展满意度和社会贡献度。培养出各行业一流人才的数量越多、质量越高,大学的社会声誉也越高,越能吸引优秀学子争相报考,人才培养是大学竞争力之根本。世界一流大学尽管拥有诸多原创性知识贡献,但最引以为傲的始终是为

① PAYNE J W, BETTMAN J R, JOHNSON E J. The Adaptive Decision Maker[M]. Cambridge: Cambridge University Press, 1993: 1-15.
② PETTIGREW A M. The Politics of Organizational Decision-making[M]. London: Routledge, 2014: 195-205.
③ 史秋衡,陈志伟.发达国家顶尖人才培养体系特征研究[J].教育研究,2016,37(6): 131-141.
④ 赵倩,宋永华,伍宸.世界一流大学引领型人才培养模式创新研究——以伦敦大学学院的文理学位项目为例[J].高等工程教育研究,2018(1): 95-101.

国际社会培养了各行各界的领袖人才。正是因为培养了一批又一批改变社会经济发展、人类历史进程的一流人才，大学才被社会称颂，被一代又一代学人向往①。

3. 人才培养是一流大学建设的重要量尺

全球著名大学排名均将人才培养作为基本指标，QS学科排名将"雇主声誉"即雇主对招聘毕业生的反馈，以及"师生比"作为一级指标；THE学科排名将"教学"作为一级指标，下设教学声誉、师生比、博士与学士学位授予比、师均博士学位授予数等二级指标；ARWU学科排名将"获奖校友"，即一所大学的校友获得诺贝尔科学奖和菲尔兹数学奖的折合数作为评价指标之一；USNews排名将全球或区域学术声誉作为评价大学教学质量的指标②。能否培养出经世济国的卓越人才已经成为衡量一流大学社会声誉和学术地位的重要尺度。

一流大学是一流人才的摇篮，重视人才培养是一流大学内涵发展的必然结果。随着我国创建世界一流大学进程的加快，科学研究竞争力和社会影响力均显著提高，但在一流人才培养模式改革和能力建设方面进展相对缓慢，制约着我国建设世界一流大学的发展进程③。

二、人才培养评价研究

衡量高等教育质量的第一标准就是人才培养质量，一所大学办得好不好，主要看这个学校培养的学生优秀不优秀④，评价一流大学更是如此。关于如何评价人才培养，已有研究将人才培养分为输入、过程、输出和成果等四个指标。人才培养输入指标，以定量指标为主，衡量大学人才培养活动的人力、财力和物力资源投入大小，但无法衡量人才培养质量，包括新生质量、生师比、财政资源、物质资源、教师资源等。人才培养过程指标，主要用于衡量大学人才培养项目、活动和服务质量，通常难以量化，包括人才培养使命和目标课程设置、学习生活、组织和管理等。人才培养输出和成果指标，通常与毕业生表现有关，反映大学对学生、社会和国家的深远影响，包括毕业率、毕业生就业率、攻读更高学位的学生比例、优秀毕业生比例、学位授予数量、毕业生满意度、雇主满意度、杰出校友、校友

① 眭依凡.一流本科教育改革的重点与方向选择——基于人才培养的视角[J].现代教育管理,2019(6)：1-10.
② 马廷奇.一流学科建设与拔尖创新人才培养[J].中国电子教育,2019(4)：21.
③ 王树国.关于一流大学拔尖人才培养模式的思考[J].中国高等教育,2011(2)：9-11.
④ 杜玉波.坚持立德树人,提高高校人才培养质量[J].成才之路,2016(35)：3.

捐赠、校友薪资等[1][2]。

人才培养评价标准不是统一的,评价目的的多样性决定了大学评价活动的差异。虽然从投入、过程角度构建人才培养评价指标体系能够相对全面地概括人才培养活动过程,但是也因为更多关注影响大学人才培养质量的"外围"因素而未触及人才培养质量的"核心",即培养的人才是否优秀。本研究认为在评估大学人才培养质量方面,输出与成果指标更具洞察力,也更有意义。因此本研究的评价指标从一流大学人才培养的输出端选取,既包括学术领域、商业领域的知名校友,也包括国际学生、博士研究生在人才培养总量中的占比。

1. 国际著名校友

世界一流大学无不以培养各行各业卓越领袖人物为己任,如哈佛大学"培养社会各领域的领袖人才"、巴黎高等师范学院"培养改变世界的人"等[3]。《斯坦福大学 2025 年计划》提出要为培养各行各业领袖型人才提供针对性更强的"有使命的学习",不仅要求大学生树立远大目标奋发向上,而且要求大学为学生创造有利于形成社会担当意识、将之培养成既有领导力又有行动力之专业领袖的学习和实践环境[4]。麻省理工学院(Massachusetts Institute of Technology)之所以能够在战后很短的时间内迅速成为世界一流大学,亦在于其为世界工程技术发展和经济社会发展培养了众多的领袖人才[5]。无论是建设世界一流大学,还是建设高等教育强国,我国一流大学都要将人才培养作为核心任务,并以培养学术领域、商业领域的世界一流人才作为奋斗目标[6]。

人才培养的结果观认为大学的资源和声誉并不能告诉我们大学的人才培养质量,而毕业生是大学人才培养的最终产品,根据校友取得的成就推断大学的人

① CHALMERS M. Review of Australian and international performance indicators and measures of quality of teaching and learning in higher education[R]. Australia: Australian Learning and Teaching Council, 2008: 16.
② TANG C W, WU C T. Obtaining a picture of undergraduate education quality: a voice from inside the university[J]. Higher Education, 2010, 60(3): 269 - 286.
③ 眭依凡.一流本科教育改革的重点与方向选择——基于人才培养的视角[J].现代教育管理,2019(6): 1 - 10.
④ 眭依凡.一流本科教育改革的重点与方向选择——基于人才培养的视角[J].现代教育管理,2019(6): 1 - 10.
⑤ 眭依凡.一流本科教育改革的重点与方向选择——基于人才培养的视角[J].现代教育管理,2019(6): 1 - 10.
⑥ 赵倩,宋永华,伍宸.世界一流大学引领型人才培养模式创新研究——以伦敦大学学院的文理学位项目为例[J].高等工程教育研究,2018(1): 95 - 101.

才培养质量更为可靠。贾尔伯特(Jalbert)等人对 1987 年到 1996 年期间出现在《福布斯》(*Forbes*)杂志中的美国大型企业高管数据进行分析,发现约 73.3% 的企业高管拥有美国排名前 50 位大学的学位[①]。陈沛等人对全球 10 000 家企业高管的教育背景进行分析发现,在全球万家企业高管拥有的全部学位中,34% 来自不到全球大学总数 1% 的世界一流大学,62% 来自不到全球大学总数 5% 的世界知名大学。在全球 500 强企业中,高管拥有的世界一流大学学位的比例更高[②]。

大学曾经是精英教育的机构,随着高等教育由精英教育向大众教育的过渡,不是所有大学都能肩负精英教育的职能,但这并不意味着大学之精英教育机构的地位和作用成为过去,而是由一流大学及一流人才培养担当起其精英教育的使命。世界一流大学不仅培养理论研究型精英人才,还培养出众多国家领袖、商界精英等各领域应用实践型精英人才[③]。有研究通过诺贝尔奖获得者、全球百强企业首席执行官等知名校友,考察英国、美国、法国和德国的一流大学在社会各界顶尖人才的培养方面产生的巨大作用,发现社会各行业的顶尖人才大多具备在一流大学的学习背景,同时正是因为以顶尖人才为代表的毕业生表现突出,从而成就了一流大学的国际声望和教育地位[④]。所以,本研究将国际学术领域、商业领域的著名校友作为衡量一流大学人才培养的重要指标之一。

2. 国际学生

随着全球化不断深化,大学之间的竞争越来越激烈,"得天下英才而教育之"成为世界一流大学的招生共识,培养国际学生对世界一流大学建设意义深远。世界一流大学的普遍主义理念决定了学生来源的多样性。从中世纪大学发展的历史来看,由于地缘文化等多种原因,当时的大学达到了高度国际化,教授和学生都不是来自同一个国家或地区,教学内容无关国界[⑤]。正如纽曼的《大学的理念》所说,"一所大学就是一个群英会集的殿堂,天下各处各地的学子到这里来,以寻求天下各种各样的知识[⑥]。"

①　JALBERT T, FURUMO K, JALBERT M. Does Educational Background Affect CEO Compensation And Firm Performance? [J]. Journal of Applied Business Research, 2011, 27(1): 15 - 39.
②　陈沛,刘念才.全球万家企业高管教育背景与世界一流大学的关系研究[J].高等教育研究,2016(11): 1 - 9.
③　冯倬琳,王琪,刘念才.世界一流大学建设之路与启示[J].中国高等教育,2014(10): 61 - 63.
④　史秋衡,陈志伟.发达国家顶尖人才培养体系特征研究[J].教育研究,2016,37(6): 131 - 141.
⑤　丁学良.什么是世界一流大学[J].高等教育研究,2001(3): 4 - 9.
⑥　张旭雯.世界一流大学建设中的国际招生[J].考试研究,2016(3): 97 - 102.

　　教育面向世界,世界一流大学是国际教育、文化、科技交流的桥梁,越来越多的国家将招收国际学生作为高等教育发展目标和国家发展的重要战略。《国家中长期教育改革和发展规划纲要(2010—2020 年)》提出要进一步"扩大外国留学生规模",提高我国教育国际化水平①。提高国际学生比例,优化国际学生结构,不仅是高等教育国际化的一种途径,也是现代大学教育质量与水平的重要衡量标准之一。世界一流大学普遍重视留学生教育,目前发达国家的留学生教育已发展到以研究生为主,本科生、进修生为辅的阶段②。

　　世界一流大学也因为拥有优秀的国际学生和国际校友而产生了更为广泛、深刻的影响。当代大学生正面临着多元文化的冲击,当在校园中有相当数量的国际学生,有利于将之培养具有跨文化视野、国际理解能力、适应国家未来发展需要的国际化人才③。另一方面,国际学生群体是未来领导者和世界公民的重要组成部分,学成回国后将在各国学术界、政界、实业界成为其领域的骨干或领导者,在促进两国交流、科学技术发展方面发挥积极作用,对其所在国及我国产生重大的政治和经济影响④,对于解决当今世界人类所面临的重大挑战具有重要意义。可见,将国际学生作为衡量世界一流大学人才培养的关键指标是大势所趋。

　　3. 博士研究生

　　博士学位是国际上公认的最高学位,博士研究生是最具创造潜力、创新能力的青年才俊,在经济发展、科技创新和社会进步中发挥重要作用⑤。博士生教育作为学术研究与产业的桥梁,已超出单纯的学术领域,关系到国家科教兴国战略和人才强国战略,成为推动国家经济和社会发展的重要因素⑥。博士生教育质量不仅能够衡量一个国家的教育水平,也反映出一个国家经济实力、科学技术发展水平和国家软实力⑦⑧。

　　国家创新驱动发展战略需要我国高水平大学培养更多高层次创新人才,而

① 张旭雯.世界一流大学建设中的国际招生[J].考试研究,2016(3):97－102.
② 王军.来华留学研究生教育现状分析[J].中国高教研究,2006(6):21－23.
③ 崔国文,姚崇兰.关于世界一流大学与留学生培养的思考[J].清华大学教育研究,1994(2):63－66.
④ 崔国文,姚崇兰.关于世界一流大学与留学生培养的思考[J].清华大学教育研究,1994(2):63－66.
⑤ 王顶明.为什么需要适度扩大博士生培养规模[J].中国研究生,2019(6):60－61.
⑥ 王任模,屠中华,刘惠琴,姚强,杨斌.博士生培养质量与规模研究[J].研究生教育研究,2017(3):8－12.
⑦ 王大中.稳定博士生招生规模着重提高培养质量[J].学位与研究生教育,2005(2):1－2.
⑧ 黄宝权.创建一流大学背景下对我国博士研究生招生制度的思考[J].长春工业大学学报(高教研究版),2012,33(4):9－11.

博士研究生是国家创新体系中最具活力的主力军。博士生培养作为创新人才培养主体,为社会提供科技发展重点领域所急需的高端人才和战略储备人才[①],为国家创新驱动发展提供重要的人才基础与保障。博士研究生培养在世界一流大学建设内涵式发展中具有高端引领、示范带头和辐射导向作用[②]。

有数据显示,我国每年授予博士学位约7万人,仅占学士、硕士和博士三级学位授予总数的1%,硕博比约为11∶1。而同期美国每年博士学位授予数约18万人,占三级学位授予总数的6.3%,硕博比为4.25∶1;英国博士学位授予数约2.5万人,占三级学位授予总数的3.94%,硕博比为7.25∶1;德国博士学位授予数约3万人,占三级学位授予总数的6.86%,硕博比为4.66∶1[③]。从博士学术授予数占总学位授予总数的比例中可以看到我国与其他高等教育强国仍存在较大差距。因此,将博士生培养作为衡量世界一流大学的重要指标之一具有重要意义。

三、研究思路

基于人才培养重要性,本章以国内外一流大学为样本,依次探讨以下三个方面的问题。首先,如何对一流大学的人才培养进行衡量? 其次,中国"双一流"建设高校在人才培养指标表现上是怎样的? 与世界一流大学相比,是否存在差距? 第三,中外一流大学的人才培养机制有何特点? 国外一流大学人才培养的哪些方面值得中国学习借鉴?

基于上述研究问题,本章按照以下步骤展开分析。第一步,指标建构。根据已有研究建构一流大学人才培养指数的指标体系。第二步,指数计算。根据指标设计,开展数据探索与收集,对原始数据进行处理后,分别计算各个指标得分,对不同指标得分进行加权得到人才培养指数得分。第三步,量化比较。将国内外一流大学样本分为四组,对国内与国际样本组进行比较,考察国内外一流大学在人才培养指标与指数上存在的差距。第四步,案例分析。通过案例探讨不同大学的人才培养机制。第五步,基于量化比较与案例研究的结果,提出促进一流大学人才培养机制改革的政策建议。

---

① 王顶明.为什么需要适度扩大博士生培养规模[J].中国研究生,2019(6):60-61.
② 王顶明.为什么需要适度扩大博士生培养规模[J].中国研究生,2019(6):60-61.
③ 王顶明.为什么需要适度扩大博士生培养规模[J].中国研究生,2019(6):60-61.

第二节　研究方案与设计

一、指数设计

1. 指标体系

拥有引领学科或产业发展、甚至得到世界级奖项认可的校友,是对一所大学人才培养水平最直接的肯定;在全球化背景下,各国学子的择校范围扩大到全球,吸引国际学生的能力也可以代表高校的人才培养水平;博士研究生是一所高校培养的重要人才。基于相关研究与实践经验,结合构建人才培养评价指标的现实需求,本章选取"国际知名校友""国际学生比例""博士研究生比例"构建人才培养评价指标体系,对国内外一流大学在人才培养方面的特点进行国际比较。其中,国际知名校友指标通过一流大学培养出的高被引科学家、诺贝尔奖获得者、五百强企业高管 3 个二级指标合成,如表 3-1 所示。

表 3-1　人才培养指数的指标设计

指　标	指　标　定　义
国际知名校友	科睿唯安 2019 高被引科学家人数 诺贝尔奖(科学领域)获奖人数 财富 500 强企业高管人数
国际学生	国际留学生(学历教育)占全校学生的比例
博士研究生	博士毕业生(授予博士学位数)占全校毕业生(授予本硕博三类学位数)的比例

2. 样本选取

如表 3-2 所示,国际组样本共选取了 20 所源自 2019 年 ARWU 排名前100 名的大学:其中 10 所源自 ARWU 排名前 25 名的大学,设为世界顶尖大学组;另外 10 所源自 ARWU 排名第 76—100 名的大学,设为世界一流大学组。

如表 3-3 所示,国内组样本共选取了 36 所,进入我国"双一流"建设名单的高校:其中 8 所源自进入 ARWU 排名前 150 名的"双一流"建设高校,包括清华大学、北京大学、复旦大学、上海交通大学和中国科学技术大学等,设为国内 A组;另外 28 所源自 ARWU 排名 150 之后的"双一流"建设高校,设为国内 B组。

表 3-2 人才培养指数的国际组样本

ARWU 排名	样本大学（中文）	样本大学（英文）
世界顶尖大学组		
1	哈佛大学	Harvard University
2	斯坦福大学	Stanford University
3	剑桥大学	University of Cambridge
4	麻省理工学院	Massachusetts Institute of Technology
6	普林斯顿大学	Princeton University
7	牛津大学	University of Oxford
9	加州理工学院	California Institute of Technology
11	耶鲁大学	Yale University
23	多伦多大学	University of Toronto
24	东京大学	The University of Tokyo
世界一流大学组		
76	波士顿大学	Boston University
76	澳大利亚国立大学	The Australian National University
80	悉尼大学	The University of Sydney
87	巴塞尔大学	University of Basel
90	名古屋大学	Nagoya University
90	加州大学戴维斯分校	University of California，Davis
95	卡内基梅隆大学	Carnegie Mellon University
95	佛罗里达大学	University of Florida
99	西澳大利亚大学	The University of Western Australia
100	俄亥俄州立大学哥伦布分校	The Ohio State University-Columbus

表 3-3 人才培养指数的国内组样本

ARWU 排名	样本大学（中文）	样本大学（英文）
国内 A 组		
43	清华大学	Tsinghua University
53	北京大学	Peking University
70	浙江大学	Zhejiang University
82	上海交通大学	Shanghai Jiao Tong University
101—150	复旦大学	Fudan University
101—150	华中科技大学	Huazhong University of Science and Technology

(续表)

ARWU 排名	样本大学 （中文）	样本大学 （英文）
101—150	中山大学	Sun Yat-sen University
101—150	中国科学技术大学	University of Science and Technology of China
	国内 B 组	
151—200	中南大学	Central South University
151—200	哈尔滨工业大学	Harbin Institute of Technology
151—200	南京大学	Nanjing University
201—300	四川大学	Sichuan University
201—300	东南大学	Southeast University
201—300	电子科技大学	University of Electronic Science and Technology of China
201—300	武汉大学	Wuhan University
201—300	西安交通大学	Xian Jiaotong University
201—300	北京航空航天大学	Beihang University
201—300	北京师范大学	Beijing Normal University
201—300	大连理工大学	Dalian University of Technology
301—400	吉林大学	Jilin University
301—400	南开大学	Nankai University
301—400	山东大学	Shandong University
301—400	华南理工大学	South China University of Technology
301—400	天津大学	Tianjin University
301—400	同济大学	Tongji University
301—400	厦门大学	Xiamen University
301—400	北京理工大学	Beijing Institute of Technology
301—400	中国农业大学	China Agricultural University
301—400	重庆大学	Chongqing University
301—400	湖南大学	Hunan University
301—400	兰州大学	Lanzhou University
401—500	西北工业大学	Northwestern Polytechnical University
401—500	东北大学(沈阳)	Northeastern University(Shenyang)
401—500	郑州大学	Zhengzhou University
501—600	华东师范大学	East China Normal University
501—600	中国海洋大学	Ocean University of China

　　受到时间与数据可获得性的限制,本章的中外一流大学样本选取未能实现覆盖全样本,有可能会对研究结果产生影响。不过,研究通过分类取样选取了四

个大学样本组,尽可能反映不同类别的一流大学人才培养在学科分布与指标表现上的差异。

3. 数据搜集

(1) 国际著名校友

指标界定：国际著名校友指标由全球高被引科学家、诺贝尔奖得主及世界500强企业高管三个维度构成。① 全球高被引科学家是指来自世界各地的自然科学和社会科学领域的论文被引次数位于同一学科前1%的研究人员。"全球高被引科学家"是统计从一所大学毕业的校友中入选全球高被引科学家的人数。② "诺贝尔奖得主"是统计从一所大学毕业的校友中获得的诺贝尔奖的人数,包括诺贝尔物理学奖、化学奖、医学奖与经济学奖,不含文学奖与和平奖。③ "500强企业高管"是统计一所大学毕业的校友中在世界排名前500企业中担任高管的人数。

数据收集：① 高被引科学家的原始数据来自科睿唯安公司2019年11月发布的高被引科学家名单(2019 HCR List)[①],共计6 008名高被引科学家,其中3 517人入选21个自然科学和社会科学领域的高被引科学家,2 491人入选跨学科领域的高被引科学家。当高被引科学家同时归属两个学科时,计1人次。根据名单通过检索履历获得其教育信息,进而对其获得本科、硕士、博士学位的大学名称进行汇总。如果高被引科学家的多个学位在同一所大学获得,作为该大学的校友计入1人次;如果多个学位在不同大学获得,每所大学各计入1人次。② 诺贝尔奖得主的原始数据来自诺贝尔奖官方网站公布的2001~2019年的获奖人名单[②]。本研究根据名单通过检索履历获得其教育信息,进而对其获得本科、硕士、博士学位的大学名称进行汇总。如果诺贝尔奖获得者在一所大学获得多个学位,作为该大学的校友计入1人次;如果在不同大学获得多个学位,每所获得过学位的大学各计入1人次。③ 500强企业高管的原始数据来自BvD-Orbis全球企业数据库(简称Orbis数据库)[③]。该数据库包含了全球超过3亿家企业的管理层、评级报告、原始财务报表等行业信息。本研究首先从数据库中筛选出2018财年营业收入(Operating Revenue)排名全球前500的企业,然后导

---

① Web of Science Group Highly Cited Researcher[EB/OL]. [2020-04-26]. https://recognition.webofsciencegroup.com/awards/highly-cited/2019/.

② The Nobel Prize Nobel Prizes and Laureates[EB/OL]. [2020-04-16]. https://www.nobelprize.org/prizes/.

③ Orbis Welcome to the new Orbis interface[EB/OL]. [2020-04-16]. https://orbis.bvdinfo.com.

出上述企业高管的教育信息。如果 500 强企业高管在一所大学获得多个学位，作为该大学的校友计入 1 人次；如果在不同大学获得多个学位，每所获得过学位的大学各计入 1 人次。

（2）国际学生比例

指标界定："国际学生比例"是统计 2018 年样本大学中国际学生人数占在校生总人数的比例。国际学生在非国籍所在国接受教育，通常包括学历教育与非学历教育两类，本研究仅计入学历教育的国际学生人数。在校生总人数包括本科、研究生不同学历的学生。

数据搜集：国内数据中的国际学生人数源自 2018 年《来华留学生简明统计2018》中的高校留学生中的学历生人数；在校生总人数通过国内样本大学官网公布的年度报告收集。国外数据中的国际学生人数与在校生总人数通过各个国家的高等教育数据库、政府网站统计数据以及大学官网收集。其中，美国样本大学的数据来自 IPEDS 数据库[①]、英国数据来自 HESA 数据库[②]、澳大利亚数据来自澳大利亚教育部官网[③]，其他国家样本大学的数据来自各个大学官网。鉴于不同国家、不同机构（大学之间、大学与政府之间）的统计数据截止时间存在差异，当指定年份的数据缺失时，优先采用相邻年份的数据。

（3）博士研究生比例

指标界定："博士研究生比例"是统计 2018 年样本大学毕业的博士生人数占本科、硕士和博士全体毕业生人数的比例，或授予的博士学位数占授予的本科、硕士和博士学位总数的比例。

数据搜集：国内数据来自样本大学公布的 2018 届毕业生就业质量年度报告，通过各校就业指导服务中心或者就业信息网检索下载。国外数据来自各个国家的高等教育数据库、政府网站统计数据，以及大学官网。其中，美国样本大学的数据来自 IPEDS 数据库[④]、英国数据来自 HESA 数据库[⑤]、澳大利亚数据来

---

① IPEDS Use the Data[EB/OL].[2020 - 04 - 26].https://nces.ed.gov/ipeds/use-the-data.
② HESA Table 1 - HE student enrolments by HE provider 2014/15 to 2018/19[EB/OL].[2020 - 04 - 26].https://www.hesa.ac.uk/data-and-analysis/students/table-1.
③ Australian Government Department of Education，Skills and Employment. 2018 Section 7 Overseas students[EB/OL].[2020 - 04 - 26].https://docs.education.gov.au/node/53021.
④ IPEDS Use the Data[EB/OL].[2020 - 04 - 26].https://nces.ed.gov/ipeds/use-the-data.
⑤ HESA Table 1 - HE student enrolments by HE provider 2014/15 to 2018/19[EB/OL].[2020 - 04 - 26].https://www.hesa.ac.uk/data-and-analysis/students/table-1.

自澳大利亚教育部官网①,其他国家样本大学的数据来自各个大学官网。鉴于不同国家、不同机构(大学之间、大学与政府之间)的统计数据截止时间存在差异,当指定年份的数据缺失时,优先采用相邻年份的数据。

4. 人才培养指数算法

首先,对所有原始值进行统计处理,改善原始数值分布;其次,分别计算出世界一流大学组在各个指标上的平均值作为参照,设为 1 分;再通过计算单一大学的单一指标值与世界一流大学组在相同指标上的平均值的比值,得到该校在该指标上的得分。

对三个指标得分赋予同等权重,进行简单加权,得到人才培养指数,计算公式如下:

$$I_T = \frac{I_1 + I_2 + I_3}{3}$$

I_T:大学人才培养指数,I_1:"国际知名校友"指标;I_2:"国际学生"指标;I_3:"博士研究生"指标。

二、案例设计

1. 样本选取

首先,本章选取美国卡内基梅隆大学(Carnegie Mellon University),作为分析交叉学科人才培养的案例。卡内基梅隆大学是美国新常春藤盟校之一,其校董事会主席詹姆斯·罗哈尔(James Rohr)在 2050 战略计划中强调科技与人文的交融是卡内基梅隆大学保持全球领先的关键所在。经过多年的发展,卡内基梅隆大学在人才培养方面培养了独特的交叉学科文化。其次,本章选取新加坡国立大学作为分析创业人才培养的案例。新加坡国立大学是新加坡首屈一指的国际顶尖高校,2000 年施春风院士担任 NUS 的校长后,响应新加坡发展"知识经济"的号召,通过知识传授、创造和应用的相互联系,将 NUS 打造成具备全球竞争力的"知识企业"。NUS 的教育和研究活动凸显创业视角,发展出一套完整的创业教育生态系统,向社会输出了若干创业型人才。另外,本章选取北京大学

---

① Australian Government Department of Education, Skills and Employment. 2018 Section 7 Overseas students[EB/OL].[2020 - 04 - 26].https://docs.education.gov.au/node/53021.

作为分析拔尖人才培养的案例。北京大学走在国内人才培养模式改革探索的前列,元培学院即是北大对拔尖创新人才培养模式改革的重要探索。

2. 分析框架

本章对案例的分析主要从交叉学科人才培养、创业人才培养与拔尖人才培养三个方面进行分析,不同学校的案例分析各有侧重。美国卡内基梅隆大学侧重对学院内部和多学院共建的交叉学科人才培养进行分析,新加坡国立大学侧重对创新人才培养的组织制度与海外课程进行分析,北京大学侧重对拔尖型人才培养的课程设计与师资队伍建设进行分析。

第三节　对标大学与我国一流大学的指数对比分析

一、"国际著名校友"指标分析

表 3-4 显示,世界顶尖大学组在"国际著名校友"指标上是世界一流大学组的 2.64 倍,其中哈佛大学得分最高,根据 2019 年相关统计,255 位哈佛大学校友入选全球高被引科学家,81 位校友担任世界 500 强企业高管,2001—2019 年间 31 位哈佛大学校友荣获诺贝尔科学奖。国内 A 组大学在该指标的得分与世界顶尖大学组存在较大差距;不过,与世界一流大学组表现接近。附表 1 显示,清华大学、北京大学该指标得分是世界一流大学组的 1.4 倍,反映出国内 A 组大学培养国际著名校友的数量水平已基本达到世界一流大学的水平。国内 B 组大学在该指标上只有世界一流大学组的 56％倍,说明国内大部分的"双一流"建设大学在国际著名校友上与世界一流大学仍有一定差距。

表 3-4　"国际著名校友"指标的得分

组　　别	指 标 得 分
世界顶尖大学组	2.64
世界一流大学组	1.00
国内 A 组	1.05
国内 B 组	0.56

二、"国际学生"指标分析

表 3-5 是对国内组与国际组大学国际学生指标的比较。这一指标显示,世界顶尖大学组与世界一流大学组表现相当,前者是后者得分的 1.05 倍,其中得分最高的样本大学是世界一流大学组中的卡内基梅隆大学,国际学生占比超过40%。国内 A 组大学的国际学生指标得分仅为世界顶尖大学组、世界一流大学组得分的二分之一,存在较大差距。附表 1 显示,国内 A 组中国际学生指标得分最高的上海交通大学也仅为世界一流大学组的 63%。国内 B 组大学的国际学生指标得分不足世界一流大学组大学的 40%,反映出国内大部分"双一流"建设大学在国际学生人才培养方面与世界一流大学存在较大差距。

表 3-5　"国际学生"指标的得分

组　别	指 标 得 分
世界顶尖大学组	1.05
世界一流大学组	1.00
国内 A 组	0.50
国内 B 组	0.39

三、"博士研究生"指标分析

表 3-6 是对国内组与国际组大学博士研究生指标得分的比较。数据显示,国内 A 组大学的博士研究生指标得分为世界一流大学组的 1.24 倍,较为接近世界顶尖大学组的水平;不过,国内 B 组大学指标得分仅为世界一流大学组的 57%。

表 3-6　"博士研究生"指标的得分

组　别	指 标 得 分
世界顶尖大学组	1.47
世界一流大学组	1.00
国内 A 组	1.24
国内 B 组	0.57

附表 1 显示,国内组博士研究生指标得分最高的清华大学是世界一流大学组的 1.51 倍。由此可见,在博士研究生培养方面,我国"双一流"建设大学之间差距较大,表现较好的 A 组大学已经接近世界顶尖大学水平,但国内 B 组大学与世界一流大学仍然存在较大差距。

四、一流大学人才培养指数分析

对三个分指标进行简单加权后,如表 3-7 显示,国内 A 组大学的人才培养指数是世界一流大学组的 83%,是世界顶尖大学组的 37%,说明我国顶尖大学在人才培养方面近年表现接近世界一流大学,与世界顶尖大学还存在一定差距。附表 1 显示,国内大学中的清华大学、北京大学、浙江大学、复旦大学、中国科学技术大学、南京大学得分已超过世界一流大学组得分的平均水平。国内 B 组大学在人才培养指数上与世界一流大学组的差距明显,仅为世界一流大学组的 63%。

表 3-7　人才培养指数的得分

组　　别	指 数 得 分
世界顶尖大学组	2.25
世界一流大学组	1.00
国内 A 组	0.83
国内 B 组	0.63

综上分析,国内 A 组大学虽然在吸引国际学生方面与世界一流大学还存在一定差距,但在培养国际著名校友、博士研究生等方面已经达到了世界一流大学的水平。国内 B 组大学与世界一流大学相比,在人才培养指数三个指标上均存在较大的差距。从总体上看,我国一流大学的人才培养水平与世界一流大学仍然存在一定的差距。

第四节　人才培养案例分析

一、交叉学科人才培养:以美国卡内基梅隆大学为例

卡内基梅隆大学校董事会主席詹姆斯·罗哈尔在 2050 战略计划中强调科

技与人文的交融是卡内基梅隆大学保持全球领先的关键所在①。经过多年发展,卡内基梅隆大学在人才培养方面形成了独特的交叉学科特色,其交叉学科人才培养项目分为两大类:一类是多学院共建的交叉学科人才培养项目,以BXA 跨学院系列学位项目(BXA Intercollege Degree Programs,简称 BXA 项目)为例;另一类是通过学院内部优化多学科资源建成的交叉学科人才培养项目,以计算机科学学院人工智能本科专业项目(Bachelor of Science in Artificial Intelligence,简称 BSAI 项目)为例②。

1. 多学院共建交叉学科人才培养:以 BXA 项目为例

BXA 项目计划旨在将创意和学术学科的课程结合在一起,非常适合那些只有通过整合创造性和学术性工作才能实现目标的学生③。该计划提倡交叉学科主题的创新方法、鼓励 BXA 学生重新定义知识和挑战、培养独立、积极进取和全面发展的学者和艺术家④。

卡内基梅隆大学的 BXA 项目包括计算机科学与艺术本科学位(Bachelor of Computer Science and Arts,简称 BCSA),人文与艺术本科学位(Bachelor of Humanities and Arts,简称 BHA),理学与艺术本科学位(Bachelor of Science and Arts,简称 BSA),工程与艺术辅修专业(Engineering and Arts additional major,简称 EA)四个项目。传统的交叉学科人才培养项目多以某一专业为基础,与其相关专业联合建立,而 BXA 中的每个项目都是由两个不同学院的专业联合建立。"B(Bachelor)"代表四个项目皆为本科学位项目;"X"则不仅代表学科的融合,也代表随之而来的创新、好奇心的交融;"A(Arts)"代表与艺术学院(College of Fine Arts)共建,即 BXA 系列项目分别是计算机科学学院(School of Computer Science)、迪特里希人文与社会科学学院(Dietrich College of Humanities and Social Sciences)、梅隆理学院(Mellon College of Science)、工程学院(College of Engineering)与艺术学院共建⑤。

---

① ROHR J. Strategic Plan 2025[EB/OL].[2020 - 04 - 16].https://www.cmu.edu/strategic-plan/.
② Interdisciplinary Programs[EB/OL].[2020 - 04 - 16].https://www.cmu.edu/academics/interdisciplinary-programs.html.
③ BXA Intercollege Degree Programs[EB/OL].[2020 - 04 - 16].https://www.cmu.edu/interdisciplinary/programs/index.html.
④ BXA Intercollege Degree Programs[EB/OL].[2020 - 04 - 16].https://www.cmu.edu/interdisciplinary/academics/index.html.
⑤ BXA Intercollege Degree Programs[EB/OL].[2020 - 04 - 16].https://www.cmu.edu/interdisciplinary/programs/index.html.

（1）培养目标

BXA 项目专为希望通过富有挑战性的学术课程将才能和激情转变为未来可行职业的学生而设计[1]。BXA 项目的愿景是让学生终身成功,成为自己教育经历和成长的领导者,创新和复杂学习方法的创造者,以及在交叉学科的世界中肩负责任的贡献者[2]。项目强调学生对两个学科领域知识的整合与应用,培养能进行交叉学科交流与创造的学生,期望学生拥有艺术和 X 学科的基础知识和自己的专长领域,能够整合自己拥有的交叉学科知识技能,由此实现个人目标,为社会做出贡献[3]。BXA 项目对学生的跨专业技能培养涵盖创意、技术、学术和实践,为毕业生做好职业准备,使他们能够利用自己的创造力和学术技能来创建、教授、交流和创新交叉学科[4]。

完成 BXA 项目课程的学生将获得艺术专业领域和 X 专业领域的基础知识和技术专长;懂得不同专业领域之间的联系以及如何将其整合的能力;运用文字、视觉和口头交流想法的能力;从地方和全球角度理解专业领域如何与历史、社会和文化相交;从专业领域的认知、行为和道德维度在个人和社会层面做出决策;在艺术学院和 X 学院课程中从事艺术研究并产生新知识的经验;具有设计、研究和完成大型、基于对象、整合不同学科知识的项目经验[5]。

（2）培养方案

BXA 项目的交叉学科人才培养课程体系中包括四个课程组:艺术学院强化课程组、X 学院强化课程组、通识教育课程组,以及自由选修课。前两组分别由两个学院自行组织开设专业课程,通识教育课程组包含 X 学院开设的通识课程与 BXA 项目专门开设的交叉学科研讨会。学生不仅能够学习到不同专业的基础课程进行交叉学科学习实践,而且通过学习通识教育课程,尤其是交叉学科研讨会,增加不同学科之间学习实践融合的可能性。

---

[1] BXA Intercollege Degree Programs[EB/OL].[2020 - 04 - 16].https://www.cmu.edu/interdisciplinary/programs/index.html.

[2] BXA Intercollege Degree Programs[EB/OL].[2020 - 04 - 16].https://www.cmu.edu/interdisciplinary/programs/index.html.

[3] BXA Intercollege Degree Programs[EB/OL].[2020 - 04 - 16].https://www.cmu.edu/interdisciplinary/programs/index.html.

[4] BXA Intercollege Degree Programs[EB/OL].[2020 - 04 - 16].https://www.cmu.edu/interdisciplinary/programs/index.html.

[5] BXA Intercollege Degree Programs[EB/OL].[2020 - 04 - 16].https://www.cmu.edu/interdisciplinary/programs/index.html.

鉴于 BXA 项目包含 BCSA、BHA、BSA、EA 四个项目,下文将以 BCSA 为例作进一步说明。BCSA 学生需要从艺术学院的建筑、艺术、设计、戏剧或音乐专业中选择一门课程,同时选择计算机科学学院设立的计算机科学专业。如果要获得计算机科学与艺术学士学位,至少需要完成 380 个学分,包括计算机学院强化课程 111 个学分、艺术学院 108 个学分、通识教育课程 121 个学分(其中 36 个学分来自 BXA 项目开设的交叉学科研讨会),以及 40 个学分的自由选修课,如表 3-8 所示。

表 3-8 BCSA 培养方案

课 程 类 别	学 分
BCSA 通识教育课程	121
SCS 强化课程	111
CFA 强化课程	108
自由选修课	40
BCSA 毕业学分要求	380

BXA 项目的学生会得到广泛的建议支持,交叉学科学位课程的学术顾问是艺术学院和 X 学院之间的主要顾问和联络人。每个学生都有两个学术顾问:艺术学院的一名顾问指导学生的艺术领域,X 学院的一名顾问指导他们的 X 专业领域[1]。另外,还有 BXA 学术顾问向学生提供咨询服务,包括解决在项目中如何确定重点学习方向等问题[2]。

(3)培养特色:BXA 交叉学科研讨会

BXA 研讨会在交叉学科的背景下向学生介绍批判理论和美学理论,并向他们提供在研究和实践中集中运用方法论的经验,引导学生培养交叉学科素养,是所有 BXA 学位的通识教育要求的一部分[3]。学生通过一系列的 BXA 交叉学科研讨会,三年级作品集(BXA Junior Portfolio)和巅峰项目(Capstone Project)将不同专业融合在一起,为学生提供理论和研究方法的指导,提供在整个本科生职业生涯中建立社区并与同龄人互动的机会[4]。

---

[1] BXA Intercollege Degree Programs[EB/OL].[2020-04-16].https://www.cmu.edu/interdisciplinary/programs/index.html.
[2] 邓嘉瑜.美国研究型大学跨学科人才培养的模式研究[D].广州:华南理工大学,2016.
[3] BXA Intercollege Degree Programs[EB/OL].[2020-04-16].https://www.cmu.edu/interdisciplinary/programs/index.html.
[4] BXA Intercollege Degree Programs[EB/OL].[2020-04-16]. https://www.cmu.edu/interdisciplinary/programs/index.html.

BXA 研讨会 I：建造多宝阁（Wunderkammer），9 学分。通过多宝阁的概念，向一年级和二年级的转专业学生介绍交叉学科工作领域。该研讨会涉及如何进行交叉学科工作的产生、分析、证明和最重要的情境化①。学生学习交叉学科的理论和实践读物，特别强调解释性理论。每周的美学和批判理论阅读会向学生介绍特定的分析词汇，并在课堂讨论和书面回答中让学生应用这些词汇②。在学期末，学生将构思、研究、制作并提出创意性的最终项目③。

BXA 研讨会 II：知识转移（Transferring Knowledge），9 学分。适用于在大二或更高学年期间转入 BXA 计划的学生。该研讨会涉及如何在不同的媒体模式中表示知识——在不同学科中用合适的语言、符号、逻辑来获取和表达知识。在研讨会中，学生需要完成相应的书面作业以及对课程材料进行创造性回应④。

BXA 研讨会 III：解构学科（Deconstructing Disciplines），9 学分。BXA 三年级学生将学习批判理论、学科结构、交叉学科方式方法及研究内容。该课程每周举行一次，要求学生通过阅读、在线与研讨会讨论、创作创意作品以及研究培训，为 BXA 巅峰项目做准备⑤。

BXA 巅峰项目研究（Capstone Project Research)涵盖学生高年级的两个学期，课程目标是展示学生如何将他们课程的交叉学科元素组成一个综合项目。BXA 巅峰项目让学生有机会展示对交叉学科工作的掌握程度，既可以说是学术活动，也可以说是创造性活动，并且可以采用许多可能的一种形式，如书面论文、创意作品或作品的汇编、实验和报告、计算机程序或动画等来完成。秋季的 BXA 研讨会 IV：巅峰项目研究，9 学分，每周举行一次会议，讨论管理研究的策略、计划项目以及与交叉学科工作有关的较重要理论问题。在秋季课程结束时，学生将提交一个巅峰项目提案，附带注释的相关文献及不同版本的项目书。春季的 BXA 研讨会 V：巅峰项目研究，9 学分，不进行课堂教学，而是将该项目所需的

---

① BXA Intercollege Degree Programs[EB/OL].[2020 - 04 - 16]. https://www.cmu.edu/interdisciplinary/academics/courses.html.

② BXA Intercollege Degree Programs[EB/OL].[2020 - 04 - 16]. https://www.cmu.edu/interdisciplinary/academics/courses.html.

③ BXA Intercollege Degree Programs[EB/OL].[2020 - 04 - 16]. https://www.cmu.edu/interdisciplinary/academics/courses.html.

④ BXA Intercollege Degree Programs[EB/OL].[2020 - 04 - 16]. https://www.cmu.edu/interdisciplinary/academics/courses.html.

⑤ BXA Intercollege Degree Programs[EB/OL].[2020 - 04 - 16]. https://www.cmu.edu/interdisciplinary/academics/courses.html.

研究与工作贯穿于学生的整个学期,与其教职员工和 BXA 顾问讨论项目创建事宜,准备在每年 5 月举行的"思想碰撞"本科生研讨会(Annual Meeting of the Minds Undergraduate Research Symposium)上展示他们的成果①。

2. 学院内部交叉学科人才培养:以 BSAI 项目为例

卡内基梅隆大学是美国最早设立人工智能本科专业的大学②,立足于教授人工智能课程而不是重点建立该专业,以扩展学生思考的广度,运用多学科知识解决问题才是关键。为了顺应人工智能时代的发展需求,2018 年卡内基梅隆大学率先在计算机科学学院内部开展交叉学科人才培养的 BSAI 项目。相比于该校"学院共建"式交叉学科人才培养模式,BSAI 是卡内基梅隆大学在交叉学科人才培养模式创新方面的又一次尝试。

(1) 培养目标

人工智能的发展正在以前所未有的冲击力影响着现代科技与产业的发展,对全球高等教育人才培养的模式也提出了新的要求。卡内基梅隆大学计算机科学学院的人工智能本科人才培养项目的目标为"培养跨界、复合的研究创新、技术研发和产业应用人才"③。这样的人才不仅要能够在人工智能时代将计算机科学、数学、统计建模等学科的知识融会贯通,还要能够将大量的数据转换为科学可行的决策,从而为产业发展、社会进步服务。

(2) 培养方案

BSAI 专业的学生需要修读数学、统计学、计算机科学、人工智能、科学与工程以及人文与艺术等课程,在计算机科学学院内部实现交叉学科需求。其中,包括三组核心课程:数学与统计学(Math and Statistics)、计算机科学(Computer Science)、人工智能(Artificial Intelligence);三组选修课:伦理选修课(Ethics Elective)、AI 选修课(AI Cluster Electives)、计算机学院选修课(SCS Electives);两组计算机科学学院通识课:人文与艺术(Humanity and Arts)、科学与工程(Science and Engineering)。BSAI 项目在核心课程中也为学生留出了选择空

①　BXA Intercollege Degree Programs[EB/OL].[2020 - 04 - 16]. https://www.cmu.edu/interdisciplinary/academics/courses.html.

②　Carnegie Mellon Launches Undergraduate Degree in Artificial Intelligence[EB/OL].[2018 - 05 - 10][2020 - 04 - 16]. https://www.cmu.edu/news/stories/archives/2018/may/ai-undergraduate-degee.html.

③　B.S. in Artificial Intelligence[EB/OL].[2020 - 04 - 16]. https://www.cs.cmu.edu/bs-in-artificial-intelligence.

间，比如人工智能核心课程（Artificial Intelligence Core）中导论板块可以在"自然语言处理导论（Introduction to Natural Language Processing）"与"计算机视觉导论（Introduction to Computer Vision）"中选择一门，以满足学生自己的爱好与选择需求①。

（3）培养特色：堆栈式学习系统

人工智能必须理解人类的需求，并且基于这种理解做出明智的设计决策②。这就要求学生不仅需要学习建模、机器学习、大数据管理等方面的知识，也要学习规划与行动、伦理方面的知识。基于这一理念，BSAI项目设计了一套基于人工智能堆栈技术模块（AI Stack）的培养方案。堆栈作为一个"工具箱（toolbox）"，由一个个"技术模块（technology blocks）"构成，每个模块都包含一系列科学家和研究人员在开展新计划时可以获取的技术，每个块都依赖于另一个块来获得支持。学生以及研究人员不需要精通堆栈中所有的技术模块，而是专注于一个领域并从堆栈的其他部分寻求帮助，利用不同技术模块之间的彼此支撑关系③。

二、创业人才培养：以新加坡国立大学为例

新加坡国立大学是新加坡首屈一指的国际顶尖高校，也是亚洲历史最悠久的高校之一。为了响应新加坡发展知识经济的号召，施春风院士担任校长后致力于将NUS打造成具备全球竞争力的知识企业。在传统的教学与科研活动之外，大学也要通过知识传授、创造和应用的相互联系、相互循环④，像企业一样在知识经济时代创造价值。这一理念为NUS的教育和研究活动提供了新创业视角，促使NUS发展出一套完整的创业教育生态系统，向社会输出创业型人才⑤。

1. 以大学企业机构为主体的创业人才培养系统

新加坡国立大学将创业教育作为学校发展战略的重要组成部分，将培养学生的创业技能、激发学生的创业精神嵌入教学与科研活动中。为了成为"亚洲最具活

---

① B.S. in Artificial Intelligence[EB/OL].[2020 - 04 - 16]. https://www.cs.cmu.edu/bs-in-artificial-intelligence/curriculum.
② CMU AI[EB/OL].[2020 - 04 - 16]. https://ai.cs.cmu.edu/about.
③ CMU AI[EB/OL].[2020 - 04 - 16]. https://ai.cs.cmu.edu/about.
④ 刘小强，黄知弦，蒋喜锋.知识、经济的双重转型与一流大学建设的范式转变——新加坡国立大学建设"全球知识企业"实践和启示[J].清华大学教育研究，2019，40(4)：64 - 70.
⑤ XAVIER C A, ALSAGOFF L. Constructing "world-class" as "global"：a case study of the National University of Singapore[J]. Educational Research for Policy and Practice, 2013, 12(3)：225 - 238.

力的大学创业园""亚洲领先的大学创新创业中心"①,2001年,新加坡国立大学成立了新加坡国立大学企业机构(NUS Enterprise),旨在将企业维度注入教学科研,创造环境来培养企业家所必备的才能,通过计划和活动弘扬创新精神。作为新加坡国立大学的创业部门,NUS Enterprise引领海外学院和Block71等旗舰项目,在促进其社区的创新、培养学生创业精神和发展新加坡的创业生态系统中发挥了关键作用。新加坡国立大学通过发挥体验式创业教育、行业合作伙伴关系、全方位的创业支持和创业拓展的协同作用,培养创业人才的企业家精神与全球视野。大学企业提供的教育资源补充了大学的学术课程,成为创业人才通往全球行业的独特桥梁②。

新加坡国立大学在组织制度上做出了重大改革:通过建立独立且平行于教学和科研系统的创业系统——大学企业机构,将创业教育融入原有人才培养体系。大学企业的不同运作部门分工明确,在不同领域支持着新加坡国立大学的创业人才培养。其中,新加坡国立大学创业中心(NUS Entrepreneurship Centre,简称NEC)承担主体创业教育任务,也承办大型创业活动,引领大学企业的创业、创新与应用研究;企业联络办公室(Industry Liaison Office)负责与产业界的联络以及与创业相关的技术认证和知识产权管理;海外学院(Overseas College)则作为大学企业"全球知识企业"的重要载体,向学生提供在全球发达城市的顶尖高校与企业接受沉浸式创业培训的机会。此外,咨询、出版等部门也在新加坡国立大学企业中支持着创业型人才培养生态的运作③。大学企业机构直接向校长负责,独立的组织结构带来了灵活的统筹管理。引入现代企业管理的事业部制组织形式的大学企业,为创业人才培养提供了有力的协调机制以及管理制度④,为创业教育的顺利开展提供了制度保障。

2. 以学院为依托的创业人才培养项目

企业开发硕士项目(NUS Master of Science,简称MSc),由新加坡国立大学继续与终身教育学院(NUS School of Continuing and Lifelong Education,简称

① 张超,钟周.创业型大学视角下的创业教育研究——清华大学与新加坡国立大学创业教育比较[J].清华大学教育研究,2017,38(3):91-97.
② NUS Enterprise About Us[EB/OL].[2020-04-16]. https://enterprise.nus.edu.sg/about-us/about-nus-enterprise/.
③ 刘小强,黄知弦,蒋喜锋.知识、经济的双重转型与一流大学建设的范式转变——新加坡国立大学建设"全球知识企业"实践和启示[J].清华大学教育研究,2019,40(4):64-70.
④ 刘小强,黄知弦,蒋喜锋.知识、经济的双重转型与一流大学建设的范式转变——新加坡国立大学建设"全球知识企业"实践和启示[J].清华大学教育研究,2019,40(4):64-70.

SCALE)负责管理运行,企业学院支持举办,是最沉浸式的研究生课程,将体验式学习与亚洲顶尖大学的学术严谨性相结合。该项目利用了学校企业的专业知识,培养创业人才、支持初创企业,旨在转变思维方式并加快将思想转变为解决方案的速度,通过提供商业发展师徒制、使用 NUS 技术以及通过网络进入市场的机会,为有志于创业的人才提供创业机会。

(1) MSc 课程设置

核心课程提供将创意转化为可行业务所需的所有指导、技能和机会,包括企业开发基础(8 学分)、初创企业实习(8 学分)、加速企业开发(12 学分)。在继续与终身教育学院(NUS School of Continuing and Lifelong Education)下,还结合商学院、工程学院、计算机学院、理学院、杨潞龄医学院 5 个科系的专业知识开设一系列选修课,帮助学生加深技术知识与技能,了解业内热门话题,如工业 4.0、数字供应链、网络安全、生物技术、医疗技术与金融技术等[①]。

(2) MSc 项目实施

企业开发硕士项目仅招收全日制学生,课程主要分为暑期项目、体验式创业实习与创新企业课程、精益创业实践三个学习阶段[②]。第一阶段(7 月),学生通过为期两周的暑期项目(Summer Programme in Entrepreneurship)亲身体验了解新加坡和东南亚地区的创业情况,从中得到启发,创造机会让学生与同辈和创业者深入交流、相互切磋。暑期项目是一个民族、语言和文化的大熔炉,将来自全球的高素质学生聚集在一起,共同学习和共同成长。为期两周的集中讲演介绍了新加坡和东南亚的创新和创业生态系统。通过丰富的演讲、与初创企业的对话、构想和推销会议以及对各种组织的访问等一系列活动,为学生提供全面的教育经验,同时在本地与国际学生、演讲者和生态系统建设者之间建立社会网络和学术联系[③]。

第二阶段(8 月—12 月),安排了体验式创业实习(experiential internship)、创新企业(new venture creation)及选修课。学生通过长达一学期的体验式创业实习,在创新型初创企业与联合创始人一起工作,通过亲身体验来感受企业活

---

① NUS Master of Science (MSc) in Venture Creation[EB/OL]. [2020 - 04 - 16]. https://enterprise. nus. edu. sg/education-programmes/msc-venture-creation/.

② NUS Master of Science (MSc) in Venture Creation[EB/OL]. [2020 - 04 - 16]. https://enterprise. nus. edu. sg/education-programmes/msc-venture-creation/.

③ NUS Enterprise Summer Programme in Entrepreneurship[EB/OL]. [2020 - 04 - 16]. https:// enterprise. nus. edu. sg/education-programmes/summer-programme/.

力,理解企业蓬勃发展的必要条件,同时与创业社区同仁打交道,扩大个人活动范围与结交未来合作伙伴。创新企业课程,旨在帮助学生了解企业开发的过程、挑战、风险和收获,提供给学生成功创业的必要知识。

第三阶段(1月—6月),设置精益创业实践(Lean startup practicum)及选修课。该阶段的课程为学生提供支持和指导,加快学生将创意转化为可行业务的进程。通过循序渐进的实践方法和指导过程,让学生掌握知识与专业工具,并提升技能,帮助他们实现构想。

截至2019年,企业开发硕士项目已培育超过4 000名学生和企业家,并形成新加坡国立大学企业机构的全球校友的基础,已建立超过1 000家初创企业的社群;每年举办超过500项与创新创业相关活动,已建立超过200个企业合作关系;共同创新解决方案,已连接到超过15个全球创业和技术热点①。

3. 以海外学院为特色的创业人才培养课程

新加坡国立大学海外学院(NUS Overseas Colleges,简称NOC)致力于培养创业人才提供创业所需的创业经验,赋予未来的变革者力量;通过十二个全球企业家热点基地,为学生提供在创新型初创企业中担任企业家角色的机会;同时学生参加海外学院与著名大学合作建设的课程,掌握改变当今世界所需要的知识和技能。

(1) NOC课程建设

海外学院由前新加坡国立大学校长石春芳教授发起,2001年新加坡国立大学与斯坦福大学(Stanford University)签署了一份谅解备忘录,供学生在斯坦福大学附属技术初创公司实习。自此第一所海外学院在硅谷成立,首批14名NOC学生于2002年到达硅谷。随后在费城-生物谷②、上海和斯德哥尔摩也成立海外学院。随着新加坡企业家精神的兴起,新加坡国立大学创业中心于2008年1月启动了创新的本地企业成就者发展(iLEAD)计划,为该校学生提供在本地初创公司实习的机会,面对新加坡的创业挑战。iLEAD计划于2010年归入NOC办公室,并于2015年更名为NOC新加坡③。

---

① NATIONAL UNIVERSITY OF SINGAPORE Annual Report 2019 [EB/OL]. [2020 - 04 - 16]. http://www.nus.edu.sg/annualreport/ ? utm_source = corpsite&utm_medium = aboutpage&utm_campaign=NUS%2BAnnual%2BReport%2B2019.
② 注:NOC Bio Valley,NOC印度和NOC洛桑已停止运营。
③ NUS Overseas Colleges. Programmes [EB/OL]. [2020 - 04 - 16]. https://enterprise.nus.edu.sg/education-programmes/nus-overseas-colleges/programmes/.

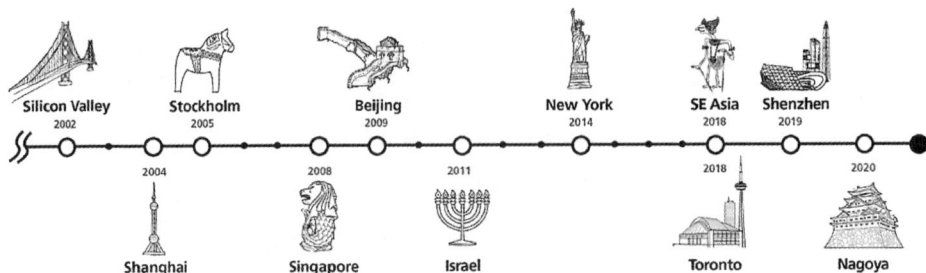

图 3-1　海外学院地点与创建年份①

2016 年,NOC 在拥有深厚技术文化的城市慕尼黑和洛桑②成立,该课程为具有更深技术知识的研究生提供基于真正的科技创新的实习机会。随着 NOC 向多伦多和东南亚扩展,2018 年拉开了东南亚计划的序幕。东南亚计划是一个为期三个月的实习项目,旨在向学生介绍东南亚的动态经济,接触农业技术、社会企业、电子商务等领域的初创企业。2019 年,NOC 于深圳设立分校,让学生有机会接触曾经被誉为世界制造业中心的中国新兴城市③。

目前,NOC 实习计划为该校本科生或研究生提供为期一年、半年或三个月的不同实习机会,学生可以从十二个不同地点选择接受创业教育,涉及国家包括美国、加拿大、中国、瑞典、德国、以色列、日本、新加坡、印度尼西亚和越南。学生能在全球领先的创业中心进行基于技术的初创公司的实习,同时在斯坦福大学(Stanford University)、纽约大学坦登工程学院(New York University Tandon School of Engineering)、多伦多大学(University of Toronto)、复旦大学、清华大学、北京大学、南方科技大学、慕尼黑工业大学、皇家理工学院(Royal Institute of Technology)、特拉维夫大学(Tel Aviv University)、名古屋大学赫兹里亚跨学科中心(Interdisciplinary Center Herzliya, Nagoya University)等著名国内外大学上课④。学生有机会与著名的初创公司创始人、天使投资人和其他启发性的榜样进行互动,以了解他们成功的秘诀,并且在 NOC 期间完成模块

---

① NUS Overseas Colleges. Programmes [EB/OL]. [2020 - 04 - 16]. https://enterprise.nus.edu.sg/education-programmes/nus-overseas-colleges/programmes/.
② 注:NOC Bio Valley,NOC 印度和 NOC 洛桑已停止运营.
③ NUS Overseas Colleges Programmes [EB/OL]. [2020 - 04 - 16]. https://enterprise.nus.edu.sg/education-programmes/nus-overseas-colleges/programmes/.
④ NUS Overseas Colleges Programmes Curriculum Overview [EB/OL]. [2020 - 04 - 16]. https://enterprise.nus.edu.sg/education-programmes/nus-overseas-colleges/programmes/curriculum-overview/.

化学分(Modular Credits,简称 MCs)。

(2) NOC 课程结构

参与 NOC 计划的学生与非 NOC 学生一样,可以在一个学期中获得同等数量的模块学分:为期一年的课程持续 12 个月,相当于 2 个常规学期,最多可授予 48 个模块化学分;短期课程为期 6 个月,相当于 1 个常规学期,最多可授予 24 个模块化学分;而 NOC 新加坡课程最多可授予 28 个模块化学分。

学生通常选择在第 5 和/或第 6、第 6 和/或第 7 学期加入 NOC 计划,通过学术路线图进行规划或参考。NOC 计划主要包括两个部分:实习最多 28 个模块化学分,学分多少取决于参与的是一年计划、短期计划或为期半年的新加坡计划;创业课程最多 14 个模块化学分,取决于大学[1]。

基于完整创业生态中的创业型人才培养体系,新加坡国立大学已经向新加坡乃至全球输送了大批创业人才,仅大学企业中的海外学院截止到 2019 年就已经培养了超过 2 800 名学生,这些学生累计创建了 600 多家初创企业[2]。

除了海外学院(NOC)计划,新加坡国立大学还设有企业暑期创业计划、研究生研究创新计划(GRIP)等创业人才培养计划。2018 年 9 月,该校为 GRIP 计划认捐 2 500 万新加坡元(1 840 万美元),旨在未来五年内为研究生和研究人员播种、孵化并启动 250 家基于科技的初创企业。迄今为止,已有 40 多个团队完成了该计划的初始风险开发阶段[3]。

三、拔尖人才培养: 以北京大学为例

2009 年教育部联合中组部、财政部启动了"基础学科拔尖学生培养试验计划"(简称拔尖计划);2018 年,教育部等六部门发布《关于实施基础学科拔尖学生培养计划 2.0 的意见》。北京大学作为我国探索大学教育改革、拔尖人才培养的先锋,早在 2001 年就推出了以"加强基础、淡化专业、因材施教、分流培养"为

---

① NUS Overseas Colleges Programmes Curriculum Overview[EB/OL].[2020 - 04 - 16]. https://enterprise.nus.edu.sg/education-programmes/nus-overseas-colleges/programmes/curriculum-overview/.

② NATIONAL UNIVERSITY OF SINGAPORE Annual Report 2019[EB/OL].[2020 - 04 - 16]. http://www.nus.edu.sg/annualreport/?utm_source=corpsite&utm_medium=aboutpage&utm_campaign=NUS%2BAnnual%2BReport%2B2019.

③ NATIONAL UNIVERSITY OF SINGAPORE Annual Report 2019[EB/OL].[2020 - 04 - 16]. http://www.nus.edu.sg/annualreport/?utm_source=corpsite&utm_medium=aboutpage&utm_campaign=NUS%2BAnnual%2BReport%2B2019.

方针的本科生教育改革计划。在此基础上，2009 年北京大学作为第一批试点院校开始实施"拔尖计划"项目，在数学、物理、化学、生物和计算机 5 个基础学科领域开展拔尖人才培养试验，2010 年加入环境科学[①]。

1. 元培学院的探索

2001 年北京大学创建元培实验班，2007 年元培学院成立，2014 年开始实施新版教学计划，学生毕业要求由 150 学分降至 120 学分；2015 年建设通识教育核心课程；2016 年学生搬入北京大学 35 楼集中住宿，住宿书院迈入实质建设阶段；2017 年北京大学实行全校本科教育改革，在更大范围内落实自由选课和自主选择专业制度[②]。北京大学元培学院以"崇尚自由"为鲜明特点，通过低年级实施通识教育、自主选择课程与专业、弹性学习年限和导师制，对拔尖人才培养进行初期探索。

（1）低年级实施通识教育

为了丰富学生知识体系，促进学生全面发展，元培学院为低年级学生开设了独具特色的高水平通识课程，内容涵盖西方古典文明、中国古典文明、现代中国、现代世界以及现代科学与技术五大系列，详见表 3-9。通识课程由北大各学院的优秀教师授课，一方面丰富学生的知识体系，为培养拔尖人才打下宽厚的基础，同时让学生在通识教育阶段了解不同学科领域的知识特点，找到自己感兴趣的领域，为后期的课程选择、专业选择做好准备[③]。

表 3-9　元培学院通识教育课程体系

课 程 系 列	秋 季 课 程	春 季 课 程
西方古典文明	理想国	
中国古典文明 现代中国	论语	中国古代史 中国社会研究政府
	庄子精读	
	中国社会研究社会	

① 北京大学教务部.北京大学"基础学科拔尖学生培养试验计划"进展报告[J].中国大学教学,2014(3)：14-18+8.
② 北京大学元培学院.学院简介[EB/OL].[2020-04-16].https://yuanpei.pku.edu.cn/xygk/xyjj/index.htm.
③ 北京大学元培学院.学院简介[EB/OL].[2020-04-16].https://yuanpei.pku.edu.cn/xygk/xyjj/index.htm.

（续表）

课 程 系 列	秋 季 课 程	春 季 课 程
现代世界	/	现代政治
		现代经济
		现代社会
现代科学与技术	科学的理念与实践——科学家是如何工作的 设计、开发与制作 现代科学与技术的历程	

资料来源：李猛.北京大学元培学院：自由学习的共同体[J].中国大学教学,2019(12)：12-15.

（2）自主选择课程与专业

元培学院的学生可在学校教学资源允许的条件下,自由选择全校各个专业的课程。为了学生对学科、自己的能力和整个大学的课程体系形成深入了解,更好地选择专业方向,元培学院为新生开设时长 30 小时的"新生训练营",邀请各专业知名教授开展学科专题讲座,帮助新生全面了解各学科的特点与前沿问题,以便后期自主选择课程与专业方向[①]。

除了"新生训练营",元培学院在大一上学期设置了"新生研讨课",帮助学生适应大学学习。讨论班每班不超过 15 人,设置富有特色的课程主题,采取灵活多样的授课方式促进师生互动,引导学生发现自己真正热爱的领域,了解相关学科群的思维方式。在对学科状况、专业设置、培养目标有所了解后,元培学生于第三学期在导师指导下根据能力和志趣在全校范围自主选择专业[②]。

为了给学生的自由发展提供更多可能,元培学院整合全校优质教育资源,设立了"古生物学""政治学、经济学与哲学""外国语言与外国历史""整合科学"和"数据科学与大数据技术"等跨学科专业,为学生提供更丰富的专业选择[③]。

（3）弹性学习年限与导师制

为了给学生发展提供时间保障,元培学院实行有弹性学习年限。学生可根

[①] 北京大学元培学院.学院简介[EB/OL].[2020-04-16].https://yuanpei.pku.edu.cn/xygk/xyjj/index.htm.

[②] 北京大学元培学院.学院简介[EB/OL].[2020-04-16].https://yuanpei.pku.edu.cn/xygk/xyjj/index.htm.

[③] 北京大学元培学院.学院简介[EB/OL].[2020-04-16].https://yuanpei.pku.edu.cn/xygk/xyjj/index.htm.

据自身跨学科和个性化学习安排,申请提前一年或推延一至两年毕业①,即在三年至六年期间内完成大学本科学位。实行弹性学制,一方面为本科中后期决定转换专业方向的学生留出了充足的学习时间,另一方面帮助学生尝试更具探索性的学习模式。同时,通过优化课程结构,元培学院的教学方案中对最低学分的要求比北京大学其他学院更低一些②。但降低学分并不表示降低对学生学业的整体要求;相反,元培通过更精致的课程体系,引导学生充分发挥自己的主动性和积极性,追求更高的目标③。

同时,元培学院还是一所只有导师没有学科教师的学院。经过多年的努力,元培学院建立起了涵盖各学科的校聘导师队伍,导师不仅对学生的学术实践、论文写作和科研入门方面给予指导,而且对学生在基础课和专业课的学习、专业方向的选择方面也提供必要的帮助。与此同时,校聘导师与书院导师、心理咨询师互相配合,满足学生在学业课程、学术科研、心理调适和大学适应等方面的需求④。

2."拔尖计划"的推进

北京大学为了推进"基础学科拔尖学生培养试验计划"的实施,专门成立了校级领导小组、专家委员会和工作委员会,在学校层面加强统筹管理和政策引导,协调学科间的交流互动。通过制定《北京大学关于实施教育部"基础学科专业人才培养试验计划"的工作方案》和《北京大学基础学科专业人才培养试验计划经费管理办法》,确保"拔尖计划"实施过程中师资队伍、教学资源、国际交流、学生工作等方面的改革工作有效开展。在学院层面,各个试点院系成立相关组织机构,由学科专家牵头,根据学科特点与规律,组织"拔尖计划"改革举措的具体设计与实施⑤。改革工作主要围绕两个"建设"开展,即建设高水平师资队伍与建设高水平课程体系。

(1)建设高水平师资队伍

在"拔尖计划"学生培养中,高水平教师发挥着至关重要的引导作用。学校

---

① 北京大学元培学院.学院简介[EB/OL].[2020 - 04 - 16].https://yuanpei.pku.edu.cn/xygk/xyjj/index.htm.
② 李猛.北京大学元培学院:自由学习的共同体[J].中国大学教学,2019(12):12 - 15.
③ 北京大学元培学院.学院简介[EB/OL].[2020 - 04 - 16].https://yuanpei.pku.edu.cn/xygk/xyjj/index.htm.
④ 北京大学元培学院.学院简介[EB/OL].[2020 - 04 - 16].https://yuanpei.pku.edu.cn/xygk/xyjj/index.htm.
⑤ 北京大学教务部.北京大学"基础学科拔尖学生培养试验计划"进展报告[J].中国大学教学,2014(3):14 - 18+8.

通过开展"北京大学海外名家讲学计划"和"北京大学'大学堂'顶尖学者讲学计划",组织一批国际知名专家学者为"拔尖计划"学生开设课程和讨论班;各个试点院系组建高水平的教学团队承担"拔尖计划"的课程建设。如数学学院邀请法国著名数学家、美国《代数学杂志》主编米歇尔·布劳(Michel Broué)开设了全英文讲授的"大学代数教程"课程,并为此课程专门撰写教材;物理学院院长、"千人计划"学者谢心澄教授为"拔尖计划"学生开设"凝聚态物理理论讨论班";卡内基梅隆大学计算机学院院长兰德尔·布莱恩特不仅为学生讲学,还参与研讨了"计算机系统导论"新设课程的建设;在梅宏院士的主持下进行大班授课、小班研讨的"小班教学"试点。同时,各个试点院系还邀请国内外知名专家学者为学生开设高水平讲座,其中有诺贝尔物理学奖获得者崔琦教授、益川敏英教授,以及纳米光子学领域的国际权威帕拉斯·普拉萨德(Paras N. Prasad)教授和超重核合成研究领域的国际权威尤里·奥甘尼斯恩(Yuri Ogannessian)教授等世界级大师,以及郭光灿院士、孙昌璞院士、李树森院士等国内著名学者[1]。

高水平师资建设不仅体现在授课教师,还包括高水平的导师团队。例如,物理学院成立了以老校长陈佳洱院士为首席教授、王恩哥院士和刘玉鑫教授为首席助理的委员会,聘请一批"千人计划"教授、"长江特聘"教授、国家杰出青年基金获得者组成导师团队。学生在导师的指导下制定适合自己的个性化培养方案,根据自己的兴趣确定科研题目,开展科研实践。为了满足学生在交叉学科领域开展学习研究的需求,北大一直鼓励学生跨院系、跨专业选择学术导师[2]。

(2)建设高水平课程体系

北大原有的主干系列课程以主干基础课、通选课、学科大类平台课为核心,针对"拔尖计划"学生的培养需要,各个试点院系在原有课程基础上重点强化核心理论课程,通过建设拓展提高型课程、学科前沿课程、专题讨论班等课程,拓宽学生的知识基础、了解学科前沿动态、提升综合素养[3]。

在专业课程建设上,基于校本部900余位骨干教师主讲或主持的320余门

[1] 北京大学教务部.北京大学"基础学科拔尖学生培养试验计划"进展报告[J].中国大学教学,2014(3):14-18+8..

[2] 北京大学教务部.北京大学"基础学科拔尖学生培养试验计划"进展报告[J].中国大学教学,2014(3):14-18+8.

[3] 北京大学教务部.北京大学"基础学科拔尖学生培养试验计划"进展报告[J].中国大学教学,2014(3):14-18+8.

主干基础课程,建立起多层次课程体系,包括 ABC 级、初中高级不同分级的课程,以及实验班、讨论班、英文班、英文实验班等多种形式的课程,以满足"拔尖计划"学生自身发展的需求①。

为了加强学生素质教育,2010 年北大着手建设以"经典阅读"和"研讨式教学"为特征的通识教育核心课程,基于"数学与自然科学""社会科学""哲学与心理学""历史学""语言学、文学、艺术与美育""社会可持续发展"六大领域的 300 多门通选课,陆续开设了《四书》精读、西方思想经典系列、中国古籍入门、中国古代文学经典等高品质课程②。

为了打破专业和学科壁垒、拓宽学生专业基础知识面和专业选择方向,2009 年学校正式设立了学科"大类平台课",将相近学科的共同基础课程放到一个课程平台供学生选修,以满足"拔尖计划"学生拓宽基础、在跨学科领域开展学习研究的需求③。

与高水平课程建设相配套,北京大学积极推动教学方法创新,改变以往上课以教师讲授为主和单纯强调知识的教育方式,建立起教师-学生双主体的教学模式。2012 年秋季学期开始,学校采取"大班授课、小班讨论"的教学模式,正式启动了"小班教学"的试点工作。截至 2014 年,"拔尖计划"试点院系共开设"小班教学"课程 14 门次,开设研讨型讨论小班 99 个,规模均在 20 人以下④。

第五节　政　策　建　议

一、加快交叉学科管理制度建设,制定交叉学科人才培养方案

学科交叉融合是当前科学技术发展的重大特征,是新学科产生的重要源泉,是培养创新型人才的有效路径,是经济社会发展的内在需求。目前,高等教育学科门类按照本科和博士硕士研究生分别设置。1997 年《授予博士、硕士学位和

---

① 北京大学教务部.北京大学"基础学科拔尖学生培养试验计划"进展报告[J].中国大学教学,2014(3):14-18+8.
② 北京大学教务部.北京大学"基础学科拔尖学生培养试验计划"进展报告[J].中国大学教学,2014(3):14-18+8.
③ 北京大学教务部.北京大学"基础学科拔尖学生培养试验计划"进展报告[J].中国大学教学,2014(3):14-18+8.
④ 北京大学教务部.北京大学"基础学科拔尖学生培养试验计划"进展报告[J].中国大学教学,2014(3):14-18+8.

培养研究生的学科、专业目录》规定了哲学、经济学、法学、教育学、文学、历史学、理学、工学、农学、医学、军事学、管理学 12 个门类，2012 年《普通高等学校本科专业目录（2012 年）》也规定了 12 个门类，与前者比较无军事学，增加艺术学。虽然在学科门类和一级学科指导下，高校和科研院所有权利自行确定二级学科，但超越一级学科的大跨度交叉领域，仍找不到自己的学科专业位置，这直接和间接影响着交叉学科的生存与发展。高校的交叉平台在运行管理机制方面出现资源分配机制不完善、支持经费投入不足、仪器设备共享不足、学科交叉带头人缺乏、科研人员交叉融合意识不够等一系列问题。

　　加快制定交叉学科人才培养方案是国家治理、应对国际复杂形势的需要，也是推动研究生教育深层次变革的内在动力。从卡内基梅隆大学的案例可以看到，在交叉学科人才培养上，可以授予计算机科学与艺术本科学位等超越学科门类的大跨度交叉学科学位。课题组建议面向国家重大需求、结合大学实际，一方面，加快研究制定交叉学科设置与管理的相关办法，进一步明确什么是交叉学科、交叉学科如何建设发展、在交叉学科设置条件、设置程序、目录管理等方面作出具体规定。另一方面，加快制定交叉学科学位项目的人才培养目标、培养方案以及学位授予标准，探索具有中国特色的交叉学科人才培养方案。

二、完善大学创业教育组织结构，跨国界建构创业教育课程体系

　　新加坡国立大学的创业人才培养之所以能够成为全球典范，关键在于建立起了独立于学术系统和管理系统的创业系统——大学创业机构。该机构不但为大学创业活动提供了有效的组织保障，而且引领的海外学院和 Block71 等旗舰创业教育项目补充了大学的学术课程，将创业教育融入原有的人才培养体系。尤其是通过创建海外学院使学生有机会参与国际学术合作项目、进入高科技企业实习、体验企业成长过程、学习美国等发达国家创新创业体系较为成熟的创业课程，培养学生的创业技能，激发学生的创新精神。

　　目前，虽然国内大学也开设了创业教育类课程，但长期以来仍以知识传授为主，开设的创业教育类课程与专业课程融合度不够，在创业教材和课程方面缺少国际视野，尚未形成完整的课程体系。基于上述分析，课题组建议创业人才的培养要紧紧围绕支撑创新驱动发展战略、服务经济社会发展的国家战略需要，对大学传统的教育组织结构进行改造，建立能够体现创业精神、支撑创业教育的组织

形态和组织文化。与此同时,提升创业教育课程体系的国际化水平,建立跨国界的创业教育课程体系。通过建立海外创业教育项目基地,使学生有机会进入海外高科技企业实习,充分参与前沿研究工作,认识和体会发达国家大学衍生企业的运作原理和实践经验,提高大学创新创业教育的实效性。

三、依托高水平课程体系与师资队伍,突出拔尖人才个性化培养

从 2009 年开始,"基础学科拔尖学生培养试验计划"以清华大学、北京大学、复旦大学等十余所国内一流大学为试点已经推行了十年,但在科技日新月异、国际局势巨变的今天,我国拔尖创新人才紧缺的局面仍未得到根本性扭转。

因此课题组建议参照北京大学在拔尖人才培养方面的探索及改革思路,将建设高水平课程教学体系与建设高水平教师队伍相结合,两者相互促进、共同发展。一方面,课程教学作为教育活动的中心环节,为了满足学生的学术兴趣与培养创造性思维的需求,设置更灵活的学习年限、更大的课程选择自由度,保障拥有明确学习计划的准拔尖人才能够获得足够宽松的课业环境进行探索性学习和专业调整所需的时间。同时通过搭建跨学科平台融合多个领域、多个学科,培养学生从多角度发现、思考问题;并通过小班化教学,以问题为导向带动师生课堂互动。另一方面,教师队伍是培养拔尖创新人才的主体,能够采用长期聘任和短期聘请等多种形式邀请国内外高水平教授开设课程和专题讲座,担任导师指导学生。针对某些内容重要、基础性强、选修人数多的学位课,不仅需要邀请国际知名大学的高水平学者授课,而且还要邀请他们参与到课程建设中来,指导人才培养体系设计、课程建设、关键管理部门的制度建设。在师资队伍建设方面,学校不仅要拥有教学经验丰富、教学效果良好的骨干教师,还要汇聚国际学术前沿的一流专家、学科领军人物为学生开设课程、举办讲座,引领学生置身于学科前沿,密切关注学术发展的新动向;同时配备一支学术导师队伍,及时为需要的学生提供新资料、新观点、新方法,引导学生在一个专业方向上有所突破。

(陈丽媛,黄宗坤)

第四章
世界一流大学原创研究指数

　　原创研究是一流大学不可推卸的使命与责任,是世界一流大学的重要标志。本研究在充分考虑指标的代表性、现实性与可比性的基础上,选择突破性研究论文、国际权威期刊论文、前沿研究方向的活跃度等三个既有代表性又有国际可比性的一流大学原创研究评价指标,对世界顶尖大学组、世界一流大学组、国内顶尖大学组、国内一流大学组等四组样本进行定量比较研究。研究发现:国内顶尖大学组尽管在原创指数方面与世界顶尖大学还有不少差距,但是在权威期刊论文、前沿研究方向活跃度两个指标上已经超过世界一流大学组。我国两组一流大学与世界顶尖大学的差距主要表现在突破性研究论文方面。本研究选取牛津大学、剑桥大学及北京大学开展案例分析,分别探讨其科研卓越的成因。在此基础上,研究建议:改革科研评价体系,聚焦高精尖指标;重视教师专业化发展,打造卓越人才集群;提升科研效率,优化创新环境;构建全方位的高校科技人才成长体系。

第一节　背　景　与　思　路

一、原创研究指数的概念

1. 原创研究

原始创新是自主创新的基础,是一国科技发展的核心力量[①]。由于其对科

---

① 汪寅,黄翠瑶.原始创新问题研究概述与高校的原创建设[J].科技管理研究,2008(3):145-147+158.

技发展、产业带动的基础性作用,成为建设世界科技强国的关键因子[①]。1952年,美国社会学家伯纳德·巴伯(B. Barber)在其著作《科学与社会秩序》中多次提到"科学创新"。他所说的科学创新是指科学发现或者发明,也可以看作原始创新的雏形[②]。原始创新是我国于2005年末提出的全新概念,是创新研究的新扩展[③]。随着现代科学的发展,科学创新分为两种,即原始性创新以及跟踪性创新。原始创新的概念是指能够推动自然科学发展的各项科研成果,如:方法、理论、发明等,作为科学家贡献给科学共同体的一种未曾出现、没有命名的东西存在[④]。原始创新更强调本原性的、原初的创新,强调非模仿性的、独立自主的创新[⑤]。原始性创新侧重基础研究领域的创新,通过敏锐观察、独特思维和创意实验引领新方向、开拓新领域、孕育新学科,表现为发现新现象与形成新概念、新理论体系等[⑥]。原始创新可以分为三个层面:第一个层面是基础研究,是对未知世界知识的探索,如数学、物理、生物中的基础性课题等;第二个层面是重大发展攻关,是从人类、区域发展的角度组织的研发攻关,如国际间的人类基因组计划、美国的阿波罗登月计划、我国的"两弹一星"计划等;第三个层面是针对提升经济发展和人民生活水平而开展的研发活动,如新药的研制、芯片设计等[⑦]。

原始创新(Original innovation)的概念存在多种提法,如"原始创新""原始性创新""源头创新""根本性创新""基础创新"等[⑧]。原创(originality)是原始创新的简称,是科学创新的最高形式,是指通过科学实验和理论研究探索事物的现象结构、运动及其相互作用规律的过程,或者运用科学理论解决经济社会发展中关键的开创性的科学技术问题的过程[⑨]。科学社会学家默顿(Robert King Merton)指出,原创性是科学的最高价值。科学作为一种社会制度,将原创性视为最高价值[⑩]。从科学家转型为科学社会学家的齐曼(John Ziman)提出,所谓原创性,就是给人类知识宝库"添新砖""加新瓦",比如,提出新科学问题,探索新

① 刘天星.原始创新:建设世界科技强国之"锥"[N].科技前沿,2017-10-18.
② 汪寅.科技原始创新问题初探[D].合肥:中国科学技术大学,2007:3.
③ 苏屹,李柏洲.原始创新研究文献综述[J].科学管理研究,2012,30(2):5-8.
④ 刘琳琳.基于原始性创新的科研人员创新潜力研究[J].科学管理研究,2014,32(3):101-104.
⑤ 邹承鲁,陈述彭.自然、科学、人文三大领域聚焦原始创新[J].中国软科学,2002(8):8-25.
⑥ 石元春.谈发展生物质产业中的几个问题[J].中国基础科学,2005,7(6):3-6.
⑦ 陈雅兰.原始性创新的理论与实证研究[D].武汉:武汉理工大学,2005:40-44.
⑧ 汪寅.科技原始创新问题初探[D].合肥:中国科学技术大学,2007:10.
⑨ 沈超,王学力.原始性创新的影响因素及其机制与模式分析[J].科技管理研究,2008(8):11-13.
⑩ 刘立.科研评价要突出"唯原创性"标准[N].中国科学报,2019-03-20(3).

研究方法,获得新数据,提出新理论、新解释,或者是以上的组合。可以说,原创性是科学的精气神①。

2. 一流大学原创研究指数

原始创新是一流大学重要的使命与责任之一。哈佛大学原校长陆登庭 (Neil Rudenstine)曾指出:建设世界一流大学要有高水平的原创性研究、高水平的教师,培养高水平的人才,以及充足的办学经费等②。"自1901年诺贝尔奖首次颁奖至今,诺贝尔自然科学三大奖中约有500人获奖,其中70%以上来自研究型大学。"③

在统计学上,任何两个数值对比形成的相对数都可以称为指数。本研究的一流大学原创指数是指对国内外一流大学原创研究水平定量评价比较后形成的数值结果的简称。与一流大学原创研究评价相关文献的主题大多集中在高校原始创新能力评价方面。李玉琼、邹树梁、孟娟等在分析创新能力演化规律、原始创新的特点及内容、原始创新能力评价指标体系构建原则的基础上,设计了由4个一级指标(基础支撑能力、投入能力、产出能力、管理能力)、12个二级指标和40个三级指标构成的我国高校原始创新能力评价指标体系,并对指标设置进行了阐述④。李海超、张赟、陈雪静等从人力资源投入、科研经费投入、环境支撑以及产出水平四个方面构建我国高科技产业原始创新能力评价指标体系,对我国高科技产业原始创新能力进行了评价与分析,并提出了提升高科技产业原始创新能力的策略⑤。邢纪红和龚惠群等构建了由资源水平、创新氛围、管理水平和产出水平四个方面构成的高校原始创新能力评价指标体系,并以南京高校调查问卷所得数据为研究样本进行实证分析,证明了所构建的指标体系的有效性⑥。基于已有相关文献,我们发现高校原始创新能力评价指标体系差异较大,指标体系的设计缺乏国际可比性,实证研究也较少,至今尚未发现针对一流大学原创研

① 刘立.科研评价要突出"唯原创性"标准[N].中国科学报,2019-03-20(3).
② 刘承波.十九大对"双一流"建设的新要求新期望[N].中国科学报,2017-12-19(7).
③ 王章豹,汪立超.我国高校原始创新能力不足的成因分析及其建设路径[J].现代大学教育,2007(3):1-5.
④ 李玉琼,邹树梁,孟娟.我国高校原始创新能力评价指标体系设计[J].南华大学学报(社会科学版),2007(3):24-27.
⑤ 李海超,张赟,陈雪静.我国高科技产业原始创新能力评价研究[J].科技进步与对策,2015(7):118-121.
⑥ 邢纪红,龚惠群.高校原始创新能力评价指标体系研究——基于南京高校的实证研究[J].江苏高教,2017(3):44-47.

究进行评价的专门文献。

鉴于此,本研究对一流大学原创研究进行定量评价,即对一流大学自然科学、工程科学、社会科学研究方面原始创新的水平与能力进行评价与测度,并选择国内外四组样本进行试测。在科技强国的时代背景下,对我国一流大学原创研究水平与能力进行客观评价,有利于找准一流大学建设过程中的优势与不足,寻找未来发展的突破点。本研究选择世界顶尖大学探究其科研卓越的原因,以对我国一流大学原创研究能力的提升提出有价值的政策建议。

二、研究背景

1. 原始创新是科技强国的基础

原始创新是自主创新的基础,是一国科技发展的核心力量①。由于其对科技发展、产业带动的基础性作用,成为建设世界科技强国的关键因子②。基础研究原始创新是科学之本、技术之源,对经济社会发展起着支撑和前瞻引领作用,关系着科技发展的后劲和经济社会发展的未来③。2018 年 4 月国务院印发《国务院关于全面加强基础科学研究的若干意见》指出:"突出原始创新,促进融通发展。把提升原始创新能力摆在更加突出位置,坚定创新自信,勇于挑战最前沿的科学问题,提出更多原创理论,作出更多原创发现。"④

2. 一流大学是原创研究的主力军

原创研究是一流大学的有机组成部分。有学者也指出一流大学与原始创新存在互动关系。一方面,一流大学对原始创新有着突出的贡献,这种贡献的主要表现形式有:一是大学的教授直接做出原始创新成果;二是大学培养的学生在其他岗位上做出原始创新成果;另一方面,原始创新对建设一流大学同样有着强大的推力,这种推力主要表现在:有助于提升大学的学术声誉、提升教师的学术层次、吸纳教育经费、建设一流实验室⑤。因此,一流大学是基础研究的主力军,原创研究是一流大学不可或缺的使命与责任。

① 汪寅,黄翠瑶.原始创新问题研究概述与高校的原创建设[J].科技管理研究,2008(3):145-147+158.
② 刘天星.原始创新:建设世界科技强国之"锥"[N].科技前沿,2017-10-18.
③ 于绥生.论基础研究原始创新的特点[J].技术与创新管理,2017(4):354-360.
④ 国务院.国务院关于全面加强基础科学研究的若干意见[EB/OL][2018-01-19].http://www.gov.cn/zhengce/content/2018-01/31/content_5262539.htm.
⑤ 杨宁,王建东,冯志敏.试论原始创新与一流大学的互动关系[J].高教探索,2001(2):60-62.

三、研究思路

1. 指数构建

研究发现,能够反映一流大学原创研究并对大多数中国一流大学都有意义的指标并不多。"诺贝尔自然科学奖代表着物理学、化学、生理学和医学前沿研究的最高水平和发展走向,标志着科学原始性创新的重大成就。"[1]但是目前中国一流大学获得诺贝尔奖的数量太少,仅北京大学有一名校友(屠呦呦)获奖,教师队伍在诺贝尔奖方面并没有实现零的突破。因此,诺贝尔奖不太适用于评价现阶段中国一流大学的原创研究。在充分考虑指标的代表性、现实性与可比性的基础上,本研究拟定了三个既有代表性又有国际可比性的一流大学原创研究评价的指标,分别是:突破性研究论文、国际权威期刊论文、前沿研究方向的活跃度。尽管这三个指标都与论文相关,但都不是普通的论文指标,而是与原创研究关系相当密切,理由如下所述。

(1)突破性研究论文

《自然》和《科学》在学术界被公认为世界顶级科技期刊。《自然》是世界上最早的国际性科技期刊,由英国麦克米伦出版社出版,自1869年创刊以来,始终如一地报道和评论全球科技领域里最重要的突破,刊载论文几乎覆盖了所有自然科学领域[2]。《自然》以报道科学世界中的重大发现、重要突破为使命,要求科研成果新颖、引人注意,且该项研究在该领域之外具有广泛意义,无论是报道一项突出的发现,还是某一重要问题的实质性进展,均应使其他领域的科学家感兴趣[3]。《科学》由美国科学促进会主办和发行,经过同行评议,发表重要的原创研究成果、综述,并分析当前科学研究与科学政策[4]。因此,《自然》和《科学》期刊的论文(简称 N&S 论文)是突破性研究论文的标志,虽然有些 N&S 论文并非原创,但并不影响其代表突破性研究的水平。

(2)国际权威期刊论文

每个学科都有一些公认度比较高的国际权威期刊,2019 年上海软科

① 黄涛.原创研究何以可能——诺贝尔自然科学奖的启示[J].科技导报,2009(24):94-95.
② 马丽娜.科技论文合著现象发展趋势研究——以英国《自然》杂志为例[J].情报探索,2010(10):10-12.
③ 本刊编辑部.英国《自然》杂志简介[J].中国动脉硬化杂志,2017(10):1152.
④ Science:Information for authors[EB/OL].[2018-12-19].http://www.sciencemag.org/authors/science-information-authors.

(Shanghai Ranking Consultancy)公布了 45 个领域 130 多本国际权威刊物。调查结果来自不同学科领域的知名和有影响力的领导者,并以透明的方式向公众展示①。

截至 2019 年 4 月,软科调查了来自世界前 100 所大学的 6 000 多名教授。他们来自不同的学科领域,其中许多是他们所在学院或部门的负责人,要求他们列出所在学科的顶尖期刊(the top tier journals)②。一本期刊被认定为某个学科的顶尖期刊需满足以下两个条件:至少获得 2 票;得票数达到或超过本学科参加调查总人数的一半,或者得票数在本学科位列第一③。

鉴于此,这些国际权威期刊上的论文能代表该学科原创研究的最高水平。虽然目前软科还没有调查全部的学科,但是已经涵盖了自然科学、工程科学和社会科学的大多数主流学科④,所以对一流大学在这些国际权威期刊上的论文进行统计是有意义的。

(3) 前沿研究方向的活跃度

2013 年,科睿唯安(当时为汤森路透知识产权与科技事业部)开始发布《研究前沿》(Research Fronts)报告,通过持续跟踪全球最重要的科研和学术论文,研究分析论文被引用的模式和聚类,特别是成簇的高被引论文频繁地共同被引用的情况,可以发现研究前沿⑤。当一簇高被引论文共同被引用的情形达到一定的活跃度和连贯性时,就形成一个研究前沿,而这一簇高被引论文便是组成该研究前沿的核心论文⑥。研究前沿的分析提供了一个独特的视角来揭示科学研

---

① ShanghaiRanking Academic Excellence Survey 2019 Methodology[EB/OL].[2019 - 02 - 19].http://www.shanghairanking.com/subject-survey/survey-methodology-2019.html.

② ShanghaiRanking Academic Excellence Survey 2019 Methodology[EB/OL].[2019 - 02 - 19].http://www.shanghairanking.com/subject-survey/survey-methodology-2019.html.

③ 软科.“学术卓越调查”:软科世界一流学科排名指标揭秘[EB/OL].[2018 - 11 - 19].http://www.zuihaodaxue.com/news/20180718-685.html.

④ 学科列表:数学、物理学、化学、地球科学、生态学、机械工程、电子工程、控制科学与工程、生物医学工程、计算机科学与工程、土木工程、化学工程、材料科学与工程、纳米科学与技术、能源科学与工程、水资源工程、航空航天工程、遥感技术、冶金工程、生物学、兽医学、临床医学、公共卫生、口腔医学、护理学、药学、经济学、统计学、法学、政治学、社会学、教育学、新闻传播学、心理学、工商管理、金融学、管理学、旅游休闲管理、农林经济管理、图书情报科学。资料来源:软科.“学术卓越调查”:软科世界一流学科排名指标揭秘[EB/OL].[2018 - 11 - 19]http://www.zuihaodaxue.com/news/20180718-685.html.

⑤ 中国科学院科技战略咨询研究院、中科院文献情报中心和科睿唯安.2017 研究前沿[EB/OL].[2018 - 12 - 19].http://swgk.imech.ac.cn/download/2017/12/7/83643.pdf.

⑥ 中国科学院科技战略咨询研究院、中科院文献情报中心和科睿唯安.2017 研究前沿[EB/OL].[2018 - 12 - 19].http://swgk.imech.ac.cn/download/2017/12/7/83643.pdf.

究的脉络①。研究前沿是由一组高被引的核心论文和一组共同引用核心论文的施引文献组成。核心论文来自 ESI 数据库中的高被引论文,即在同学科同年度中根据被引频次排在前 1% 的论文。这些有影响力的核心论文的作者、机构、国家在该领域也做出了不可磨灭的贡献②。通过对该研究前沿的施引文献的分析,可以发现该领域的最新进展和发展方向③。

研究前沿中原发性原创发现虽然比较少,但如 CRISPR/Cas 基因组编辑技术④、希格斯玻色子⑤、引力波⑥等原创性研究也都很快在研究前沿中得以体现,而研究前沿中的继发性原创发现的占比还是比较高的,如 PD-1/PD-L1 免疫抑制剂应用⑦的最新进展和冷冻电镜⑧的应用。此外,ESI 中的研究前沿与科学家认为的前沿研究问题不同,研究前沿更多的是对研究热点的揭示,但是它能够在一定程度上反映前沿研究方向的活跃度。活跃就代表有潜力,因此,我们认为对研究前沿的贡献代表原创性或突破性研究的潜力。

2. 研究框架

本研究的框架如下:在对原创研究内涵进行研究的基础上,结合一流大学建设的实践进行指数设计,并对每个指标内涵与统计方法进行清晰界定;选择国内外四组样本,进行数据收集与整理,将研究结果进行对比研究;选择国内外有代表性的一流大学,对其科研管理机制进行深入探索,挖掘其原创性研究水平高的主要因素。

---

① 中国科学院科技战略咨询研究院、中科院文献情报中心和科睿唯安. 2017 研究前沿[EB/OL]. [2018-12-19]. http://swgk.imech.ac.cn/download/2017/12/7/83643.pdf.

② 中国科学院科技战略咨询研究院、中科院文献情报中心和 Clarivate Analytics. 2016 研究前沿[EB/OL]. [2018-10-05]. http://swgk.imech.ac.cn/download/2016/12/23/141823.pdf.

③ 中国科学院科技战略咨询研究院、中科院文献情报中心和科睿唯安. 2017 研究前沿[EB/OL]. [2018-12-19]http://swgk.imech.ac.cn/download/2017/12/7/83643.pdf.

④ 中国科学院文献情报中心、汤森路透知识产权与科技事业部、新兴技术未来分析联合研究中心. 2014 研究前沿[EB/OL]. [2018-10-05]. http://www.whiov.ac.cn/xwdt_105286/kydt/201411/W020141111411139459501.pdf.

⑤ 中国科学院文献情报中心、汤森路透知识产权与科技事业部、新兴技术未来分析联合研究中心. 2014 研究前沿[EB/OL]. [2018-10-05]. http://www.199it.com/archives/398814.html.

⑥ 中国科学院文献情报中心、汤森路透知识产权与科技事业部、新兴技术未来分析联合研究中心. 2015 研究前沿[EB/OL]. [2018-12-19]. http://www.199it.com/archives/398814.html.

⑦ 中国科学院科技战略咨询研究院、中科院文献情报中心和科睿唯安. 2018 研究前沿[EB/OL]. [2019-05-17]. https://clarivate.com.cn/blog/2018researchfronts.

⑧ 中国科学院科技战略咨询研究院、中科院文献情报中心和科睿唯安. 2017 研究前沿[EB/OL]. [2018-12-19]. http://swgk.imech.ac.cn/download/2017/12/7/83643.pdf.

第二节 研究方案与设计

一、指数设计

1. 指标体系

本研究在对上述三个指标进行清晰界定的基础上,结合国内外一流大学原创研究的实际表现与认可程度,经过多次试测,确立了较为合理的统计方法。三个指标的定义与统计方法见表 4 - 1。

表 4 - 1 原创研究指数的指标设计

指 标	指 标 定 义
突破性研究论文	*Nature*、*Science* 论文
国际权威刊物论文	每个学科若干本权威刊物
前沿研究方向的活跃度	*Research Fronts* 核心论文数

注:每个指数由相关指标简单加权而得;指数、指标只分等级不给数值,等级设为 0.1 的倍数,是相对于世界一流大学对照组平均值的比值;为了避免不必要的指数波动,可采用五年(平均)数据。

2. 样本选取

本章从 2019 年世界大学学术排名前 25 的大学中选取 10 所作为世界顶尖大学样本组,从排名 76—100 的大学中选取 10 所作为世界一流大学样本组,具体名单见表 4 - 2。

表 4 - 2 原创研究指数的国际组样本

ARWU 排名	样本大学 (中文)	样本大学 (英文)
	世界顶尖大学组	
1	哈佛大学	Harvard University
2	斯坦福大学	Stanford University
3	剑桥大学	University of Cambridge
4	麻省理工学院	Massachusetts Institute of Technology
5	加州大学伯克利分校	University of California, Berkeley
6	普林斯顿大学	Princeton University

（续表）

ARWU 排名	样本大学 （中文）	样本大学 （英文）
7	哥伦比亚大学	Columbia University
8	加州理工学院	California Institute of Technology
9	牛津大学	University of Oxford
10	芝加哥大学	University of Chicago
世界一流大学组		
67	澳大利亚国立大学	The Australian National University
69	加州大学欧文分校	University of California，Irvine
74	悉尼大学	The University of Sydney
79	巴黎高等师范学院	Ecole Normale Superieure-Paris
80	莱顿大学	Leiden University
83	洛桑理工学院	Swiss Federal Institute of Technology Lausanne
84	布朗大学	Brown University
85	以色列理工学院	Technion-Israel Institute of Technology
90	波士顿大学	Boston University
97	鲁汶大学	KU Leuven

　　8 所中国"双一流"建设大学进入 2019 年 ARWU 大学排名前 150 名，组成国内 A 组；28 所"双一流"建设大学位于 2019 年 ARWU 大学排名 150 之后，组成国内 B 组，共 36 所。名单见表 4-3。

表 4-3　原创研究指数的国内组样本

ARWU 排名	样本大学 （中文）	样本大学 （英文）
国内 A 组		
43	清华大学	Tsinghua University
53	北京大学	Peking University
70	浙江大学	Zhejiang University
82	上海交通大学	Shanghai Jiao Tong University
101—150	复旦大学	Fudan University
101—150	华中科技大学	Huazhong University of Science and Technology
101—150	中山大学	Sun Yat-sen University
101—150	中国科学技术大学	University of Science and Technology of China

(续表)

ARWU 排名	样本大学 （中文）	样本大学 （英文）
	国内 B 组	
151—200	中南大学	Central South University
151—200	哈尔滨工业大学	Harbin Institute of Technology
151—200	南京大学	Nanjing University
151—200	四川大学	Sichuan University
151—200	东南大学	Southeast University
151—200	电子科技大学	University of Electronic Science and Technology of China
151—200	武汉大学	Wuhan University
151—200	西安交通大学	Xian Jiaotong University
201—300	北京航空航天大学	Beihang University
201—300	北京师范大学	Beijing Normal University
201—300	大连理工大学	Dalian University of Technology
201—300	吉林大学	Jilin University
201—300	南开大学	Nankai University
201—300	山东大学	Shandong University
201—300	华南理工大学	South China University of Technology
201—300	天津大学	Tianjin University
201—300	同济大学	Tongji University
201—300	厦门大学	Xiamen University
301—400	北京理工大学	Beijing Institute of Technology
301—400	中国农业大学	China Agricultural University
301—400	重庆大学	Chongqing University
301—400	湖南大学	Hunan University
301—400	兰州大学	Lanzhou University
301—400	西北工业大学	Northwestern Polytechnical University
401—500	东北大学(沈阳)	Northeastern University (Shenyang)
401—500	郑州大学	Zhengzhou University
501—600	华东师范大学	East China Normal University
501—600	中国海洋大学	Ocean University of China

3. 数据搜集

(1) 突破性研究论文

突破性研究论文是指在《自然》和《科学》上发表的研究论文（Article）。以科睿唯安 WoS 数据库(http://www.webofscience.com)为数据来源,统计在 2015～2019 年以第一作者的署名机构发表的论文数量;如果有多个第一作者或单个作者有两个及以上的署名机构,只统计第一个第一作者的第一单位。

(2) 国际权威期刊论文

国际权威期刊论文是指在软科 2019 年公布的 41 个领域 123 本国际权威刊物上发表的研究论文。基于科睿唯安 WoS 数据库(http://www.webofscience.com)在 2015～2019 年发表的研究论文数量。

(3) 前沿研究方向的活跃度

前沿研究方向的活跃度是指科睿唯安的 Essential Science Indicators (ESI) 数据库中(http://esi. incites. thomsonreuters. com/) 143 个 *Research Fronts* 核心论文。以 *Research Fronts* 中 2014～2019 年发表的核心论文(包括综述)数据为基础,提取核心论文的第一作者的地址信息,分析其机构信息,检索相应的大学名称,并进行了机构归并,对于不同地区相同名称的大学,进行了区域的区分。如果一位作者同时所属两个单位,每个单位都算作贡献。

4. 原创研究指数算法

首先,对所有原始值进行统计处理,改善原始数值分布;其次,分别计算出世界一流大学组在各个指标上的平均值作为参照,设为 1 分;再通过计算单一大学的单一指标值与世界一流大学组在相同指标上的平均值的比值,得到该校在该指标上的得分。

对三个指标得分赋予同等权重,进行简单加权,得到人才培养指数,计算公式如下:

$$I_1 = \frac{I_1 + I_2 + I_3}{3}$$

I_1:大学原创研究指数,I_1:突破性研究论文指标;I_2:国际权威期刊论文指标;I_3:前沿研究方向的活跃度指标。

二、案例设计

本研究从典型性、资料可得性及对我国一流大学建设的借鉴意义等方面综合考虑,选择牛津大学(University of Oxford)、剑桥大学(University of Cambridge)、北京大学为案例进行分析：基于对相关制度文本、学校官网相关信息以及已有文献的分析，探究这三所大学科研卓越的成因。

　　牛津大学是英语国家中最古老的大学，拥有 800 多年的发展历史①，是世界顶尖的公立研究型大学，已连续四年位列于 THE 世界大学排名第 1 名②，在 2020QS 世界大学排名中位列第 4③，2019 世界大学学术排名位列第 7④。根据 2014 年研究卓越框架(Research Excellence Framework)，牛津大学在全国范围内拥有最大规模的世界领先研究⑤。目前牛津校友中获诺贝尔奖(Nobel Prize)的学者达 55 人，获菲尔兹奖(Fields Medal)的学者 3 人⑥。

　　剑桥大学有 800 多年的历史，以其崇高的科研地位、杰出的科研贡献闻名于世。剑桥大学尤其注重自然科学的研究，早在 17～18 世纪就已占据重要地位，二战后又取得了更大发展。发现血液循环的哈维(William Harvey)、发现万有引力定律的牛顿(Isaac Newton)、发现电子的汤姆逊(Thomson，Joseph John)、发现 DNA 结构的克里克(Francis Harry Compton Crick)和沃森(James Dewey Watson)，这些著名的科学家均来自剑桥大学，他们在化学、生物学和天文学等领域引领了重大变革。

　　北京大学作为中国第一所国立综合性大学，历时 120 多年的发展与沉淀，无论是科研实力还是综合实力均位于我国乃至世界前列。根据 2020 年世界大学学术排名，北大位列中国内地高校第二，全球排名第 49 位⑦；在 2020 年泰晤士高等教育世界大学排名中首度揽获亚洲第二，位列全球排名第 24 位⑧。

---

①　周常明.牛津大学史[M].上海：上海交通大学出版社，2012：1.
②　Facts and figures[EB/OL].[2020 - 01 - 18].https://www.ox.ac.uk/about/facts-and-figures? wssl.
③　QS world university rankings 2019 - 2020[EB/OL].[2020 - 02 - 18].https://www.topuniversities.com/university-rankings/world-university-rankings/2020.
④　世界大学学术排名 2019[EB/OL].[2020 - 02 - 17].http://www.zuihaodaxue.com/ARWU2019.html.
⑤　Facts and figures-full version[EB/OL].[2020 - 01 - 18].https://www.ox.ac.uk/about/facts-and-figures/full-version-facts-and-figures?wssl=.
⑥　Award winners[EB/OL].[2020 - 01 - 19].http://www.ox.ac.uk/about/oxford-people/award-winners.
⑦　2020 软科世界大学学术排名[EB/OL].[2020 - 08 - 15].http://www.shanghairanking.com/ARWU2020.html.
⑧　2020 泰晤士世界大学排名[EB/OL].[2019 - 09 - 11].https://www.timeshighereducation.com/world-university-rankings/2020/world-ranking♯！/page/0/length/25/sort_by/rank/sort_order/asc/cols/stats.

第三节　对标大学与我国一流 大学的指数对比分析

一、突破性研究论文指标分析

在数据收集、定量统计的基础上,以世界一流大学组为基准,对数据进行处理,比较分析四组样本在三个指标上的表现情况。统计结果显示,在突破性研究论文方面,世界顶尖大学组平均得分为 3.48 分,超过其他三组大学,在四组样本中明显处于领先地位。国内 A 组得分超过世界一流大学组,但是与世界顶尖大学组差距较大,国内 B 组在这一指标上的表现较弱,见表 4-4。

表 4-4　突破性研究论文指标的得分

组　别	指标得分
世界顶尖大学组	3.48
世界一流大学组	1.00
国内 A 组	1.24
国内 B 组	0.37

国内 A 组中(见附表 2),清华大学的得分明显领先,是唯一一所得分超过世界顶尖大学组个别大学的中国大学,但是距离世界顶尖大学组的得分还存在较大差距。北京大学的表现也不错,不仅高于本组平均得分,而且超过世界一流大学组的得分。浙江大学、复旦大学的得分尽管低于本组的平均得分,但是高于世界一流大学组的得分。国内 B 组中,一半以上大学的得分超过本组平均得分,但是有 7 所大学在这个指标上的得分为 0。其中,得分最高的是西安交通大学,与第一组的上海交通大学得分相当;其次是南京大学、南开大学、厦门大学,这三所高校得分相当。

二、国际权威期刊论文指标分析

统计结果显示,在国际权威期刊论文方面,世界顶尖大学组平均得分最高,国内 A 组的平均得分超过世界一流大学组,与世界顶尖大学组略有差距,国内 B 组的表现与世界一流大学组相当,见表 4-5。

表 4-5　国际权威期刊论文指标的得分

组　别	指 标 得 分
世界顶尖大学组	1.82
世界一流大学组	1.00
国内 A 组	1.57
国内 B 组	0.97

在国内 A 组中(见附表 2),清华大学、北京大学表现较好,得分甚至超过世界顶尖大学组的某些大学。清华大学的得分超过了世界顶尖大学组的平均得分,北京大学的得分与世界顶尖大学组的平均得分相当。在国内 B 组中,南京大学明显领先,得分超过了世界顶尖大学组的平均得分;其次是中国科技大学,仅次于北京大学,位居全国高校前三。

三、前沿研究方向的活跃度指标分析

研究结果显示,在前沿研究方向的活跃度方面,世界顶尖大学组平均得分最高,国内 A 组的平均得分明显高于世界一流大学组,但离世界顶尖大学组还有明显差距,国内 B 组的平均得分超过世界一流大学组,详见表 4-6。

表 4-6　前沿研究方向的活跃度指标的得分

组　别	指 标 得 分
世界顶尖大学组	2.15
世界一流大学组	1.00
国内 A 组	1.60
国内 B 组	1.20

国内 A 组(见附表 2)的清华大学和北京大学的指标得分较高,但是没有达到世界顶尖大学组的平均得分。国内 B 组的平均得分超过世界一流大学组,但低于国内 A 组的平均得分,其中有 3 所大学超过国内 A 组的平均得分,分别是中南大学、湖南大学、电子科技大学。其中中南大学的得分较高,甚至超过国内 A 组大部分大学的平均得分,仅低于清华大学,位居全国第二。

四、一流大学原创研究指数分析

研究结果显示,在一流大学原创指数的表现方面,世界顶尖大学组明显遥遥领先,是其他三组得分的两倍多。国内 A 组得分明显高于世界一流大学组,但明显低于世界顶尖大学组。国内 B 组得分表现最弱,低于世界一流大学组,详见表 4 - 7。

表 4 - 7　原创研究指数的得分

组　　　别	指 数 得 分
世界顶尖大学组	2.48
世界一流大学组	1.00
国内 A 组	1.47
国内 B 组	0.85

国内两组样本中只有 1 所大学(清华大学)的原创指数大于 2;有 12 所大学的原创指数大于 1,但是小于 2。12 所大学中,包括国内 A 组的 8 所高校,与国内 B 组的 4 所高校,依次是:南京大学、武汉大学、西安交通大学、哈尔滨工业大学(请见附表 2)。国内 A 组总得分结果显示,清华大学位居榜首,其次是北京大学、中国科技大学、浙江大学;上海交通大学、复旦大学、华中科技大学、中山大学次之,四所高校差距不大。国内 B 组得分结果显示,南京大学仅次于 A 组的浙江大学;武汉大学表现也不错,得分高于 A 组的复旦大学。

第四节　原创研究案例分析

一、牛津大学

牛津大学既是英国著名学府,也是最大的科研中心,在世界顶尖期刊上发表的学术论文数量遥遥领先于英国的其他大学。同时,牛津大学也是全英拥有科研专利最多的学术机构,牛津地区的一千五百多个高科技企业中,大多都与牛津大学有着密切的深度合作[①]。牛津大学科研何以卓越? 研究发现,其主要成因

---

① University of Oxford[EB/OL].[2020 - 04 - 19].http://www.ox.ac.uk/cn.

大致有以下几点。

1. 跨学科组织模式推动科研创新

牛津大学重视跨学科研究的发展,其跨学科研究的组织模式为后续的跨学科研究提供了重要的平台和条件。其中,学院制和 e-Research 中心是其组织模式的重要代表,为跨学科研究提供一定条件和动力。

牛津大学的学院制起源于 13 世纪,其初衷主要体现在两个方面:培养人才和营造精神家园[①]。牛津大学的组织架构包括两个维度:一是学术维度,分为 59 个系;二是行政维度,分为 38 个学院。每个教职员工和学生均平行不悖地归属于一个部门和一个学院[②]。学院制的最大特点为权力分散,各个学院自行负责其教学及研究事务,大学只是负责把各个学院结合一体[③]。每个学院由来自不同系的教师和学生组成,教师可以在工作及日常生活中与来自不同学科的教师进行跨学科交流,有利于教师研究视野的开阔与跨学科的合作[④]。牛津大学校长路易斯·理查德森(Louise Richardson)教授在其演说中提到:"学院提供一流、个性化、学术性的教育环境,促进跨学科教育和强烈的社群氛围。学院的分权结构和自治体系培养了牛津大学灵活、创新、自主决策的特质。"[⑤]正是这种学院制的传承,对牛津大学研究人员从事跨学科研究产生了重要作用。

随着时代的进步,牛津大学发展了跨学科研究的组织模式。2006 年牛津大学建立 e-Research 中心,该中心是一个多学科的应用研究中心,目标是促进跨学科的合作和研究[⑥],其主旨为"与不同的学科专家合作,利用创新技术使科学朝向更好的方向发展"[⑦]。在学科合作方面,e-Research 中心和牛津大学四个学部的研究单位进行合作,跨越了自然科学、社会科学、人文、艺术、能源环境、生物和医学领域,并和这些学科建立了广泛的伙伴关系,使用创新的计算和信息技术来帮助科研工作者解决复杂的多学科问题,同时建立合适的网络信息基础设施来

---

① 周常明.牛津大学史[M].上海:上海交通大学出版社,2012:93.
② University of Oxford[EB/OL].[2020-01-19].http://www.ox.ac.uk.
③ 张谦.牛津大学的学院制特色[J].天津市教科院学报,2008(1):68-70.
④ 王晓宇,周常明.牛津大学学院制若干问题探讨[J].教育评论,2011(4):15-15.
⑤ 牛津大学校长 2018 年度演说:这所高校要成为推动世界进步的巨大力量[EB/OL].[2020-01-18]. http://www.sohu.com/a/272728637_659250.
⑥ 陈文波,张洋.牛津大学 e-Research 创新科研案例分析[EB/OL].[2020-01-12].http://www.edu. cn/xxh/media/yjfz/yjr/t_.shtml.
⑦ Oxford e-Research Centre[EB/OL].[2020-01-18].http://www.oerc.ox.ac.uk.

支持这些研究①。中心研究的开展依赖于跨学科：将一个学科的研究方法应用到另外一个学科，每个区域以不同的方式和其他区域相互交叉。正是由于以上跨学科的交流和研究组织模式的传承与发展，对推动牛津大学科研创新起到了至关重要的作用，有利于牛津大学创新性科研成果的产出。

2. 教师科研评价制度注重影响力和原创性

本研究搜集到牛津大学学校层面教师晋升及奖励等相关文本 4 份，对其文本内容进行提炼与总结后发现：

在教师职称晋升及绩效奖励方面，牛津大学将"质量导向型"作为科研评价理念，注重科研成果的影响力和原创性。这使教师关注科研成果的创新性和质量，而不是局限于科研成果的数量。

在教师科研绩效评价方面，牛津大学注重成果的创新性和质量。如在教授绩效薪酬评定方面，对其科研的要求为②："对研究领域具有重大影响，具有卓越的成就和国际地位，并享有国际声誉，且与大多数英国高校的学术人员相比，研究具有一定卓越性。这可能包括与其他研究团队的成功合作，对公众的贡献以及卓越的研究能力。"文本并未对教师科研成果的数量有相应要求，更多集中于质量指标上。在教师晋升评价中，同样体现了这一理念。牛津大学对科研评价指标的要求如下③："在原创性、重要性和严谨性方面得到认可的研究成果；在塑造本学科的未来方面发挥学术领导作用（其中可能包括建立成功的研究小组或与主要合作伙伴进行合作）；通过对下一代研究人员的监督和指导，为牛津大学的研究文化做出了有效贡献；从相关来源获得外部研究资金的记录；研究影响超出学术界，包括参与技术转让、技术发展、知识交流以及专利发明等"。

可见，牛津大学秉承"质量导向型"的科研评价理念，在教师科研评价的制度文件中，强调"影响力""原创性"等，并未对教师科研成果数量进行具体要求。这在一定程度上能够鼓励教师潜心研究，促进高质量成果的产出。

3. 多样化培训促进教师发展

在 800 多年的发展历史中，牛津大学始终致力于丰富教育资源，这不仅为牛

---

① 陈文波，张洋.牛津大学 e - Research 创新科研案例分析[EB/OL].[2020 - 01 - 12].http://www.edu.cn/xxh/media/yjfz/yjr/t_.shtml.
② Professorial Merit Pay[EB/OL].[2020 - 01 - 16].https://hr.admin.ox.ac.uk/professorial-merit-pay.
③ Criteria for the Awards for Excellence Scheme[EB/OL].[2020 - 01 - 18].https://hr.admin.ox.ac.uk/recognition-of-distinction#tab-.

津大学的人才培养提供了沃土,而且为其科研发展创造了重要条件①。具体而言,牛津大学致力于为研究人员提供全方位的发展性培训,以促进研究人员各方面能力的提升。相关培训主要涉及以下两个方面②:人与组织发展中心(People and Organisational Development Unit,简称POD)提供的培训和继续职业培训(Continuing professional development activities,简称CPD)。

根据不同教师特质开发不同培训活动有利于促进教师发展。"人与组织发展中心(POD)会根据教师特质和自身需求为教师提供一系列的相关培训活动,包括各个领域的研讨会、考核、时间管理以及研究论文年度计划的撰写等服务。在这一过程中,会通过与研究人员相关的其他部门进行合作,以更有针对性地制定相应计划。"③同时,该机构也会为研究者提供专业的职业发展审查(Professional Development Review,简称PDR)服务。PDR与年度审查相似,相关审查人员和研究者每年进行一次沟通交流,共同反思自上次审查以来所取得的成就,对即将进行的重要事项进行交流与讨论,同时会根据研究人员目前的发展状态和需求制定研究人员自己的PDR计划④。总体而言,为研究人员提供了较多发展机会,有利于研究人员能力和工作满意度的提升。

继续职业培训有利于教师在学习和研究过程中进行自我提升。牛津大学会为研究人员提供继续职业培训(CPD)⑤,包括参加外部提供的课程、远程学习和开放学习计划(例如开放大学提供的课程)。相关学院会通过一些措施支持研究人员参与此类活动,例如通过调整教师休假时间使其有空闲时间提升自我,这一举措有利于提升研究人员的专业能力。总体而言,牛津大学致力于为研究人员提供一系列发展与学习的资源,并为其创造能够有效利用资源的便利条件,使研究人员能够充分利用资源进行自我提升。

4. 丰富的"牛津活动"增进教师交流

牛津大学致力于为研究人员提供一系列正式和非正式的"牛津活动"(Oxford

①　周常明.牛津大学史[M].上海:上海交通大学出版社,2012:11-12.
②　STAFF HANDBOOK[EB/OL].[2020-01-13].https://hr.admin.ox.ac.uk/section-academic-related-staff-handbook#collapse.
③　People and Organisational Development[EB/OL].[2020-02-01].https://pod.admin.ox.ac.uk/people-and-organisational-development-unit#collapse.
④　PDR[EB/OL].[2020-01-18].https://pod.admin.ox.ac.uk/pdr-essentials.
⑤　STAFF HANDBOOK[EB/OL].[2020-01-13].https://hr.admin.ox.ac.uk/section-6-academic-related-staff-handbook#collapse1594166.

Events），促使研究人员有利于在活动中沟通交流，有利于思维火花的碰撞与迸发。

正式活动主要是学校提供的一些相应的培训和交流，依赖学校平台，更为正规化，组建研究者专用网络，主要包括以下三个方面：牛津研究人员协会（Oxford Research Staff Society）、部门的研究者协会、以及一些部门为研究人员所建立的指导计划①。牛津研究人员协会代表牛津大学研究人员的集体声音，其主要是提供一个统一的管理机构，以促进大学内部研究人员之间思想的交流，且代表研究人员群体在校内外进行一系列活动，也会组织跨部门和部门内部的社交和学术社交活动，为研究人员之间的联系提供便利的条件，有效促进研究人员之间的合作②。其次，许多部门都有自己的研究者协会，以便研究者进行部门内部的合作与交流，为其提供便利的条件③。同时，部分部门为研究人员制定了指导计划，一方面为研究人员之间的联系提供支持，另一方面可以为研究人员之间更好地合作提供额外的咨询④。

相较于正式活动而言，非正式活动更为轻松自在，研究人员可以在活动中更加随意地交流。牛津大学会提供一系列非正式的"牛津活动"，以促进研究人员在活动中进行交流。例如，"阿什莫尔博物馆"是在周末时间邀请研究者参与的创意工作坊，每周都有不同的主题，研究人员可以根据个人兴趣选择，这既是一种放松的方式，同时也可以在这一过程中与其他研究人员进行交流⑤。另外，牛津大学会组织"牛津会谈"活动，会谈会根据不同主题和时间来组织，研究人员可以在会谈中自由发表个人观点，促进思维的活跃与开阔⑥。同时，也会有一些特定场景内的活动，"自然历史博物馆"会提供一系列不同主题的活动，使研究人员可以根据实物进行探讨和交流⑦，在特定场景内进行对话，更有身临其境的感觉。总体而言，牛津大学为研究人员提供了一个便利的学术联络平台，使研究者

① Connecting with other researchers[EB/OL]. [2020 - 01 - 19]. https://www. ox. ac. uk/research/support-researchers/connecting-other-researchers?wssl=.
② Oxford Research Staff Society[EB/OL]. [2020 - 01 - 19]. https://www. ox. ac. uk/research/support-researchers/connecting-other-researchers/oxford-research-staff-society?wssl=.
③ Oxford Research Staff Society[EB/OL]. [2020 - 01 - 19]. https://www. ox. ac. uk/research/support-researchers/connecting-other-researchers/oxford-research-staff-society?wssl=.
④ Mentoring[EB/OL]. [2020 - 01 - 19]. https://www. ox. ac. uk/research/support-researchers/connecting-other-researchers/mentoring?wssl=.
⑤ Ashmolean[EB/OL]. [2020 - 01 - 19]. https://www. ashmolean. org/livefriday/.
⑥ Oxford Talks[EB/OL]. [2020 - 01 - 18]. https://talks. ox. ac. uk/.
⑦ Museum of Natural History[EB/OL]. [2020 - 01 - 18]. https://www. oumnh. ox. ac. uk/events.

在各个活动的交流中能更好地提升自己,迸发思想的火花,也有利于促进研究人员之间的科研合作。

总体而言,牛津大学独特的跨学科研究组织模式有利于激发研究人员的合作创新精神;"质量导向型"的科研评价标准为研究人员树立了"质量意识",有利于高质量成果的产出;全方位的研究人员发展性培训为其学术深造和发展提供了良好的平台;便利的学术联系网络平台为研究人员之间的合作提供了便利。牛津大学科研卓越的原因与以上举措密不可分。对于未来走向而言,牛津大学在《2018—2023 年战略规划》中提到:"牛津大学将致力于机会均等,为员工和教师提供资源,以确保最优秀的员工和学生在牛津大学中蓬勃发展,同时继续深入大学的跨学科研究,培养师生的团体意识;对研究环境进行实质性的投资;扩大其中央研究基金的规模和范围,以提高启动能力和进行重大研究计划的能力。同时加强与企业、政府组织以及其他组织合作,增加非公共部门的资助。"[1]总之,牛津大学致力于提供世界一流的研究,为当地、国家以及全球贡献出牛津力量。

二、剑桥大学

截至 2019 年 10 月,剑桥大学共产生了 109 位诺贝尔奖得主,是诺贝尔奖得主最多的大学,涉及各个学科领域[2]。剑桥大学科研何以卓越? 正是本研究要探讨的问题。研究发现主要有以下几方面成因。

1. 研究人员的培育以专业为目标

为了对研究人员的发展提供专业化支持、充分发挥研究人员的才能,剑桥大学于 20 世纪 60 年代建立"教师个人与专业发展中心"(Center for Personal and Professional Development,简称 CPPD),以提高研究人员的科研能力,促进学校的科研产出。

该中心设有三个专业团队——学术实践团队(Professional Development)、学习和专业发展团队(Career Development)、管理团队(Leadership Development)。学术实践团队的核心工作是教育和科研,主要是为剑桥大学的研究人员以及研

① Strategic plan 2018 - 23［EB/OL］.［2020 - 04 - 19］. http://www. ox. ac. uk/about/organisation/ strategic-plan-2018-23.

② University of Cambridge. Nobel Prize［EB/OL］.［2020 - 06 - 27］. https://www. cam. ac. uk/research/ research-at-cambridge/nobel-prize.

究生的科研训练和发展提供支持,并为英国国内外的学术活动提供服务①。学习和专业发展团队是研究人员发展项目得以实施的关键,其拥有较为成熟的运行机制。各学院委派一名发展协调员(Staff Development Co-ordinator),在教师个人与专业发展中心和各学院、研究人员之间发挥联络作用,及时了解研究人员的需求,并与中心成员合作,为研究人员的发展提供所需信息②。

该中心还通过研究人员发展计划(The Researcher Development Programme)为研究人员提供多样而专业的线下学习活动和线上学习资源,该计划包括研究生发展项目、研究员发展项目、新聘任教师发展项目、有经验研究人员发展项目,旨在通过个人效能、研究技能、职业发展、与他人合作四个维度在科研实践领域促进研究人员全面发展③。CPPD推崇系统、全面的发展理念,充分考虑校内不同类型研究人员的需求,有针对性地为研究人员提供涵盖专业发展维度的项目,将其个人发展与组织发展紧密结合,并促进研究人员科研能力的全面提升,从而有助于提升学校科研水平。

2. 科研评估基于发展性理念

"教师评估和发展计划"(Staff Review and Development,简称SRD)是剑桥大学培养教师的重要组成部分,规定了如何在大学内部进行评估的框架,目的是提高教师工作效率并促进其职业发展④。剑桥大学针对研究型教师的科研评估是一种积极的、建设性的双向评估,可以使教师明确个人的发展目标和计划,也可以使学校明确教师的科研贡献,促进学术界各个层面的交流。此外,通过这一计划,研究型教师还可以定期提出学校工作的不足之处,使剑桥大学的科研工作条件不断得到保障⑤。在SRD中,教师的科研评估基于发展性的理念,通过兼顾组织目标和个人发展来确保各方参与的积极性;评估过程中的双向讨论充分体

①　University of Cambridge. Professional Development[EB/OL].[2020 - 04 - 05]. https://www.ppd. admin.cam.ac.uk/professional-development.

②　University of Cambridge. Personal and Professional Development-About us[EB/OL].[2020 - 04 - 05]. https://www.ppd.admin.cam.ac.uk/home/about-us.

③　University of Cambridge. Research Development Programme[EB/OL].[2020 - 01 - 06]. https:// www.rdp.cam.ac.uk/about-us.

④　University of Cambridge. Staff Review and Development (SRD) Scheme Guidance for Academic Staff [EB/OL].[2020 - 01 - 05]. https://www.hr.admin.cam.ac.uk/policies-procedures/staff-review-and-development/staff-review-and-development-srd-scheme-guidance.

⑤　University of Cambridge. Benefits of the Staff Review and Development Pprocess[EB/OL].[2020 - 01 - 05]. https://www.hr.admin.cam.ac.uk/policies-procedures/staff-review-and-development/staff-review-and-development-srd-scheme-guidance-1.

现了评估主体与评估客体之间的相互尊重与信任,确保沟通的质量和效率;该计划还关注后续教师的发展,确保教师发展的可持续性。

该评估包括两部分内容。一是针对试用教师的内容,学院负责人将教师的直属上司确定为评估专家,在试用期内,会与教师定期讨论研究目标和研究成果,试用期结束后,将会安排一次评估会议。二是针对正式员工的内容,每两年开展一次评估会议,包括三个阶段的内容。阶段1——教师的自我评估:首先根据试用期结束时商定的目标对科研成果进行评估,然后提出未来两年要实现的目标,重点介绍长期科研目标,并在阶段2之前上交;阶段2——评估会议:根据教师的自我评估,评估专家与教师进行讨论交流,这一讨论是建设性的、积极的双向交流,达成未来行动计划的共识,会议可以在工作地点或办公室、实验室外举行,但必须保证不会被中断且讨论内容是保密的;阶段3——记录:会议结束后双方完成评估表格,反馈至学院负责人处,学院负责人综合评估专家的意见形成学院对该教师的科研评估总结,教师还应完成《个人发展计划》表格,列出未来两年的科研计划[①]。

3. 科研文化以学术自由为基础

学术界下午茶制度起源于剑桥大学卡文迪许实验室(Cavendish Laboratory),约瑟夫·约翰·汤姆森教授(J. J. Thomson)首创了每天下午进行的"茶话漫谈"(Tea Time),参加人员不论职务高低,一律平等相处,气氛轻松融洽。在谈论中,不同观点与见解互相碰撞,合作的愿望在共同志趣的基础上得以建立,诱发出创造性的萌芽,许多重要的学术思想和观念由此产生[②]。"茶话漫谈"在剑桥大学不断发展,形成了以下午茶文化为核心的剑桥精神,每天下午,学院会安排不同学科、不同年龄的教师相聚于小型的、随意的研讨会,或在校区内的咖啡屋和茶园共进下午茶[③]。剑桥大学桑格教授(F. Frederick Sanger)在第二次获得诺贝尔化学奖后,谦虚地说:"荣誉是剑桥分子生物学实验室(Medical Research Council Laboratory of Molecular Biology)的,也是剑桥的。感谢学校为我们创

① University of Cambridge. Career Management Processes: Guidance for Contract Research Staff[EB/OL]. [2020 - 01 - 05]. https://www. hr. admin. cam. ac. uk/policies-procedures/career-management-processes-guidance-contract-research-staff-0.
② 陈艾华,邹晓东.英国研究型大学提升跨学科科研生产力的实践创新——基于剑桥大学卡文迪什实验室的分析[J].自然辩证法研究,2012,28(8):54 - 58.
③ University of Cambridge. Search[EB/OL]. [2020 - 04 - 18]. https://search. cam. ac. uk/web?query=afternoon+tea+&x=0&y=0.

造了这么自由的研究环境,包括我们每天来喝的下午茶①。"下午茶制度所创造的学术氛围,不仅与学者们个人化研究形成了互补,还为他们带来了学术荣耀。剑桥大学下午茶制度,无论是从参与者的自由性而言,还是从谈论话题的自由度而言,都充分体现了剑桥精神中最为重要的一点:学术自由,不同学科、不同专业、不同身份的学者可以自由地谈论任何想交流的问题。除此之外,参与下午茶的有行政人员、研究人员、教师、学生等,大家从不同岗位、不同经验、不同学科出发,进行交流,往往能给彼此带来一些在自己领域不易获得的信息和灵感,下午茶所体现的多元性包容,极大地促进了大学文化的多元和思想的繁荣②。

剑桥大学第 343 任校长布罗厄斯(Alec Broers)也曾这样诠释"剑桥精神":活跃的文化融合和高度的学术自由。而形成这一精神氛围的重要形式,他认为就是下午茶时自由随意的交流与思想的碰撞。在剑桥大学的下午茶时光中,参与者在交流中获得智慧和启迪,不但开阔了眼界和思维,更留下了一种自由文化的积淀。这一组织形式很自然地营造了学术自由氛围,创造了自由的学术生态环境,赋予教师开展研究的活力。

4. 科研服务以高效为宗旨

剑桥大学通过完善的科研服务支持系统以减轻研究人员的负担,使其专注于科学研究。2012 年剑桥大学设置专门的部门和平台提供专业支持,如研究运营办公室(The Research Operations Office),其成员来自各个学院,每个部门的管理员会都被分配到一名来自不同学院的研究资助顾问,以查询其学院研究经费的申请情况和项目的进行情况。每个部门还设有一位或多位经验丰富的合同经理(School Contract Manager),可以代表研究者就合同进行谈判,根据潜在风险为研究者提供建议③。剑桥大学研究运营办公室帮助了解研究者的项目及合同的程序和要求,从经费计算、项目申请流程、利益冲突到风险评估等方面提供咨询指导。同时监管经费支出,根据不同赞助者的要求准备不同的报表和财务报告,以及在项目结束时核对经费的使用情况④。剑桥大学科研数据管理平台

① 蒋寿军.剑桥大学下午茶的启示[J].师道,2003(11):14.
② 柳逸青.论一流大学的文化气质——以剑桥大学下午茶为例[J].重庆高教研究,2014,2(1):84-88.
③ University of Cambridge. Planning your Research[EB/OL].[2020-01-17].https://www.research-operations.admin.cam.ac.uk/applying-funding/risk-assessment-guidelines.
④ University of Cambridge. Research Operations Office[EB/OL].[2020-01-06].https://www.research-operations.admin.cam.ac.uk/about-us.

提供数据管理方面的服务,通过大量的培训,帮助研究者创新、组织和共享研究数据,为研究人员节省大量的时间①。

社会科学研究方法中心、图书馆、人事部门、项目发展部等也会为科研工作者提供专业帮助,开展科研培训、工作坊及面对面指导②。以图书馆为例,剑桥大学图书馆成立了数据管理网站,还开发了自存档机构库(DSpace@Cambridge),以促进科研成果的保存与传播③。师生可以方便地将他们的研究论文、科研数据、图像以及多媒体资料等各类型科研资料与成果存储在该数据平台并与其他人共享彼此的成果④。目的是给研究人员、计算机技术人员以及管理人员提供管理和再利用数据的工具,并能使相关部门尽可能轻松地保护电子资源⑤。图书馆主要在数据的创建、获取、规划、管理这四个过程中提供服务。为了能够帮助研究者尽快地熟悉这四个过程,以更好地进行数据管理,剑桥大学图书馆还提供了多种形式的培训内容,包括专门对考古学和社会人类学研究者的培训课程、对研究生的数据管理培训课程、剑桥大学本校研究者的培训课程、校外研究者的培训课程、专题研讨会形式的培训。这些培训的内容以幻灯片、文档或是音频等形式在剑桥大学、剑桥大学图书馆等相关网页上展示,并提供浏览、下载⑥。全面细致的服务,节约了科研人员的时间和精力,提高了科研效率,还可以帮助年轻学者快速入门,促进人才培养⑦。

5."剑桥现象"以"反哺"为特色

高等教育双向参与机制是指高等学校参与企业运营、为企业服务;企业根据需要参与学校活动、支持学校办学,以形成学校与企业的良性循环,有效运行的机制⑧。剑桥大学十分重视双向参与机制,圣三一学院于 1975 年在英国政府的

---

① University of Cambridge. Enterprise[EB/OL].[2020 - 01 - 16].https://www.data.cam.ac.uk/.
② 陈琦,黎润红.剑桥大学生物医学科研管理探讨[J].中华医学科研管理杂志,2017,30(1):2-5+20.
③ University of Cambridge. Cambridge University Library — Apollo[EB/OL].[2020 - 02 - 19]. https://www.repository.cam.ac.uk/.
④ University of Cambridge. Cambridge University Library — Data Management Home[EB/OL].[2020 - 02 - 19].https://www.data.cam.ac.uk/.
⑤ University of Cambridge. For enterprise[EB/OL].[2020 - 02 - 19].https://www.cam.ac.uk/business-and-enterprise/for-enterprise.
⑥ University of Cambridge. Cambridge University Library — Research Data Support[EB/OL].[2020 - 02 - 19].https://www.data.cam.ac.uk/support/resources-and-support-cambridge.
⑦ 陈琦,黎润红.剑桥大学生物医学科研管理探讨[J].中华医学科研管理杂志,2017,30(1):2-5+20.
⑧ 高义峰."剑桥现象"——英国高等教育双向参与机制的成功范式研究[D].黑龙江:东北师范大学,2007:2.

支持下,创办了英国第一个科学园,随后越来越多的高新技术产业设立在剑桥大学和剑桥市镇内外,形成了举世闻名的"剑桥现象",目前共有 5 000 多家知识密集型公司,雇员超过 61 000 人,营业额超过 155 亿英镑①。剑桥大学凭借其独特的学院制、聘任制,以及雄厚的科研实力,制定了有利于大学与企业双向参与的知识产权政策,使"剑桥现象"得以发展并发挥作用,这一现象是高等教育与企业双向参与和双赢的典范。对于教师在高新技术公司工作中所取得的知识产权,校方也不予干预,以科研为重,以经济收益为辅,这是剑桥在校企合作中始终坚持的,这一政策也极大地便利了高校与企业的双向参与,促进"剑桥现象"的发展。

"剑桥现象"以剑桥大学为依托,发展强劲,同时"反哺"剑桥大学的科研发展,拓宽了剑桥大学的经费来源,其取得的经济效益可以投入到剑桥大学的科研工作中,营造了强劲的科研发展环境,促进其科研水平的提升,保障其科研发展②。剑桥大学 2019 年度报告显示,科研收入为 5.924 亿英镑,占年度总收入的27%,从产业界获得科研资助为 8 420 英镑,通过知识产权转让获得收入达数千万英镑③。"剑桥现象"还营造了剑桥大学科研发展的良好态势和发展趋势,加强了剑桥大学作为先进科学中心的国际地位,并使它的研究领域扩大到许多技术工业④,剑桥大学的教师得以从实践中探索研究问题,开展结合实际需求的科学研究,具有方向性、科学性,使其研究成果具有一定的影响力。同时,"剑桥现象"进一步提高了剑桥大学的社会地位,使其更容易从企业和各类基金吸纳科研资金,也引起了英国政府的高度重视,增加项目拨款,为剑桥大学的发展注入新的活力⑤。

剑桥大学拥有卓越的科学成就是长期历史积淀的结果,离不开专业研究

---

① University of Cambridge. For enterprise [EB/OL]. [2020 - 02 - 19]. https://www. cam. ac. uk/business-and-enterprise/for-enterprise.

② University of Cambridge. For enterprise [EB/OL]. [2020 - 04 - 05]. https://www. cam. ac. uk/business-and-enterprise/for-enterprise.

③ University of Cambridge. About the University — reports and financial statements 2019 final[EB/OL].[2020 - 02 - 19].https://www.cam.ac.uk/system/files/reports_and_financial_statements_2019_final.pdf.

④ University of Cambridge. For business[EB/OL].[2020 - 02 - 19].https://www.cam.ac.uk/business-and-enterprise/for-business.

⑤ 王雁,孔寒冰,王沛民.世界一流大学的现代学术职能——英国剑桥大学案例[J].清华大学教育研究,2002(1): 27 - 33+48.

人员的努力、发展性科研评估的实施、自由的科研文化、高效的科研服务以及"剑桥现象",其取得的成就与外部环境和内部机制密切联系,缺少任何一种因素都是不完整的,这五大因素的共同影响与促进,使剑桥大学得以取得卓越的科研成就。坚持科研卓越的原则已在剑桥大学的理念中根深蒂固,剑桥大学科研战略办公室(Research Strategy Office)于 2012 年创建了战略研究创意网络(Strategic Research Initiatives and Networks),其主要目的是整合现有研究力量,以应对大规模的多学科研究挑战;加强学校内部的跨学科研究合作;为大型经费申请、人才招聘和国际研究合作提供平台;增强对国内外研究、政策制定及经费配置的影响力①。剑桥大学以其卓越的自然科学成就闻名于世,对科学研究的重视使其与时俱进,在承袭自由主义学术传统的基础上蓬勃发展,不断彰显世界顶尖研究型大学的科研卓越。

三、北京大学

北大自建校以来不断地认识世界、探求真理、解决人类面临的前沿科学技术问题,而且以知识创新来推动科学技术成果向现实生产力转化②,其在"两弹一星"研制、百万次电子计算机问世、人工合成牛胰岛素等国家重大战略工程中,在青蒿素研发、汉字激光照排技术、稀土分离理论及其应用等重大科技成果中,均作出了突出的科研贡献③。2019 年,北大共有 45 项科研成果发表在《自然》《细胞》(*Cell*)和《科学》三大期刊上,共有 51 项成果发表在《新英格兰医学杂志》(*The New England Journal of Medicine*)、《柳叶刀》(*The Lancet*)、《美国医学协会杂志》(*The Journal of the American Medical Association*)、《英国医学杂志》(*British Medical Journal*)四大顶级医学期刊上④。近 5 年,北大作为第一完成单位获得国家自然科学奖 11 项,国家技术发明奖 5 项,国家科技进步奖 8 项⑤。可见,北大高质量的科研成果及其奖励覆盖了从理论到应用各个层面。

---

① University of Cambridge. Strategic Research Initiatives &Networks[EB/OL].[2020 - 01 - 05]. https://www.cam.ac.uk/research/research-at-cambridge/strategic-research-initiatives-networks.
② 北京大学章程[EB/OL].[2015 - 06].http://old.moe.gov.cn//publicfiles/business/htmlfiles/moe/s8144/201412/182101.html.
③ 奋进新时代　做出新贡献——写在北京大学建校 120 周年之际[EB/OL].[2018 - 05 - 01].http://www.wenming.cn/xj_pd/ssrd/201805/t20180501_4672069.shtml.
④ 这里是北大[EB/OL].[2020 - 06 - 27].https://2020.pku.edu.cn/videos.html.
⑤ 王纬超,范少锋,郑英姿,等.创新科技管理机制服务国家战略需求——北京大学的改革举措与思考[J].中国高校科技,2020(4):4 - 6.

北大科研何以卓越？正是本研究要探讨的问题。

1. 延承"思想自由，兼容并包"的学术传统

1918 年蔡元培首次提出"思想自由，兼容并包"的办学思想，并在"不拘一格揽人才"理念指导下，既聘请了陈独秀、李大钊、胡适、李四光等一批新学思想家和科学家；同时又保留或聘请了一批在学术上有很高造诣，但在政治上非常保守，甚至主张君主制的学者①，促使各种不同的学术思想自由发展，为北大创造了研究高深学问的条件和氛围。

北大"思想自由，兼容并包"的学术传统被后人不断地承袭与延伸，从而对北大起到精神引领的作用。蒋梦麟上任后继续贯彻"思想自由，兼容并包，学术民主"的思想，将其作为西南联大的办学方针，云集了众多不同风格、气象的学术流派，培养出了近代一大批学术大师。进入 21 世纪，北大在《北京大学"十二五"改革和发展规划纲要（2011—2015）》文件中将"学术自由，大学自主"作为北大首要的指导原则与方针，并且指出"思想自由，兼容并包"是北大标志性的永恒价值，北大将正确处理好学术自由、社会责任、科学管理的关系，保障教师与学生对真理的自由探索与自由学习的权利，依法维护大学的独立性、自主性和法人自治②。正是北大对"思想自由，兼容并包"学术传统的坚守与继承，为北大一流师资队伍建设、高深学问研究以及学校科研管理体制改革创造了良好的学术环境与氛围。

在"思想自由，兼容并包"的理念指导下，北大不少院系和机构营造了良好的学术氛围。生物医学前沿创新中心倡导合作和协同文化，激励青年人与不同专长的学者密切合作；天文与天体物理研究所广泛的国际合作网络，使青年人能够完全融入国际学术的最前沿；人文社会科学研究院始终坚持"激活思想，涵育学术"的理念，使一批国内外优秀学者聚集在周围，拓展了大家的学术视野和创造热情③。事实证明，北大学术自由、思想自由的开放学术氛围为科学研究的卓越提供了良好的科研环境。

---

① "北大之父"蔡元培为何十年七辞北大校长？[EB/OL].[2020-04-18].https://www.sohu.com/a/388420170_120304242.
② 北京大学"十二五"改革和发展规划纲要（2011—2015）[EB/OL].[2017-07-18].http://zys.pku.edu.cn/docs/20170718132636850621.docx.
③ 林建华.卓越的学术从哪儿来？[EB/OL].[2017-10-10].http://www.edu.cn/ke_yan_yu_fa_zhan/special_topic/syl/201710/t20171010_1558820.shtml.

2. 引进杰出学术领导者，建设卓越人才集群

人才队伍的质量决定着大学建设水平和发展高度[①]，学校在充分尊重不同学科特点的基础上，贯彻人才强校战略。北大聚集了国内外最优秀的学者，注重引进杰出的学术带头人，重视学术带头人辐射和带动作用，并且吸引了大批优秀的青年学者，形成了具有卓越研究能力与创新能力的团队。

在引进杰出的学术带头人方面，从京师大学堂创立之初，时任管学大臣的张百熙就十分重视延揽优秀的领导人才，他认为"大学堂之设，所以造就人才，而人才之出，尤以总教习得人为第一要义，必得德望具备，品学兼优之人，方足以膺此选"[②]。蔡元培聘请了具有革新思想、因创办《新青年》而颇有名声的陈独秀来北大任文科学长；在理科方面聘请当时知名的物理学家、相对论学者夏元瑮任学长[③]。进入现代以来，北大自 2011 年起以教育部"长江学者奖励计划"、北京"海聚工程"、中关村"高聚工程"、深圳市海外高层次人才"孔雀计划"等人才计划为平台，以国家重点实验室、基地等为依托，大力实施国际顶尖学术领军人才发展计划，重点培养和引进一批具有深厚学术造诣和长远战略眼光的科学家，造就和凝聚一批学贯中西、融汇古今、享誉海内外的学术领军人物和名师大家[④]。

在建设卓越人才集群方面，蔡元培执掌北大期间已指出"大学者，囊括大典网罗众家之学府也"，认为聘请教员要"以学诣为主"[⑤]，在广为延聘具有真才实学的教员的同时，蔡元培又裁减了一批不称职的本国和外国教员[⑥]。蒋梦麟曾明确提出"教授治学，职员治事，校长治校"的方针，认为教授聘任主要看重学术上的贡献[⑦]。许智宏为打造一流教师队伍，打破学术近亲繁殖，于 2003 年出台了新的用人制度改革方案，提出各单位院系原则上不直接从本单位应届毕业生

① 北京大学一流大学建设高校建设方案(精编版)[EB/OL].[2019-03-19].https://xxgk.pku.edu.cn/docs/20190319170933718252.pdf.
② 萧超然等.北京大学校史(1898—1949)[M].上海：上海教育出版社，1981：10.
③ 【回眸 40 年：《人民日报》看北大】1980：蔡元培与北京大学[EB/OL].[2018-11-28].https://news.pku.edu.cn/xwzh/c1c4bd387cb44eafa4128e95d46afdad.htm.
④ 北京大学"十二五"改革和发展规划纲要(2011—2015)[EB/OL].[2017-07-18].http://zys.pku.edu.cn/docs/20170718132636850621.docx.
⑤ 黄仁贵.中国教育管理史[M].福州：福建人民出版社，2003：331.
⑥ 【回眸 40 年：《人民日报》看北大】1980：蔡元培与北京大学[EB/OL].[2018-11-28].https://news.pku.edu.cn/xwzh/c1c4bd387cb44eafa4128e95d46afdad.htm.
⑦ 王学珍，郭建荣.北京大学史料第二卷(三)[M].北京：北京大学，2000：3231.

中招聘教师,讲师岗位面向国内外公开招聘,副教授和教授岗位空缺通过外部招聘和内部晋升两种方式实现,择优聘任①。近年来北大继续深化教师聘任制度改革,实施博雅人才计划,构建以博雅讲席教授、博雅特聘教授、博雅青年学者等为核心的高水平师资人才体系,集聚国内领先、世界一流的高端学术人才。秉持引进与培养、使用与开发并重的方针,扶持和培养杰出的中青年领军人才,形成兼顾不同层次、不同类型人才,综合协调发展的系列人才计划②。

目前北大已形成以两院院士、哲学社会科学资深教授等为主体的国际一流学者队伍,以教育部"长江学者"、国家杰出青年基金获得者为主体的中青年杰出学者队伍和以校内外各类青年人才支持计划入选者为主体的优秀青年人才队伍等组成的三个层次的核心人才队伍③。这说明北大逐步成为拥有世界一流人才队伍的顶尖院校,这不仅为北大的科研创新保证了高质量的人才储备,而且为其源源不断进行科研产出提供了有力的人才保障。

3. 建立"新体制结构",打造协同创新中心

为了将服务国家战略需求和鼓励自由探索结合起来,营造有利于科技人员潜心研究、勇于创新的学术环境和科研服务环境④,北大在 2005 年提出了"以队伍建设为核心",建立"新体制机构"的构想。为了规范管理,在前期改革探索的基础上,还专门出台了《北京大学新体制科研机构(理工医)管理办法(试行)》,对新体制机构的建立、运行、调整和评估做出了明确的规定,更加规范有效的管理有利于新体制机构面向国际、立足前沿,高起点地建设具有国际竞争力的学术实体,推动学校学科的全面发展⑤。

协同创新中心是各协同体突破原有体制机制的障碍和学校及院系间的界限,以共同明确的目标为条件,以重大问题解决为导向,严格按照国际惯例聘人、用人、评人,建立国际水准的研究与教学队伍,它在根本上是为了促进创新资源

① 敢于向旧体制挑战的北大校长许智宏[EB/OL].[2005 - 02 - 15].https://news.pku.edu.cn/xwzh/129-74459.htm.
② 北京大学"十三五"改革和发展规划纲要(2016—2020)[EB/OL].[2017 - 07 - 18].http://zys.pku.edu.cn/docs/20170718132820981781.pdf.
③ 奋进新时代　做出新贡献——写在北京大学建校 120 周年之际[EB/OL].[2018 - 05 - 01].http://www.wenming.cn/xj_pd/ssrd/201805/t20180501_4672069.shtml.
④ 北京大学"十三五"改革和发展规划纲要(2016—2020)[EB/OL].[2017 - 07 - 18].http://zys.pku.edu.cn/docs/20170718132820981781.pdf.
⑤ 杨凌春,庄怀玢,谢心澄.以协同创新中心建设为载体　加快体制机制改革[J].中国高等教育,2013(Z2)：35 - 37.

有效汇聚的新体制机构①。北大打造的科研协同创新中心主要在人事制度改革上采取了国际化、高标准和科学的考核机制三项措施。在国际顶尖学术期刊(比如 Nature、Cell、Science)和网站上刊登面向世界的招聘广告是国际化措施的主要内容。高标准体现在学术带头人(Principal Investigator,简称 PI)招聘的高定位,能够在国外比较好的大学担任助理教授、副教授和教授的 PI,才有可能在新体制机构中获得相应对等的职位。科学的考核机制指的是协议年薪制,晋升及出口均采用国际评估,制定相应的综合评价机制和退出机制②。科研协同创新中心在人事制度的改革方面为新体制机构选拔出一流的人才,在推动科研创新、创造方面起到重要作用。

近些年来,北大在协同创新中心的组建中也已取得较好成果,以在 2012 年成立的"量子物质科学协同创新中心"为例,围绕量子物质研究这一共同目标,北京大学、清华大学和中科院物理所(简称两校一所)以各自的优势学科强强联合为核心,实现量子物质制备和量子物态探索方面的重大突破③。作为首个由高校和科研院所联合培育创建的协同创新中心,它不仅推动科研机构之间相互协作的新体制的应用,而且在科研集聚的效应上促进北大及其合作协同体科研水平的提高和创新性成果产出。

4. 实现科研全谱系、全过程的"精准管理"

科研管理是学校对科研工作进行管理不可缺少的一环,主要包括对课题、经费和科研人员三方面的管理,课题的管理致力于课题的鉴别和有效的执行与监督;经费的管理致力于既定资金的有效利用;科研人员的管理致力于激励和潜能的开发,其中科研人员的管理是科研管理中最具潜力的一面④。北大为了落实2016 年国家提出的创新驱动发展战略⑤,改革传统科研管理观念及模式存在问题,在实践探索中提出了"精准管理"的科研管理理念。"精准管理"是在以往科

① 杨凌春,庄怀玢,谢心澄.以协同创新中心建设为载体　加快体制机制改革[J].中国高等教育,2013(Z2):35-37.
② 杨凌春,庄怀玢,谢心澄.以协同创新中心建设为载体　加快体制机制改革[J].中国高等教育,2013(Z2):35-37.
③ 杨凌春,庄怀玢,谢心澄.以协同创新中心建设为载体　加快体制机制改革[J].中国高等教育,2013(Z2):35-37.
④ 陈春花,杨映珊.基于团队运作模式的科研管理研究[J].科技进步与对策,2002(04):79-81.
⑤ 中华人民共和国科技部.中共中央国务院印发《国家创新驱动发展战略纲要》[EB/OL].[2016-05-19].http://www.most.gov.cn/yw/201605/t20160520_125675.htm.

研管理的基础上总结经验,保证科研人员科研工作顺利开展,促进科研创新,加强有组织科研的新管理体制①。

"精准管理",即精准的服务,是实现全谱系、全过程管理,力争为科研人员提供高水平、高质量的个性化服务②。首先,"全谱系"管理指的是针对不同层次的科研人员实行分类管理,面向全体科研人员的无盲点服务,无论是资深的学科带头人,还是刚进入工作岗位的青年科研人员,都是科研管理的服务对象。其次,"全过程"指的是科研创新活动的全链条覆盖。服务工作要细化到申请、预算、经费使用、项目实施、结题、审计等各个环节,实现精细化管理。在成果转化阶段,科研管理还应具备联结市场的功能,发挥高校的技术成果优势,使得优秀的科研成果能够及时转化为现实生产力。最后,"提供高水平、高质量的个性化服务"是在"全谱系""全过程"的基础上,对北大的科研人员和科研创新模式进行梳理分类;此外,不断提高科研管理人员的自身专业素养、完善知识谱系,组建高水平研究型管理团队;同时,辅以制度化、信息化建设,实现高水平、高质量的个性化服务③。至此,针对科研人员科研工作的全谱系、全过程的"精准管理"逐步建立和得以实践,其良好的科研服务与保障对重大科研平台建设与重大科研成果产出起到重要的支持与促进作用。

得益于科研管理部门对科研工作的"精准管理",北大现已在高端人才类项目、重大科学仪器、重大科研平台建设方面有所突破。截至 2019 年,学校拥有国家研究中心 1 个、国家级重点实验室和工程中心 19 个、省部级重点实验室和工程中心 113 个④、启动建设教育部 2011 计划"量子科学协同创新中心""国家蛋白质科学中心(北京)"等重大科技基础设施⑤,正是北大对科研人员工作、科研平台建设提供精准的科研管理服务,从而完善了研发管理机构设置,健全了科研管理工作机制,强化了学校统筹科研资源的能力⑥。

① 刘超,周辉,蔡晖,王纬超.管理创新的探索:北京大学科研"精准管理"实践[J].科技管理研究,2019, 39(9):17-21.
② 刘超,周辉,蔡晖,王纬超.管理创新的探索:北京大学科研"精准管理"实践[J].科技管理研究,2019, 39(9):17-21.
③ 刘超,周辉,蔡晖,王纬超.管理创新的探索:北京大学科研"精准管理"实践[J].科技管理研究,2019, 39(9):17-21.
④ 这里是北大[EB/OL].[2020-06-27].https://2019.pku.edu.cn/videos.html.
⑤ 北京大学"十三五"改革和发展规划纲要(2016—2020)[EB/OL].[2017-07-18].http://zys.pku.edu.cn/docs/20170718132820981781.pdf.
⑥ 北京大学"十二五"改革和发展规划纲要(2011—2015)[EB/OL].[2017-07-18].http://zys.pku.edu.cn/docs/20170718132636850621.docx.

从北大科研卓越的原因探析可得,由于它在科技创新上坚持了"重大前沿问题、重大国家需求、重大学科交叉、重大仪器研发"四个重大科学研究导向,注重"开展自由探索与服务国家需求相结合"双力驱动,从而成为它提升原始创新和创造科研产出的总体发展思路①,其卓越的科研成就既离不开 120 多年以来经验的积累与沉淀,又离不开随时代发展的创新改革。正是因为北大在发展中实现了理念、人才、体制与服务四个方面的相互作用与相互交织才使得北大尊重科研工作者的学术自由,聚集顶尖的优秀人才,积极改进科研管理体制,提供优良的科研服务,营造了良好的科研环境与氛围,所以成为北大科研在保证质量的同时能够持续高额产出的有力保障。在未来发展进程中,北大将继续继承"思想自由、兼容并包"的学术传统,秉持"追求真理、追求卓越"的办学理念,坚持守正创新、引领未来的方针,始终保持"敢为天下先"的勇气和魄力,汇集学术大师,面向科学前沿和国家战略需求,积极进行体制改革和制度创新,支持为探究真理而进行的独立多样、综合交叉的创造性研究②,为中国乃至世界科研发展贡献重要力量。

第五节　政 策 建 议

在"双一流"建设的背景下,原创研究越来越重要。为了提升原创研究能力,加快世界一流大学建设的步伐,本研究基于定量比较与案例分析的结果,提出如下政策建议。

一、改革科研评价体系,聚焦高精尖指标

数据显示,国内顶尖大学组与世界顶尖大学的差距主要表现在"突破性研究论文"方面,国内一流大学组与世界一流大学的差距也主要表现在"突破性研究论文"方面。因此课题组建议:国内顶尖大学和国内一流大学通过科研评价体系改革,减少面上的评价指标,在各种评价中提升高精尖指标的比重,引导大学科研聚焦高精尖指标,致力于解决基础研究"卡脖子"的问题,努力做出重大原创性成果。

---

① 王纬超,范少锋,郑英姿,陈健,刘超.创新科技管理机制　服务国家战略需求——北京大学的改革举措与思考[J].中国高校科技,2020(4):4-6.
② 北京大学一流大学建设高校建设方案(精编版)[EB/OL].[2019-03-19].https://xxgk.pku.edu.cn/docs/20190319170933718252.pdf.

二、重视教师专业化发展,打造卓越人才集群

定量比较的结果显示,国内 A 组在原创研究的一些主要指标方面已经超过世界一流大学组,但是与世界顶尖大学还有一段距离。国内 B 组与世界一流大学的差距也主要表现在原创研究方面。"高层次人才的严重短缺导致原始性创新的匮乏。"[①]鉴于此,建议我国高校借鉴剑桥大学、牛津大学、北京大学在人才培育方面的经验,充分重视教师的专业发展,通过多样化的培训,促进教师发展专业化,激发创新活力,打造卓越人才集群,为原创性研究奠定良好的基础。

三、提升科研效率,优化创新环境

定量比较的结果显示,国内 A 组和 B 组整体原创研究水平有待进一步提升。剑桥大学提供以效率为宗旨的科研服务和北京大学全谱系、全过程的"精准管理",为剑桥大学、北京大学科研卓越做出了重要贡献。鉴于此,建议积极搭建学术研究支持平台与系统,使研究人员能够从繁杂的非学术事务中解脱出来,有更多的时间和精力潜心研究,产出更多原创性成果。剑桥大学以学术自由为基础的科研文化、牛津大学丰富的"牛津活动"、北京大学百年传承"思想自由,兼容并包"的学术传统,这三所高校的科研卓越与上述措施是分不开的。因此,我国一流大学要创造与建设更多的学术自由与交流空间,促进学术交流与学科交叉的融合。

四、构建全方位的高校科技人才成长体系

转变高校科研人才管理理念,以人为本,逐步构建全方位的科技人才成长体系。提升高校科技人才的整体待遇,关注科技人才的内在精神需要,引导更多的科技人才潜心原创研究。为那些甘心"坐冷板凳"、具有原创潜力的高校科技人才提供良好的科研条件、宽松的学术环境、国际可比的待遇,激励他们"十年磨一剑",能够持续产出影响世界的原创性成果。

（刘莉,董彦邦,岳卫平,李晶,徐一情,赵一玮）

---

① 张瑾,田伟.谈高校科技原始性创新[J].技术与创新管理,2005(2)：13 - 15.

第五章
世界一流大学学术大师指数

　　学术大师是一流大学建设的重要标志,是一流大学建设的关键要素,也是衡量一流大学建设的重要尺度。本章使用"全球高被引科学家""重大国际奖项获得者""国际权威学术刊物主编"3个一级指标建构了学术大师指数。通过国际比较发现,在学术大师指数上国内顶尖大学组与世界顶尖大学组、世界一流大学组均存在较大差距,尤其在"重大国际奖项获得者""国际权威学术刊物主编"指标上。研究又选取美国加州理工学院、新加坡南洋理工大学及中国清华大学开展案例分析,探讨学术大师的引进与培育机制。基于国际比较与案例分析,研究建议:推进分类施策与方式多元相结合的引才策略,加强人才引进针对性;引领全球科技人才流动与合作规则制定,加强人才引进规范性;实行便捷高效的绿卡制度与绿色通道,加强人才引进开放性;建立依托学术大师团队的培养机制,保障人才成长精英性。

第一节　背　景　与　思　路

一、一流大学学术大师的重要作用

　　2016年5月,中共中央、国务院发布《国家创新驱动发展战略纲要》明确指出,"到2050年要建成世界科技创新强国,成为世界主要科学中心和创新高地";强调要让"科技和人才成为国力强盛最重要的战略资源",要"拥有一批世界一流的科研机构、研究型大学和创新型企业,涌现出一批重大原创性科学成果和国际顶尖水平的科学大师,成为全球高端人才创新创业的重要聚集地"①。

　　大师是大学的灵魂,是世界一流大学的重要标志之一。"所谓大学者,非谓有大楼之谓也,有大师之谓也",这是 1931 年梅贻琦先生在就职清华大学校长时首次提出的大师之于大学重要性的著名论断。在 1936 年的《致全体校友书》中,梅贻琦指出:"师资为大学第一要素,吾人知之甚切,故亦图之至亟也。"②抗战胜利后,在清华大学北归过程中,梅贻琦再次强调"勿徒注视大树又高几许,大楼又添几座,应致其仰慕于吾校大师更多几人。此大学之以为大学,而吾清华所最应致力者也"③。

　　世界顶尖大学主要以依靠一批蜚声全球、成就卓著的大师作为强力支撑。例如加州理工学院(California Institute of Technology),根据该校官方网站公布的 2018 年统计数据,学院共有在校本科生 948 人,研究生 1 285 人,教师和研究人员 900 余人,虽然规模很小,但产生了 39 位诺贝尔奖得主④。按照美国科学界的统计,在 2 000 位科学家中就能产生一位大科学家,即大师级人物⑤。因此,产生与汇聚世界级学术大师对当下中国的世界一流大学建设具有重要意义。

二、学术大师研究

　　何为学术大师? 学术大师如何衡量,能否衡量? 目前,学界尚未达成共识,更多研究是围绕"学术认可"机制及其标准展开探讨。著名的科学社会学家默顿、加斯顿(J. Gaston)、乔纳森·科尔(J. Cole)与斯蒂芬·科尔(S. Cole)兄弟等学者均对科学的奖励系统等认可机制与评价制度进行过深入研究⑥⑦。关于如何衡量学术认可,已有研究达成的基本共识是通过衡量研究产出的数量和质量。不论在评价指标体系中,还是人才评价实践中,计算发表量、引用量是目前较为

①　中共中央,国务院.国家创新驱动发展战略纲要[EB/OL].(2016 - 05 - 19)[2020 - 03 - 15].http://www.gov.cn/gongbao/content/2016/content_5076961.htm.
②　黄延复.梅贻琦教育思想研究[M].沈阳:辽宁教育出版社,1994:88 - 90.
③　吴洪成.生斯长斯吾爱吾庐——清华大学校长梅贻琦[M].济南:山东教育出版社,2004:238.
④　California Institute of Technology. Caltech at a Glance[EB/OL]. (2019 - 10 - 31)[2020 - 03 - 15]. https://www.caltech.edu/about/at-a-glance.
⑤　李凤岐.为什么他们可以成为大师[M].北京:科学出版社,2014:1.
⑥　Merton R K. The Matthew effect in science:the reward and communication systems of science are considered[J]. Science, 1968, 159(3810):56 - 63.
⑦　COLE S, COLE J R. Visibility and the Structural Bases of Awareness of Scientific Research[J]. American Sociological Review, 1968, 33(3):397 - 413.

普遍使用的衡量指标,也有研究将是否是诺贝尔奖获得者、是否担任知名国际学术期刊的编委、是否在顶尖的国际专业学会担任重要职位、是否是国家科学院院士、是否获得各种学术荣誉头衔等视为衡量学术认可的多种指标。

1. 高被引科学家

发表量和引用量已经成为衡量一所大学、机构,或是研究人员学术水平的标准工具[①]。无论海内外,都倾向通过统计公开发表的研究成果,对个体研究能力和机构学术水平进行评价[②]。鉴于发表与否本身是一个同行认可的过程,所以刊用专业研究成果的数量可以作为得到同行认可的客观物证[③]。在科学计量学视角下,产出数量相对容易测量,但有研究证明产出数量与学术认可之间不存在相关,而与质量相关[④]。关于研究产出质量,虽然尚存争议,但论文引用是正式学术交流的主要方式之一,以专业同行的关注度作为判断学术研究质量的依据[⑤],具有较强合理性。

科学计量学界对学术精英的评价往往也基于发表论文的他引次数[⑥]。以高被引科学家作为世界级科学家的代表,其研究成果往往数量大,被引用的次数名列前茅。高被引科学家作为衡量世界一流大学的指标,不论是世界大学学术排名等全球大学排行榜,还是世界顶尖科学家的学术评价研究中,均被广泛应用,而且得到学界与社会的普遍认可。

2. 重大国际奖项获得者

国际学术奖项一直以来都是学术成就的重要标志,奖项作为一种制度化的成果奖励形式在现代科学社会中承担着不可替代的评价职能,同时也是推动学术体制不断发展的重要力量。学术界通过奖项认可科学成就的悠久传统,可追溯到 1719 年法国科学院推出的年度奖项竞赛,以鼓励科学家寻找天文学和航海

① LEYDESDORFF L. Caveats for the use of citation indicators in research and journal evaluations[J]. Journal of the Association for Information Science & Technology, 2010, 59(2): 278-287.
② 阎光才,岳英.高校学术评价过程中的认可机制及其合理性——以经济学领域为个案的实证研究[J]. 教育研究,2012(10): 75-83.
③ 阎光才,岳英.高校学术评价过程中的认可机制及其合理性——以经济学领域为个案的实证研究[J]. 教育研究,2012(10): 75-83.
④ COLE S, COLE J R. Visibility and the Structural Bases of Awareness of Scientific Research[J]. American Sociological Review, 1968, 33(3): 397-413.
⑤ 阎光才,岳英.高校学术评价过程中的认可机制及其合理性——以经济学领域为个案的实证研究[J]. 教育研究,2012(10): 75-83.
⑥ 姜春林,张立伟,刘学.牛顿抑或奥尔特加?——一项来自高被引文献和获奖者视角的实证研究[J]. 自然辩证法研究,2014(11): 79-85.

问题的解决方案。1731年伦敦皇家学会开始对获得物理或生物科学方面的杰出成就的科学家授予科普利奖章(Copley Medal)[1]。随着二十世纪初诺贝尔奖的建立,在全球范围内,诺贝尔奖成为科学界的终极荣誉[2]。

诺贝尔奖获得者不仅是科学界的精英,而且占据科学界超级精英的最高地位[3]。位于科学金字塔尖顶级的科学精英,这一群体数量极少,但声望极高,极具影响力[4]。之所以能够作为"科学界至高无上的荣誉",是因为绝大多数研究都是对已有范式的不断检验、改进与拓展的"常规科学",而诺贝尔科学奖是用来衡量"革命科学",即通过创造新的发现、理论或技术来改变科学的基本结构[5]。作为革命性科研成果的测量工具,作为世界公认的、权威的和公正的科学大奖,获得诺贝尔奖成为评判学术大师的黄金标准之一[6]。

菲尔兹奖是数学领域的国际知名奖项,在国际数学家大会上每四年颁发一次,以表彰在数学领域有杰出成就的青年学者(获奖者年龄在获奖当年元旦前未满四十岁)[7],由于诺贝尔奖项中未涉及数学领域,菲尔兹奖常被认为是"数学界的诺贝尔奖"。因此研究团队在重大国际奖项中加入了菲尔兹奖,使诺贝尔奖与菲尔兹奖共同构成"重大国际奖项获得者"指标。

学术大师及其合法性来自同行与公众的双重认可,如果全球高被引科学家代表学术成果得到国际同行认可,那么获得重大国际奖项的学术成果自然会产生外行皆知的社会影响。

3. 国际权威学术刊物主编

国际权威刊物是传播学术话语权的重要平台,学术期刊编委被喻为科研产出的"守门人",无论是论文产出数量,还是论文被引频次均是"守门人"这一先前决定机制的结果,掌控着学术话语权的编委在某种意义上比单纯的科研产出指

① ZUCKERMAN H. The proliferation of prizes: Nobel complements and Nobel surrogates in the reward system of science[J]. Theoretical Medicine, 1992, 13(2): 217-231.
② MERTON R K. The Matthew effect in science[J]. Science, 1968, 159(3810): 56-63.
③ MERTON R K. The Matthew effect in science[J]. Science, 1968, 159(3810): 56-63.
④ ZUCKERMAN H. Scientific elite: Nobel laureates in the United States[M]. Transaction Publishers, 1977.
⑤ KUHN T S. The structure of scientific revolutions[M]. Chicago: Chicago University Press, 1970.
⑥ CHARLTON B G. Scientometric identification of elite "revolutionary science" research institutions by analysis of trends in Nobel prizes 1947-2006[J]. Medical Hypotheses, 2007, 68(5): 931-934.
⑦ International Mathematical Union. IMU Awards, Fields Medal[EB/OL]. [2020-03-15]. https://www.mathunion.org/imu-awards/fields-medal.

标更能代表大师级学者的实力①。1984 年考夫曼(Kaufman)在财政学领域的实证研究,首次将大学拥有的编委数量作为评价指标。之后研究从使用单一维度的"编委的绝对数量"②,逐渐发展衍生出衡量相对数量的"师均编委数量"指标③、衡量期刊质量差异的"加权编委数量"指标④、衡量校友影响力的"编委毕业院校数量"指标⑤等。

主编是期刊的灵魂人物,一方面把握办刊方向和质量,领导编委会各项事务,制定期刊的学术评价标准,决定期刊文章发表与否,扮演着学术话语权控制者的关键角色。另一方面,国际顶尖期刊主编通常也是学科领域内的学术精英,具备卓越的学术研究能力,引导着学科研究的探讨热点与发展方向,在科研产出与学科建设上贡献巨大⑥。主编作为国际权威学术期刊的"守门人",从科研产出的输出端决定着学科的国际影响力,在国际学术话语权和科研产出评价体系中占据着重要战略地位⑦。

三、研究思路

基于学术大师的重要性与稀缺性,本章以国内外一流大学为样本,依次探讨以下三个方面的问题。首先,什么样的学术工作者能够称之为学术大师? 或者说哪些指标有可能对一流大学的学术大师进行衡量? 其次,中国"双一流"建设高校的学术大师指标表现怎样? 与世界一流大学相比,是否存在差距? 第三,如果存在差距,中外一流大学的学术大师引进与培育机制是否有所不同? 中国如

① BRAUN T, DIOSPATONYI I. The counting of core journal gatekeepers as science indicators really counts. The scientific scope of action and strength of nations[J]. Scientometrics, 2005, 62(62): 297 - 319(23).

② KAUFMAN G G. Rankings of finance department by faculty representation on editorial boards of professional journal: A note[J]. Journal of Finance, 1984, 39(4): 1189 - 1195.

③ GIBBONS J D, FISH M. Rankings of economics faculties and representation on editorial boards of top journals[J]. Journal of Economic Education, 1991, 22(4): 361 - 366.

④ CHAN K C, FOK R C. Membership on editorial boards and finance department rankings[J]. Journal of Financial Research, 2003, 26(3): 405 - 420.

⑤ MUSAMBIRA G W, HASTINGS S O. Editorial board membership as scholarly Productivity: An analysis of selected ICA and NCA journals 1997 - 2006[J]. The Review of Communication, 2008, 8(4): 356 - 373.

⑥ 王兴.国际学术话语权视角下的大学学科评价研究——以化学学科世界 1387 所大学为例[J].清华大学教育研究,2015(3): 64 - 75.

⑦ 王兴.国际学术话语权视角下的大学学科评价研究——以化学学科世界 1387 所大学为例[J].清华大学教育研究,2015(3): 64 - 75.

何借鉴国外经验?

基于上述研究问题,本章按照以下步骤展开分析。第一,指标建构。根据已有研究建构一流大学学术大师指数的指标体系。第二,指数计算。根据指标设计,收集数据,对原始数据进行处理后,分别计算各个指标得分,对不同指标得分进行加权得到学术大师指数得分。第三,量化比较。将国内外一流大学样本分为四组,对国内与国际样本组进行比较,考察国内外一流大学在学术大师指标与指数上存在的差距。第四,案例分析。通过案例探讨不同大学的学术大师产生机制。第五,基于量化比较与案例研究的结果,提出促进一流大学产生学术大师的政策建议。

第二节 研究方案与设计

一、指数设计

1. 指标体系

发表被同行引用是对学术大师最基本的学术认可;科学研究成果产生经济社会影响,获得权威奖项荣誉,是向大师级人物又迈进了一步;只有引领学科发展方向,拥有学术话语权,才能称之为真正的学术大师。基于相关研究与实践经验,结合构建学术大师评价指标的现实需求,本章选取"全球高被引科学家""重大国际奖项获得者""国际权威学术刊物主编"构建学术大师评价指标体系,对国内外一流大学在学术大师方面的表现进行国际比较。

与一流大学原始创新、经济贡献等研究所采用的高频指标不同,上述三个指标均为低频指标。科睿唯安 2019 年公布的数据显示:全球高被引学者 6 千多人,其中中国学者仅为 600 余人。全球拥有高被引学者人数最多的大学也不过100 余人,诺贝尔奖得主人数更是屈指可数。从 1901 年首次颁发至今,科学领域的诺贝尔奖获得者不足千人。全球拥有诺贝尔奖获得者最多的大学也只有100 余人,在 ARWU 排名前 100 名的大学中,仍有约 20% 的大学没有诺贝尔奖获得者。大学拥有的国际权威学术刊物主编情况也与之类似。低频指标的数值相对较小,经常出现为零的情况,甚至之后几年内也难以实现零突破。不过,低频指标的优势在于只要数值发生一个单位的变化,将会对学术大师指数的整体表现产生重大影响。

　　另一方面,指标的选取也存在一定局限性。在满足代表世界级学术大师的水平的同时,还要具有国际可比性,致使指标的选取难度较大。目前使用的三个指标不一定能够代表所有学术大师,也有可能不是最具代表性的指标,但借鉴已有的研究探讨,从数据可获得性的实际出发,已经是在可行性前提下最为接近学术大师内涵的指标。随着学术大师指数研究的不断完善,研究者会继续改进指标体系,丰富数据收集。学术大师指数设计如表5-1所示。

表 5-1　学术大师指数的指标设计

指　　标	含　　义
全球高被引科学家	科睿唯安、爱思唯尔高被引科学家人数
重大国际奖项获得者	诺贝尔奖、菲尔兹奖等获得者人数
国际权威学术刊物	国际权威学术刊物主编、副主编

2. 样本选取

　　如表5-2所示,国际组样本共选取了20所源自2019年ARWU排名前100名的大学。其中,10所源自ARWU排名前25名的大学,设为世界顶尖大学组;另外10所源自ARWU排名第76—100名的大学,设为世界一流大学组。

表 5-2　学术大师指数的国际组样本

ARWU排名	样本大学(中文)	样本大学(英文)
世界顶尖大学组		
1	哈佛大学	Harvard University
2	斯坦福大学	Stanford University
3	剑桥大学	University of Cambridge
4	麻省理工学院	Massachusetts Institute of Technology
6	普林斯顿大学	Princeton University
7	牛津大学	University of Oxford
9	加州理工学院	California Institute of Technology
11	耶鲁大学	Yale University
24	多伦多大学	University of Toronto
25	东京大学	The University of Tokyo

（续表）

ARWU 排名	样本大学（中文）	样本大学（英文）
世界一流大学组		
76	波士顿大学	Boston University
76	澳大利亚国立大学	The Australian National University
80	悉尼大学	The University of Sydney
87	巴塞尔大学	University of Basel
90	名古屋大学	Nagoya University
90	加州大学戴维斯分校	University of California, Davis
95	卡内基梅隆大学	Carnegie Mellon University
95	佛罗里达大学	University of Florida
99	西澳大学	The University of Western Australia
100	俄亥俄州立大学哥伦布分校	The Ohio State University-Columbus

如表 5-3 所示，国内组样本共选取 36 所"双一流"建设大学，其中 8 所源自 ARWU 排名前 150 名，包括清华大学、北京大学、浙江大学、上海交通大学、复旦大学、华中科技大学、中山大学和中国科学技术大学，设为国内 A 组；另外 28 所设为国内 B 组。

表 5-3　一流大学学术大师分析国内组样本

ARWU 排名	样本大学（中文）	样本大学（英文）
国内 A 组		
43	清华大学	Tsinghua University
53	北京大学	Peking University
70	浙江大学	Zhejiang University
82	上海交通大学	Shanghai Jiao Tong University
101—150	复旦大学	Fudan University
101—150	华中科技大学	Huazhong University of Science and Technology
101—150	中山大学	Sun Yat-sen University
101—150	中国科学技术大学	University of Science and Technology of China
国内 B 组		
151—200	中南大学	Central South University

(续表)

ARWU 排名	样本大学 （中文）	样本大学 （英文）
151—200	哈尔滨工业大学	Harbin Institute of Technology
151—200	南京大学	Nanjing University
151—200	四川大学	Sichuan University
151—200	东南大学	Southeast University
151—200	电子科技大学	University of Electronic Science and Technology of China
151—200	武汉大学	Wuhan University
151—200	西安交通大学	Xian Jiaotong University
201—300	北京航空航天大学	Beihang University
201—300	北京师范大学	Beijing Normal University
201—300	大连理工大学	Dalian University of Technology
201—300	吉林大学	Jilin University
201—300	南开大学	Nankai University
201—300	山东大学	Shandong University
201—300	华南理工大学	South China University of Technology
201—300	天津大学	Tianjin University
201—300	同济大学	Tongji University
201—300	厦门大学	Xiamen University
301—400	北京理工大学	Beijing Institute of Technology
301—400	中国农业大学	China Agricultural University
301—400	重庆大学	Chongqing University
301—400	湖南大学	Hunan University
301—400	兰州大学	Lanzhou University
301—400	西北工业大学	Northwestern Polytechnical University
401—500	东北大学(沈阳)	Northeastern University(Shenyang)
401—500	郑州大学	Zhengzhou University
501—600	华东师范大学	East China Normal University
501—600	中国海洋大学	Ocean University of China

　　受到时间与数据可获得性的限制,本章的中外一流大学样本选取未能实现覆盖全样本,有可能会对结果产生影响。不过,研究通过分类取样选取了四个大学样本组,尽可能体现不同类别的一流大学学术大师在学科分布与指标表现上的差异。

3. 数据搜集

（1）全球高被引科学家

关键词：全球高被引科学家是指来自世界各地的自然科学和社会科学领域的论文被引次数位于同一学科前 1% 的研究人员。全球高被引科学家名单由科睿唯安公司发布，每年更新一次。本章中，全球高被引科学家指标是统计一所大学的高被引科学家的人数。

数据搜集：指标计算使用的原始数据来自科睿唯安公司 2019 年 11 月发布的高被引科学家名单（2019 HCR List）[①]，共计 6 008 名，其中 3 517 人入选 21 个自然科学和社会科学领域的高被引科学家，2 491 人入选跨学科领域的高被引科学家。当高被引科学家同时署名两所大学时，只统计第一归属单位的大学，计 1 人次；当高被引科学家同时归属两个学科时，也计为 1 人次。

为了聚焦中国大学，本章也对爱思唯尔公司 2019 年 1 月 17 日公布并于 2019 年 4 月 23 日更新部分学者所属机构信息后的中国高被引学者榜单[②]进行统计，基于此对中国高被引科学家进行了深入分析。

（2）重大国际奖项获得者

关键词：重大国际奖项获得者是指荣获诺贝尔奖、菲尔兹奖等国际重量级奖项的获得者。本章中，重大国际奖项获得者指标是统计一所大学的教师获得的诺贝尔奖、菲尔兹奖的人数。其中，诺贝尔奖包括诺贝尔物理学奖、化学奖、医学奖与经济学奖，不含文学奖与和平奖。

数据搜集：指标计算使用的原始数据源自诺贝尔奖官方网站[③]以及国际数学联盟官方网站[④]公布的 2001～2019 年的获奖人名单，根据诺贝尔奖和菲尔兹奖获得者获奖当时的归属单位，统计每所大学的获奖人数。当获奖人同时署名两所大学时，每所大学各计 1 人次。

（3）国际权威学术刊物主编

关键词：在本章中，国际权威学术刊物主编指标是统计一所大学的教师担

[①]　Highly Cited Researchers[EB/OL].[2020 - 04 - 19].https://recognition.webofsciencegroup.com/awards/highly-cited/2019/.

[②]　2018 年中国高被引学者[EB/OL].[2020 - 05 - 07].https://www.elsevier.com/zh-cn/solutions/scopus/most-cited/2018.

[③]　The Nobel Prize[EB/OL].[2020 - 04 - 26].https://www.nobelprize.org/.

[④]　The Fields Medal[EB/OL].[2020 - 04 - 26].https://www.mathunion.org/imu-awards/fields-medal.

任国际权威学术刊物主编的人数。

数据搜集：关于刊物的选取,本章使用了软科"学术卓越调查"2019 年 6 月公布的 45 个学科的 134 本顶级期刊的名单[①],若期刊属于不同学科则只计 1 次。该名单通过 454 名教授参加调查得到,他们来自 56 个科目、80 所大学和 15 个国家。关于主编信息的收集,根据上述刊物名单,研究团队于 2020 年 1 月通过 Google 搜索引擎找到每本刊物的官方网站,检索诸如"editorial board"字样的编委名单列表,然后收集编委名单列表中所列出的主编姓名、隶属院校等数据。鉴于主编在不同期刊编委会中有不同的英文表述,例如"editor-in-chief""co-editor-in-chief""editor"等,本章采集了直接表述为主编或相当于主编职能的人员信息,并根据其隶属单位统计每所大学拥有国际权威学术期刊主编的人数。

为了进行深入分析,研究团队收集了上述刊物的直接表述为副主编或相当于主编职能的人员信息,例如"associate editor"、"co-editors"等,并根据其隶属单位统计每所大学拥有国际权威学术期刊副主编的人数。

4. 学术大师指数的计算

首先,对所有原始值进行统计处理,改善原始数值分布;其次,分别计算出世界一流大学组在各个指标上的平均值作为参照,设为 1 分;再通过计算单一大学的单一指标值与世界一流大学组在相同指标上的平均值的比值,得到该校在该指标上的得分。

对三个指标得分赋予同等权重,进行简单加权,得到大学学术大师指数,计算公式如下：

$$I_A = \frac{I_1 + I_2 + I_3}{3}$$

I_A：大学学术大师指数,I_1：全球高被引科学家指标；I_2：重大国际奖项获得者指标；I_3：国际权威学术刊物主编指标。

二、案例设计

1. 样本选取

首先,本章选取美国加州理工学院作为分析学术大师引进的案例。自建校

---

① ShanghaiRanking Academic Excellence Survey 2019〔EB/OL〕.〔2020 - 04 - 26〕. http://www.shanghairanking.com/subject-survey/survey-results-2019.html.

一百多年以来,加州理工学院从最初仅有物理学系,发展到现今的生物与生物工程、化学与化学工程、工程与应用科学、地质与行星科学、人文社会科学、物理、数学和天文学六个学部。每一个学科的建设发展,都具有通过引进该学科领域的顶级大师、带领学科发展的传统。

其次,本章选取新加坡南洋理工大学作为分析学术大师如何通过高等研究院开展学术互动的案例。南洋理工大学高等研究院不仅聘请诺贝尔奖得主、菲尔兹奖得主担任国际咨询委员会顾问,而且利用学术大师及其做出的杰出科学贡献,主办大量具有国际影响力的科研会议和学术交流活动,包括主题研讨会、主题寿辰会议、国际青年论坛等多种形式。通过与大师的深度学术交流互动,推动高等研究院建设和大学整体研究团体的前沿科学和开创性的科学。

另外,本章选取中国清华大学作为分析学术大师带领科研平台的建设发展的案例。清华大学于 2008 年引进国际顶级免疫学家之一董晨教授,建立免疫学研究所。在董晨教授的带领下,免疫学研究所引进大批国际知名学者,配备高端实验设施平台,推动首席研究员负责制,提高了清华大学免疫学科在国内外的竞争力和知名度。

2. 分析框架

本章对案例的分析着重于学术大师在学系、高等研究院、科研平台的建设发展中发挥的引领作用,不同学校的案例分析各有侧重。美国加州理工学院侧重学术大师在学科、系所建设中的引领作用进行分析,新加坡南洋理工大学侧重对学术大师基于高等研究院的学术互动进行案例分析,清华大学侧重对学术大师带领科研平台的建设发展进行分析。

第三节　对标大学与我国一流大学的指数对比分析

一、全球高被引科学家指标分析

1. 国际对比

关于全球高被引科学家指标得分,如表 5-4 所示,如果以世界一流大学组得分均值 1 分为参照,世界顶尖大学组得分均值为 2.15,国内 A 组得分均值为 1.30,国内 B 组得分均值为 0.70。

表 5－4　全球高被引科学家指标的得分

组　　别	指 标 得 分
世界顶尖大学组	2.15
世界一流大学组	1.00
国内 A 组	1.30
国内 B 组	0.70

通过国际比较发现,在全球高被引科学家指标上,国内 A 组略高于世界一流大学组,但与世界顶尖大学组仍存在较大差距。国内 B 组得分均值与世界一流大学组存在一定差距,但其差距小于国内 A 组与世界顶尖大学的差距。

具体到国内 B 组大学,如附表 3 所示,国内 A 组中的 8 所大学中有 6 所大学全球高被引科学家指标得分大于 1,按得分高低依次为清华大学、中国科学技术大学、浙江大学、北京大学、上海交通大学、华中科技大学;但是国内 B 组 28 所高校中全球高被引科学家指标分数大于 1 分的只有电子科技大学、东南大学、华南理工大学 3 所高校。

2. 深度分析

鉴于低频指标的数值普遍较小,当多所大学只拥有少量全球高被引科学家,或者为零时,指数得分就会出现相同。所以,在附表 3 中,国内 B 组大学的全球高被引科学家指数得分区别度较小。为了更清晰地呈现国内不同大学之间在高被引科学家指标上的差异,本章进一步选取爱思唯尔中国高被引科学家数据库展开分析。这一数据库目前只计入中国科学家,不具备国际可比性,但统计了中国高被引科学家 2 100 余人,有助深入了解国内大学在高被引科学家指标上的表现。

如表 5－5 所示,在国内组样本的 36 所大学中,如果以清华大学 100 分为参照,国内 A 组高被引科学家指标得分均值为 75.09,国内 B 组得分均值为 38.09,前者得分约是后者的 2 倍,且后者的 28 所高校中仅有南京大学、同济大学 2 所高校得分超过 A 组高校的最低得分。因此,国内 A 组与 B 组之间存在较大差距。在中国高被引科学家指标上,国内 A 组高校得分最大差值为 47.78 分,第一名与第二名之间相差约 14 分,第四名与第五名之间相差约 15 分,国内顶尖大学之间也存在较大差距。

表 5 - 5　中国高被引科学家的得分

大　学	得　分	大　学	得　分
清华大学	100	厦门大学	40.97
北京大学	86.5	东南大学	39.22
浙江大学	82.36	南开大学	39.22
上海交通大学	81.51	西安交通大学	38.32
复旦大学	66.37	北京航空航天大学	37.4
中山大学	62.02	北京师范大学	37.4
中国科学技术大学	56.72	湖南大学	36.45
南京大学	52.89	吉林大学	35.48
同济大学	52.89	北京理工大学	35.48
华中科技大学	52.22	中南大学	33.45
哈尔滨工业大学	47.3	西北工业大学	32.39
四川大学	45.03	华东师范大学	32.39
天津大学	45.03	兰州大学	30.15
大连理工大学	44.25	重庆大学	28.97
山东大学	44.25	中国农业大学	25.09
武汉大学	43.45	东北大学(沈阳)	20.48
华南理工大学	43.45	中国海洋大学	16.72
电子科技大学	41.81	郑州大学	11.83

二、重大国际奖项获得者指标分析

1. 国际对比

关于重大国际奖项获得者指标得分,如表 5 - 6 所示,如果以世界一流大学组得分均值 1 分为参照,世界顶尖大学组得分均值为 2.41,国内 A 组与 B 组得分均值为 0。在诺贝尔奖获得者和菲尔兹奖获得者中的华人科学家,多数拥有外国国籍,如 2006 年获得菲尔兹奖的华裔数学家陶哲轩。2015 年获得诺贝尔医学奖的屠呦呦,其工作单位是中国中医科学院,并非大学。所以,截至 2019 年,国内大学在重大国际奖项获得者指标上仍然没有实现零的突破。

表 5‑6　国际重大奖项获得者指标的得分

组　　别	指 标 得 分
世界顶尖大学组	2.41
世界一流大学组	1.00
国内 A 组	0.00
国内 B 组	0.00

即便国内大学目前在重大国际奖项获得者指标上的数值为零,本研究仍然将其作为学术大师指标之一。这是因为诺贝尔奖与菲尔兹奖获得者本身对世界级学术大师极具代表性,而且这一指标对衡量未来中国的世界一流大学具有巨大潜力与价值。

2. 深度分析

中国与日本同处亚洲地区,在诺贝尔奖上的突破可参考日本的路径。从 1949 年汤川秀树因在 1935 年预言了介子的存在而获得诺贝尔物理学奖,实现日本诺贝尔奖的零突破,到 2019 年日本名城大学(Meijo University)吉野彰获得 2018 年诺贝尔化学奖,期间获得诺贝尔奖的日本科学家共计 27 人。日本成为近十年来仅次于美国的全球第二大诺贝尔奖出产国。其中,获得物理、化学、生理学或医学奖的日本科学家共计 24 位。在这 24 人中,15 位在日本的大学从事研究工作,3 位在日本的研究机构或企业工作,6 位在海外。图 5‑1 显示了日本从 1949～2019 年七十多年间诺贝尔奖获得者人数的变化过程。

中国大学拥有诺贝尔奖获得者与建设世界一流大学紧密相关。国内大学只有拥有若干,乃至一批诺贝尔奖、菲尔兹奖、图灵奖等国际奖项得主,才能真正实现在本世纪中叶实现建成高等教育强国的目标。2015 年屠呦呦摘得了中国本土科学家的第一个诺贝尔奖,中国工程院院士、中国医学科学院原院长巴德年将此比作打开了诺贝尔奖的"闸门",随着国内大学学者荣获拉斯克奖、引文桂冠奖等其他国际大奖的数量越来越多,诺贝尔奖获得主也有希望不再是一两人,而是一批学者,也有望像日本一样经历从偶尔出现一两个诺贝尔奖获得者,到稳定出现诺贝尔奖获得者。所以,像诺贝尔奖和菲尔兹奖获得者这样的指标,更适合用来对未来中国的世界一流大学进行评价。

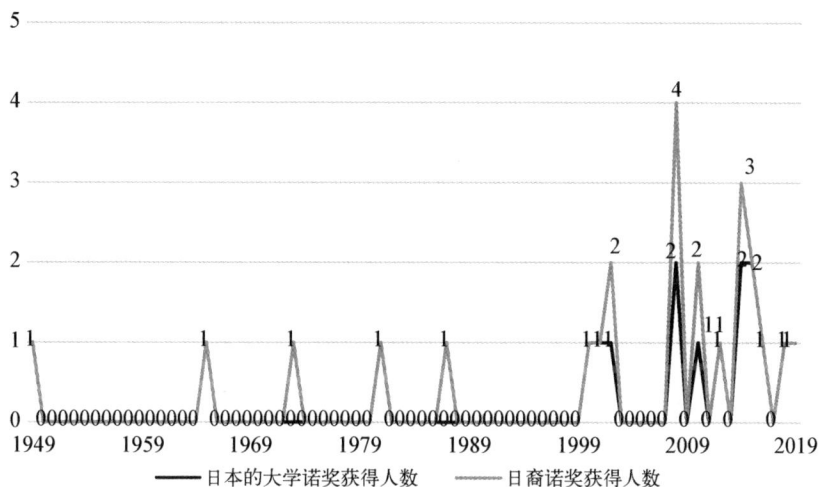

图 5‐1 1949～2019 年日本诺贝尔奖获得者的趋势变化

三、国际权威学术刊物主编指标分析

1. 国际对比

关于国际权威学术刊物主编指标得分,如表 5‐7 所示,如果以世界一流大学组得分均值 1 分为参照,世界顶尖大学组得分均值为 2.27 分,国内 A 组得分均值为 0,国内 B 组得分均值为 0.23。从 2019 年统计数据来看,世界顶尖大学组与世界一流大学组之间也存在较大差距,国际权威学术刊物主编多数来自美国的世界一流大学。

表 5‐7 国际权威学术刊物主编指标的得分

组 别	指 标 得 分
世界顶尖大学组	2.27
世界一流大学组	1.00
国内 A 组	0.00
国内 B 组	0.23

2019 年的统计数据显示,国内 B 组中四川大学的林鹏智教授担任《应用海洋研究》(*Applied Ocean Research*)主编,国内高校国际权威学术刊物主编在这一指标上实现了零的突破。课题组认为该指标对未来衡量中国的世界一流大学

同样具有巨大潜力。一方面,对国际权威学术刊物的界定存在进一步探索空间,本章目前使用的是软科公布的国际权威学术刊物名单,这一名单覆盖的学科数量仍在不断增加。随着国际权威学术刊物名单逐渐增加,出现中国学者的概率也会随之增加。另一方面,虽然目前中国大学学者中担任国际权威学术刊物主编的只有一人,但担任副主编的人数不少,他们都是未来有望成为顶尖主编的潜在群体。

2. 深度分析

为了能够清楚地观察到中国大学学者在担任国际权威学术刊物副主编方面的表现,本章计算了国际权威学术刊物副主编得分指数。如表5-8所示,以世界一流大学组得分均值1为参照,世界顶尖大学组的得分均值为1.58,国内A组高校得分均值为0.73,国内B组高校得分均值为0.15。虽然我国高校在国际权威学术刊物副主编指标中仍与世界顶尖大学组差异较大,但是世界一流大学组得分均值为国内A组的1.4倍,因此从国内A组高校与世界一流大学组的差距来看,中国的顶尖高校有可能在近年追赶上世界一流大学。

表 5-8　国际权威学术刊物副主编的得分

组　　别	得　　分
世界顶尖大学组	1.58
世界一流大学组	1.00
国内 A 组	0.73
国内 B 组	0.15

如表5-9所示,以世界一流大学组1分为参照,国内大学组也存在超过世界一流大学组得分的情况,如中山大学在国际权威学术刊物副主编的得分均值为1.46,这说明并不是所有的国内大学得分均值都低于世界一流大学组。此外,我国有一批大学的国际权威学术期刊副主编指标与世界一流大学差距较小,如国内A组中的浙江大学得分为0.99,清华大学得分为0.90,已经接近世界一流大学组得分均值。不过,国内B组的情况不容乐观,28所高校中仅9所大学有学者担任国际权威学术期刊副主编,其他19所高校尚为零。

表 5 - 9　国内大学组"国际权威学术刊物副主编"的得分

大　学	得　分	大　学	得　分
中山大学	1.46	四川大学	0
浙江大学	0.99	东南大学	0
清华大学	0.90	电子科技大学	0
北京大学	0.81	西安交通大学	0
上海交通大学	0.70	大连理工大学	0
南京大学	0.70	吉林大学	0
中国科学技术大学	0.57	南开大学	0
武汉大学	0.57	山东大学	0
复旦大学	0.40	同济大学	0
哈尔滨工业大学	0.40	厦门大学	0
北京航空航天大学	0.40	北京理工大学	0
北京师范大学	0.40	中国农业大学	0
华南理工大学	0.40	重庆大学	0
天津大学	0.40	兰州大学	0
湖南大学	0.40	西北工业大学	0
东北大学(沈阳)	0.40	郑州大学	0
华中科技大学	0	华东师范大学	0
中南大学	0	中国海洋大学	0

四、一流大学学术大师指数分析

关于学术大师指数得分,如表 5 - 10 所示,如果以世界一流大学组得分均值 1 分为参照,世界顶尖大学组得分均值为 2.28 分,国内 A 组得分均值为 0.43 分,国内 B 组得分均值为 0.31 分。

通过国际比较发现,在学术大师指数上,不论与世界顶尖大学组相比,还是与世界一流大学组相比,国内大学均存在较大差距,尤其是与世界顶尖大学的表现相差甚远。世界顶尖大学组平均得分约是国内 A 组的 5 倍、国内 B 组的 7 倍多,而世界一流大学组平均得分约是国内 A 组的 2 倍、国内 B 组的 3 倍。但与往

表 5 - 10　学术大师指数的得分

组　　别	指 数 得 分
世界顶尖大学组	2.28
世界一流大学组	1.00
国内 A 组	0.43
国内 B 组	0.31

年数据结果相比,国内大学组与国际大学组的差距呈现出缩小的趋势。这主要得益于国内大学在全球高被引科学家指标上的增加,以及在国际权威学术刊物主编人数上实现了从 0 到 1 的突破。

附表 3 显示,除四川大学外,国内其余 35 所大学在学术大师指数与全球高被引科学家指标的排序完全一致,这是因为国内的这 35 所大学在重大国际奖项获得者和国际权威学术刊物主编两个指标上的值均为零。随着指标内涵的不断丰富与完善,随着未来中国大学在这两个指标上的表现有所提升,学术大师指数建构也会更加合理。

第四节　学术大师案例分析

一、学系建设与学术大师:以美国加州理工学院为例

加州理工学院是位于美国加利福尼亚州帕萨蒂纳镇的一所私立研究型大学。自建校一百多年以来,加州理工学院从最初仅有的物理学系发展到现今的生物与生物工程、化学与化学工程、工程与应用科学、地质与行星科学、人文社会科学、物理、数学和天文学六个学部[①]。对于每一个学科的建设,加州理工学院向来都注重引进学科领域的学术大师,并让学术大师带领学科发展。

早在 20 世纪初,为了推进物理学科的建设,学校理事长海耳(George Ellery Hale)、校长谢勒(J. A. B. Scherer)以及董事会主席弗莱明(Arthur Fleming)采取了包括设立"密立根百万基金"在内的一系列措施吸引时任芝加哥大学物理学教授密立根(Robert Andrews Millikan)加入[②]。密立根当时由于其油滴实验和

---

① Caltech at a Glance[EB/OL].[2020 - 04 - 19].https://www.caltech.edu/about/at-a-glance.
② Caltech at a Glance[EB/OL].[2020 - 04 - 19].https://www.caltech.edu/about/at-a-glance.

光电效应研究名声大噪,成为美国物理学界的备受尊敬的学术大师。1921 年 9 月,密立根接受邀请就任加州理工学院物理系主任,成为该校物理学科的学术带头人,而后密立根通过广纳物理学界的顶尖学者、建设物理实验室、变革人才培养模式等一系列举措推动加州理工学院物理系发展成为世界先进的物理研究中心[①]。

在学术大师引进方面,密立根积极联系各国物理学顶尖学者,先后引入了英国著名物理学家贝特曼(Harry Bateman)、欧洲著名量子理论先驱爱泼斯坦(Paul Epstein)、横跨物理与化学研究领域的著名科学家托尔曼(Richard Tolman)等著名物理学家。贝特曼、爱泼斯坦与托尔曼三人在密立根的带领下,组成了美国最早的现代理论物理学家梯队[②],共同建设加州理工学院的现代物理学科。此外,密立根还引入了一批顶级物理学家来加州理工学院进行访问讲学或从事合作研究,包括诺贝尔物理学奖得主洛伦茨(H. A. Lorentz)、剑桥大学物理学教授达尔文(C. G. Darwin)、相对论的创始人爱因斯坦(Albert Einstein)、"现代量子力学教父"索末菲(Arnold Sommerfeld)、被爱因斯坦誉为"浸渐假说之父"的埃伦菲斯特(Paul Ehrenfest)以及由于对波函数的统计学诠释而获得诺贝尔物理学奖的玻恩(Max Born)等人[③]。这些物理学家的到访改变了加州理工学院物理学的面貌,他们扫除了加州理工学院以往沉闷的学术氛围[④],促进了加州理工学院物理系与世界物理前沿物理学的学术交流,也使加州理工学院的物理学发展日益靠近世界物理学的主流,很大程度上推动了加州理工学院物理学科的崛起进程[⑤]。

密立根作为诺曼·布里奇(Norman Bridge)实验室负责人,他先后吸引了欧内斯特·沃森(Ernest Watson)、沃尔特·惠特尼(Walter Whitney)、罗素·奥蒂斯(Russell Morley Otis)、詹姆士·弗里夫(James Friauff)、约瑟夫·贝克尔(Joseph Becker)、艾拉·鲍温(Ira Bowen)等一批物理学者加入实验室[⑥]。在密立根的带领下,诺曼·布里奇实验室成为了全美最大最好的实验室之一,还同威

① 李佳阳.加州理工学院物理学科早期崛起历程研究(20 世纪二三十年代)[D].保定:河北大学,2019.
② 赵佳苓.美国物理学界的自我改进运动[J].自然辩证法通讯,1984(4):29 - 40.
③ 李佳阳.加州理工学院物理学科早期崛起历程研究(20 世纪二三十年代)[D].保定:河北大学,2019.
④ 戴宏毅,陈平形,黄明球.加州理工学院物理专业研究生课程设置特点[J].高等教育研究学报,2014,37(2):57 - 60.
⑤ 李佳阳.加州理工学院物理学科早期崛起历程研究(20 世纪二三十年代)[D].保定:河北大学,2019.
⑥ 胡登全.罗伯特·密立根:加州理工的总设计师[J].教育与职业,2014(16):108 - 109.

尔逊山天文台合作制造了世界上最大的望远镜①。

通过上述举措,密立根扩大了加州理工学院的物理系的学术队伍,营造了自由宽松的学术环境,为师生建设了全美顶尖的物理实验室,使加州理工学院物理系人才辈出。据统计,1930 至 1935 年间,加州理工学院物理系共培养出 59 名物理学博士②,其中包括因发现电子而获得诺贝尔奖的卡尔·安德逊(Carl Anderson)。密立根带领加州理工学院物理学系迅速崛起成为美国顶尖的物理研究中心,其物理学的发展更是达到了美国其他高校无可匹敌的程度③。

20 世纪 20 年代,加州理工学院筹备建立生物系,为了吸引世界公认的遗传学家摩尔根(Thomas Hunt Morgan)加入,黑尔、密立根等大学执行委员会成员做了一年的准备工作④。1928 年,摩尔根应邀成为加州理工学院生物系主任,此后摩尔根确立了生物学科整体布局、广揽学术大师以组建生物系研究队伍、争取资金支持并健全生物学系物资设备,将加州理工学院生物系发展成为美国遗传学研究中心。

在生物学科整体布局方面,摩尔根认为加州理工学院的生物学研究应着眼于纯基础科学而非应用科学,提出将理学、化学、数学这些能够支持生物学发展的研究领域置于优先发展的位置,生物学应和物理学、化学学科同样具有严谨和分析的特点,主张研究与教学相结合,并将汇集各个领域的顶尖人员并鼓励他们继续合作交流作为目标之一⑤。此外,摩尔根认为加州理工学院的生物学研究可从遗传与进化、实验胚胎学、普通生理学、生物物理学、生物化学这五个方向展开,为加州理工学院的生物学研究指明了发展方向。

在生物系研究团队的组建方面,摩尔根先后引入了从事遗传学工作的学者安德森(Ernest Gustav Anderson)、斯特林·埃默森(Sterling H. Emerson),并从哥伦比亚大学引入了特奥多休斯·杜布然斯基(еодосий Григорьевич Добржанский)。在 1927～1934 年期间,摩尔根先后聘请了亨利·博苏克(Henry Borsook)、赫尔

① 胡登全.罗伯特·密立根:加州理工的总设计师[J].教育与职业,2014(16):108 - 109.
② 胡登全.罗伯特·密立根:加州理工的总设计师[J].教育与职业,2014(16):108 - 109.
③ 戴宏毅,陈平形,黄明球.加州理工学院物理专业研究生课程设置特点[J].高等教育研究学报,2014,37(2):57 - 60.
④ 刘蕾,李志平.现代学科创建史上的范例——加州理工学院生物系[J].医学与哲学(A),2012,33(7):77 - 79.
⑤ 加兰·艾伦.摩尔根:遗传学的冒险者[M].梅兵,译.上海:科学技术出版社,2003:391 - 394.

曼·多尔克(Herman E. Dolk)、罗伯特·埃默森(Robert Emerson)、肯尼思·
蒂曼(Kenneth V. Thimann)、弗里茨·温特(Frits Went)、科尔内留斯·维尔斯
马(Cornelius A.G. Wiersma)等人,这些人都有着较强的化学和物理学背景,并
对运用物理和化学科学解决生物问题有着强烈的兴趣[①]。为了推动生化遗传学
和分子遗传学的研究,摩尔根将该领域的著名学者比德尔(George Wells Beadle)、
马克思·德尔布鲁克(Max Delbruck)等人引进到加州理工学院生物系[②]。此
外,摩尔根还为生物系设立了大量的临时岗位,这些临时岗位吸引了大批学者从
世界各地来到加州理工学院生物系,如访问学者鲍里斯·艾佛鲁西(Boris
Ephrussi)、赫尔曼·约瑟夫·穆勒(Hermann Joseph Muller),以及 1965 年的
诺贝尔奖获得者雅克·莫诺(Jacques L. Monod),1983 年的诺贝尔奖获得者芭
芭拉·麦克林托克(Barbara McClintock)[③]。优秀学者的到来为加州理工学院
生物系促成了许多国际合作,推动了加州理工学院生物系的创新发展[④]。

　　从 1928 年至 1942 年,摩尔根带领加州理工学院生物系创造了一项项生物
学成就,生物系从最初建立发展到黄金时代。摩尔根引进的学者比德尔和艾佛
鲁西通过实验得出基因控制代谢的结论,标志着生化遗传学的诞生;德尔布鲁克
推动遗传学研究进入分子水平,而在此基础上产生的"噬菌体小组"形成了信息
学派,促进了生物遗传学的里程碑式发展[⑤]。加州理工学院生物系发展为具备
世界前沿水平的现代分子生物学重镇[⑥]。

　　在加州理工学院的发展历程中,学术大师带领下的学科跨越式发展屡见不
鲜,除物理学科和生物学科外,美国著名的化学家诺耶斯(Arthur Noyes)被加州
理工学院引进成为化学系的带头人,在诺耶斯带领下,加州理工学院发展成为世
界闻名的化学学术重镇;著名航空动力学大师冯·卡门(Von Karman)被加州理
工学院引进成为古根海姆启动实验室主任,在他的带领下,加州理工学院工程系
发展成为国际航空工业中心。

①　加兰·艾伦.摩尔根:遗传学的冒险者[M].梅兵,译.上海:科学技术出版社,2003:404 - 405.
②　加兰·艾伦.摩尔根:遗传学的冒险者[M].梅兵,译.上海:科学技术出版社,2003:440 - 441.
③　LEWIS E B. Thomas Hunt Morgan and his legacy[J]. Journal of Genetics, 1998, 77(2): 47 - 53.
④　加兰·艾伦.摩尔根:遗传学的冒险者[M].梅兵,译.上海:科学技术出版社,2003:408.
⑤　刘蕾,李志平.现代学科创建史上的范例——加州理工学院生物系[J].医学与哲学(A),2012,33(7):
　　77 - 79.
⑥　刘蕾,李志平.现代学科创建史上的范例——加州理工学院生物系[J].医学与哲学(A),2012,33(7):
　　77 - 79.

二、高等研究院建设与学术大师：以新加坡南洋理工大学为例

新加坡南洋理工大学也同样重视学术大师在学科引领、系所建设中的重要作用，地球观测与研究所引进了国际顶级地质学家西凯瑞(Kerry Sieh)、纽豪尔(Chris Newhall)和塔波尼尔(Paul Tapponnier)，组成"地球科学家梦之队"，率领研究所攻克在地震、海啸、火山爆发和全球气候变化等世界范围的重大自然灾害方面的难题①。新加坡环境生物工程中心成功吸引澳洲海洋生物创新中心创始人、生物膜领域的顶尖专家谢尔贝里教授(Staffan Kjelleber)担任研究中心主任②。不过，南洋理工大学在吸引学术大师方面的最大特色是基于高等研究院(Institute of Advanced Studies，简称 IAS)的建设与发展。

高等研究院成立于 2005 年，是南洋理工大学下属的最高级别的研究院，旨在促进并交流南洋理工大学研究团体的前沿科学和开创性的科学研究。作为思想交流的重要平台，帮助校内著名科学家和数学家与国外和新加坡其他机构之间建立合作③。

南洋理工大学高等研究院聘请了 11 位诺贝尔奖得主和 1 位菲尔兹奖得主担任国际咨询委员会顾问，帮助其确立正确的建设发展方向④。另一方面，高等研究院牵头组织著名的科学家和数学家参加跨学科的研究会议(讲座、研讨会、讲习班、会议)；通过各种计划鼓励年轻人与来自世界各地的著名科学家和数学家面对面交流，以便加深对研究、发现和创新的了解。该研究所邀请诺贝尔奖、菲尔兹奖等国际顶级科学奖项获得者参与其主办的世界级的学术交流活动，涉及物理、生物、数学、医学、人文等多个学科领域。发展至今，南洋理工大学高等研究院已是世界重要的高等教育研究机构之一，不仅在南洋理工大学与世界其他高等教育机构之间搭建起桥梁，促进国际学术大师之间的合作与交流，还成为国际青年学者和学生与学术大师交流的重要平台。

聚焦学术大师及其做出的杰出科学贡献，高等研究院组织了大量具有国际影响力的科研会议和学术交流活动、包括主题研讨会、主题寿辰会议、国际青年

① 孙静.新加坡南洋理工大学的人力资源管理及其借鉴[J].法学教育研究,2018,22(3)：307 - 318.
② 邱锡光、林銮珠.新加坡南洋理工大学国际化办学经验与启示[J].中国农业教育,2015(1)：6 - 9.
③ Institute of Advanced Studies[EB/OL].[2020 - 04 - 19].https://www.ntu.edu.sg/IAS/about/Pages/default.aspx.
④ 新加坡南洋理工大学高等教育研究所十年报告[R].新加坡：南洋理工大学高等教育研究所.2016：33.

论坛等多种形式。举办主题研讨会是南洋理工大学高等研究院组织学者与学术大师交流活动的重要形式。2005 年为了纪念爱因斯坦在 1905 年首先发表关于量子理论、布朗运动与狭义相对论 100 周年,高等研究院联合物理与数学学院共同召开了新加坡百年物理研讨会。诺贝尔奖得主罗伯特·劳克林(Robert B. Laughlin)、沃尔夫奖得主亚历克斯·派因斯(Alex Pines)、帝国奖得主(Akira Tonomura)和邓普顿奖得主保罗·戴维斯(Paul Davies)等学术大师作为主宾,与参会者进行学术交流[①]。自 2010 年起,在两年一度的光合作用研讨会上,诺贝尔奖得主艾伦·希格(Alen Heeger)、哈罗德·克罗托(Harold Kroto)、鲁道夫·马库斯(Rudolpgh Marcus)、约翰·沃克(John Walker)以及千禧科技奖得主迈克尔·格莱茨(Michael Gratzel)等众多学术大师出席[②]。2016 年高等研究院与瑞典皇家科学院、南洋理工大学生物科学院共同举办的细胞、基因和蛋白质发展与进化研讨会上,诺贝尔化学奖得主迈克尔·莱维特(Michael Levitt)、诺贝尔生理学或医学奖得主悉尼·布伦纳(Sydney Brenner)等学术大师参与会议并发表讲话[③]。高等研究院主办的研讨会涵盖物理、生物、医学等各个领域,汇聚了一批世界学术大师,为国际学者学术交流提供了平台。

　　除了专题研讨会,高等研究院也通过主题寿辰会议等形式与世界顶级学者开展学术互动。2007 年在诺贝尔奖获得者杨振宁 85 岁诞辰之际,高等研究院举办了"统计物理学、高能、凝聚态和数学物理学"主题会议,吸引了 60 余位海内外学者前去参与,其中包括诺贝尔奖获得者沃尔特·科恩(Walter Kohn)、马丁·佩尔(Martin Perl)以及克劳德·科恩·塔诺季(Claude Cohen-Tannoudji)三位顶级学术大师[④]。2010 年为了庆祝诺贝尔奖得主默里·盖尔曼(Murray Gell-Mann)在物理学方面杰出的学术成就,高等研究院召开了"量子力学、基本粒子学、量子宇宙学和复杂性科学"主题寿辰会议,三位诺贝尔奖获得者杨振宁、肯尼斯·威尔逊(Kenneth Wilson)以及杰拉德·特·胡夫特(Gerard't Hooft)受邀参加[⑤]。2013 年为了庆贺诺贝尔奖得主鲁道夫·马库斯在化学领域提出"马库斯理论"(The Marcus Theory)这一开创性科学发现,高等研究院组织召开

①　新加坡南洋理工大学高等教育研究所十年报告[R].新加坡:南洋理工大学高等教育研究所.2016:7.
②　新加坡南洋理工大学高等教育研究所十年报告[R].新加坡:南洋理工大学高等教育研究所.2016:16.
③　新加坡南洋理工大学高等教育研究所十年报告[R].新加坡:南洋理工大学高等教育研究所.2016:32.
④　新加坡南洋理工大学高等教育研究所十年报告[R].新加坡:南洋理工大学高等教育研究所.2016:8.
⑤　新加坡南洋理工大学高等教育研究所十年报告[R].新加坡:南洋理工大学高等教育研究所.2016:15.

了主题为"基础化学和应用"主题庆生会,来自 19 个国家和地区的学者参与此次会议并发表了精彩的讲话,其中包括诺贝尔奖获得者李元哲教授和千禧科技奖获得者迈克尔·格莱茨①。

高等研究院还为年轻科学家和学生提供了与国际学术大师交流学习的机会。从 2013 年起,南洋理工大学主办的全球青年科学家峰会每年会吸引 300 余名来自世界各地的年轻科学家参加,他们能够与包括诺贝尔奖得主、菲尔兹奖得主、千禧科技奖得主和图灵奖得主等国际顶尖学者近距离接触,倾听学术大师的演讲并与其交流互动②。南洋理工大学高等研究院与新加坡华侨中学联合,主要针对高中生群体,举办"国际青年科学论坛"③。从 2009 年开始,为来自世界各地一流学府的高中学生提供与各学科领域的顶尖学者进行学术交流的宝贵机会。这两个重大国际会议每年都会邀请世界顶级科学家发表演讲,如 2014 的全球青年科学家峰会和国际青年科学论坛这两个会议共邀请了 18 位顶级学者出席,其中包括阿龙·切哈诺沃(Aaron Ciechanover)、库尔特·伍斯里奇(Kurt Wüthrich)、安德烈·海姆(Andre Geim)等 13 位诺贝尔奖的得主与 3 位菲尔兹奖得主④,他们为青年科学家讲解其学术思想并鼓励广大青年学者和学生勇攀科学高峰。

高等研究院聚焦学术大师主办的学术交流活动邀请了世界各国的顶尖学者参与其中,分享研究成果,启发科研思路。这使得高等研究院成为各领域的学术大师进行高端学术交流的主要阵地之一,促进了跨学科的国际科研合作。其次,南洋理工大学高等研究院为广大青年学者和学生与学术大师搭建了交流平台,增进其对科学界前沿领域的理解,也有助于开拓科学视野、提升科学素养。

三、科研平台建设与学术大师：以清华大学为例

长期以来,中国没有一所世界知名的免疫学机构,没有一个实验室在该领域作出能引领世界科学研究的贡献,国内高端免疫学人才的培养严重依赖国外。清华大学作为国内顶尖学府,肩负着建设世界一流大学和一流学科的重任,2013 年从美国德克萨斯大学安德森肿瘤中心引进国际顶级免疫学家之一董晨教授,

---

① 新加坡南洋理工大学高等教育研究所十年报告[R].新加坡：南洋理工大学高等教育研究所.2016：23.
② 新加坡南洋理工大学高等教育研究所十年报告[R].新加坡：南洋理工大学高等教育研究所.2016：21.
③ 新加坡南洋理工大学高等教育研究所十年报告[R].新加坡：南洋理工大学高等教育研究所.2016：11.
④ 潘国驹.亚洲如何发展科研和教育[J].物理,2014,43(5)：350-351.

并遵循国际惯用的集聚性学科发展方式,建立免疫学研究所。在董晨教授的带领下,免疫学研究所引进大批国际知名学者,配备高端实验设施平台,推动首席研究员(Principal Investigator)负责制,提高清华大学免疫学科在国内外的竞争力和知名度。

董晨教授师从美国著名免疫学家马克斯·库珀(Max D. Cooper),在《自然》和《科学》等国际顶级刊物上发表了 240 余篇论文,自 2014 年起连续 6 年成为中国大陆免疫学领域唯一上榜的全球高被引科学家。他致力于 T 细胞研究和免疫治疗,是 Th17 细胞、Tfh 细胞(滤泡辅助性 T 细胞)领域的奠基者和研究权威之一①。董晨教授是国家重点研发精准医学计划的项目负责人,2009 年获得美国免疫学家协会 BD Bioscience 研究者奖,2011 年被选为美国科学促进会会士,2019 年被授予国际细胞因子与干扰素协会 BioLegend-William. E. Paul 细胞因子杰出研究奖和吴阶平基金会医药创新奖等,现任《免疫学前沿·T 细胞生物学》(*Frontiers in Immunology·T Cell Biology*)主编,《中国科学·生命科学》和《美国实验生物学学会联合会杂志》(*FASEB Journal*)副主编,《免疫》(*Immunity*)、《细胞研究》(*Cell Research*)等期刊的编委②。

2014 年,董晨教授开始担任清华免疫研究所首任所长,发挥科研平台优势,在科研队伍建设、科技成果产出、人才队伍培养方面推动中国免疫学科的发展。目前,清华大学免疫研究所共有 14 个独立实验室,12 名研究人员,其中 1 位“长江学者”特聘教授。优秀的科研团队极大提高了对优秀学者的吸引力度,包括康奈尔大学(Cornell University)助理教授等美国名校青年学者纷纷前来应聘清华大学免疫研究所的教职。免疫研究所不仅在短时间内组建了一支国际领先的研究团队,同时举全所之力规划了各类专业仪器平台和公共服务事宜,招聘了一批专业管理人员负责研究所的日常行政事务以及仪器平台的管理与维护,保证了研究所各项工作井然有序地开展。

为了更好地促进科研创新,清华大学免疫研究所每月组织一次全所教授会,邀请教授们介绍最新的科研进展,通报一些未发表的信息,这既保证了信息的及时沟通与内部共享,避免在小领域的同质化竞争,还能集众人之力解决一些科学

---

① 张静.清华大学董晨:用 30 年,做好一件“每天都不一样的事情”[EB/OL].[2020 - 04 - 19].https://www.sohu.com/a/362804734_469837.
② 清华免疫.清华大学医学院董晨教授连续六年上榜全球“高被引科学家”[EB/OL].[2020 - 04 - 19].https://www.sohu.com/a/354986071_705663.

关键问题,促进教授之间寻找合作的交叉点。在人才培养方面,免疫研究所每月安排一位研究生向全所师生介绍自己的科研成果,帮助学生了解相关领域最新科研动态,训练学生科研思维能力,培养学生的语言表达能力。

基于科研平台优势,免疫研究所吸引了不少知名试剂生产商和设备制造商前来洽谈合作,如奥林巴斯公司免费为研究所的科研人员提供世界上最先进的显微镜,科研人员将使用意见反馈给公司,公司针对这些问题进一步研发,改进设备用户的舒适度和仪器的精密度,促进了实验技术的革新,也使得免疫所购买的仪器设备更符合独特需求,为科研工作的深度开展提供硬件保障。在大型仪器选购上,免疫研究所也会根据自己的研究方向、特色和专长来选购可以最大程度满足需求的设备,以保证资源合理有效的利用。[①]

清华大学免疫研究所位于医学科学楼三层,由 14 间实验室组成,董晨教授在这里积极推动首席研究员负责制。[②] 首席研究员负责制以项目负责人为核心,负责实验室的人(科研助手、研究生等)、事(实验)、财(科研经费、研究生及临时技术人员的劳务支出等)的自主管理。项目负责人通常具有长远的战略发展眼光,在某一学科领域中具有较高学术水平和学术地位,在实验室中处于引领地位,肩负保持实验室持续发展的责任,同时也拥有充分的权力。项目负责人下设若干科研骨干,配备一定数量的研究生。学科团队成员通常是扁平化梯度配备,按每个人的学术资历进行合理配置。团队中的不同角色各司其职,共同形成实验室规范与文化,推动研究项目进展。董晨教授鼓励青年学者在首席研究员负责制下,专心培养第一批学生,建立起实验室规程和文化[③],认为新建实验室首先要找到自己的目标,即方向;第二是效率;第三是合作,寻找研究方向互补的合作者,共克难关[④]。

---

① 张雅娟,李恒.浅析科研平台建设如何推动学科发展——以清华大学免疫研究所为例[J].中国基础科学,2014(6).
② 张静.清华大学董晨:用 30 年,做好一件"每天都不一样的事情"[EB/OL].[2020 - 04 - 19].https://www.sohu.com/a/362804734_469837.
③ ZHANG S.清华医学院院长董晨院士专访[EB/OL].[2020 - 04 - 19].http://crosstalk.cell.com/blog/interview-with-dong-chen-chinese.
④ 叶水送.初建实验室,给新 PI 的 5 个建议[EB/OL].[2020 - 04 - 19].http://www.zhishifenzi.com/depth/depthview/758? category=depth.

第五节　政　策　建　议

一、推进分类施策与方式多元相结合的引才策略，加强人才引进针对性

建议根据是否涉及国家科技安全等关键技术领域，采取不同的人才引进策略。对于涉及关键技术领域的学术大师，建议以全职引进为主，尤其要争取全职引进在美受到不公正待遇的科学家；对未能全职引进且涉及关键技术领域的学术大师，可探索与世界知名大学合作办学，通过设立分校或者建立国际校区的形式打造世界级人才科研合作平台，充分发挥香港、澳门的大学及科研机构的特区优势，通过设立高级研究所为全球学术大师搭建国际交流合作平台，或邀请其担任大学、院系国际顾问委员会委员。

对于未涉及关键技术领域的学术大师，建议大胆创新工作思路和方法，可借鉴新加坡国立大学的经验，在海外设立人才引进办事处，派专人到全球知名大学物色对象，争取学术大师来华担任客座教授。或了解他们的休假日期，争取在休假期间邀请其到中国访问、讲学等。

二、引领全球科技人才流动与合作规则制定，加强人才引进规范性

建议增强我国人才引进政策与国际竞争规则、发达国家科技制度的协调性。加强法律保障与支持，谨慎处理可能因知识产权、技术转让和资格认可等问题产生的法律纠纷，妥善处理敏感研究领域的利益冲突；切实保护外国专家和项目单位的知识产权和商业机密；对在海外遭到不公正待遇并有回国意愿的科学家提供法律援助，妥善处理因聘用合同、保密协议等产生的法律纠纷。

置身全球视野，融入全球网络，把握住与"一带一路"沿线国家科技合作的契机，积极引领全球人力资源流动与国际科技合作的规则制定，通过在海外设立研究机构与平台，构建全球科学发展命运共同体，吸引世界学术大师加盟，推动学术大师全球流动。

三、实行便捷高效的绿卡制度与绿色通道，加强人才引进开放性

建议修订《外国人在中国永久居留审批管理办法》，推行中国绿卡制度。对

于获得诺贝尔奖、在全世界科学、艺术、文化等领域取得杰出成就的学术大师,允许其直接申请绿卡。同时放宽我国绿卡适用对象的范围,对于在国外已取得重大科研成果并被我国一流大学科研院所聘用的学术大师,允许其申请绿卡。

修订《中华人民共和国外国人入境出境管理法》,打通绿色通道。对高端科技人才、急需紧缺人才优先审批,放宽居留期限,简化手续;逐步扩大高校聘任学术大师的自主权,将外籍专家来华工作的审批权下放到大学;强化服务意识,合理有效地应用"互联网+"工作手段,加快办理速度,优化通行制度,为来华工作、出入境提供便利。

四、建立依托学术大师团队的培养机制,保障人才成长精英性

从历史经验来看,许多世界学术大师早在学生时期或工作初期就在该领域顶尖科学家的实验室里工作,然后又成为下一代顶尖科学家的导师。为了在十到二十年后,我国大学能够在本土培养出世界级学术大师,建议发挥学术大师的团队引领作用,将科研团队作为培养载体,通过团队合作培养未来全球学术大师。作为团队引领者,学术大师不仅要把握学科研究前沿与发展方向,也要具有敏锐的战略眼光,为培育下一代学术大师做出贡献;在推动团队整体运作与发展过程中,发掘学生优势,激发学生主动性与创造力,不仅传授给学生知识技能,更重要的是传授思维风格、科学品味,对有价值及关键课题的感觉、开展研究与理论化的风格、掌握批判的立场及教导下一代科学家的方式。通过建立依托学术大师团队培养机制,形成代代相传的科研文化传统,推动我国越来越多的大学成为全球学术大师诞生地。

(陈丽媛,黄优)

第六章
世界一流大学经济贡献指数

在国家经济转型的关键时期,需要发挥一流大学在创新驱动发展方面的重要作用。本章基于创新经济发展以及高等教育经济贡献的相关理论,从技术转化规模、技术转化效率、创新创业人才培养三方面构建了一流大学经济贡献的评价指标体系,并比较了国内外一流大学的差别。研究发现,我国一流大学在经济贡献方面与世界一流大学还存在一定差距。其中,技术转化规模和创新创业人才方面,国内顶尖大学的水平相对接近世界一流大学;在技术转化效率方面,国内不同层次的一流大学与世界一流大学均存在明显差距。本章还通过案例研究,分别对美国加州伯克利大学的产学合作研究中心和比利大学衍生创业企业支持体系进行了分析,从中归纳出了提升大学技术转化效率和培养创新创业人才方面的经验,并为我国一流大学经济贡献水平的提升提供了若干政策建议。

第一节 背 景 与 思 路

一、一流大学对经济发展的重要贡献

1. 一流大学对经济发展的重要影响

一流大学在促进创新与技术进步方面发挥了重要的作用,是推动经济发展的重要内在力量。早在19世纪,美国就通过"赠地运动"推动了大学服务地区发展职能的实现[①]。大学作为一个受政府资金资助的公共组织,除了传统的教学

[①] 朱国仁.从"象牙塔"到社会"服务站"——高等学校社会服务职能演变的历史考察[J].清华大学教育研究,1999(1):32-38.

和研究两大职能之外,还应为增进公共利益做出贡献,这一观点越来越受到政府和公众认可。20世纪80年代初期,"知识经济"概念的发展也为大学服务经济发展提供了理论基础。为了促进区域乃至国家经济的发展,同时增加大学的经费来源,大学的功能正在从"知识生产"向"知识资本化"转变[1],这导致了大学商业化活动逐渐增加。进入21世纪,埃茨科瓦茨(Etzkowitz)提出在"大学-产业-政府"的区域创新三螺旋模式中,知识空间对区域发展至关重要。知识空间要求在区域里存在一定规模与层次的大学和研究机构来生产知识,当知识积累到某个临界值时,它们便有可能溢出而被转化为现实的生产力,实现知识的资本化[2]。

大学,尤其是一流大学,在创新发展中扮演着重要的角色。一方面,一流大学是前沿知识和技术产生的机构,大学创新产出的纯知识主要通过知识溢出(Knowledge Spillovers)对企业和区域的创新和发展产生影响。这种知识溢出效应反映了邻近的知识生产者之间的信息和思想的扩散,增强了创新的空间集聚[3]。另一方面,一流大学也通过培养人才,尤其是创新创业人才,实现对社会经济发展的贡献[4]。如今,全球经济最有活力的地区往往同时也是世界一流大学聚集之地,比如美国东北部波士顿高科技产业区的哈佛大学和麻省理工学院、美国西部硅谷地区的斯坦福大学和加州大学系统、英国剑桥科技园的剑桥和牛津大学、日本东京湾地区筑波科学城的东京大学(The University of Tokyo)、筑波大学(University of Tsukuba)等。这些一流大学在知识技术、人才等方面做出贡献,为地区创新发展发挥了重要的作用。

2. 我国一流大学对经济发展贡献的机遇与挑战

当前,我国面临着激烈的国际竞争局势,经济发展正处于转型升级的关键时期。以杨小凯为代表的一些经济学家认为发展中国家存在"后发劣势"(Disadvantage of Backwardness):模仿发达国家的技术虽然可以获得短期经济快速增长,但长期

① ETZKOWITZ H, WEBSTER A, GEBHARDT C, et al. The future of the university and the university of the future: Evolution of ivory tower to entrepreneurial paradigm[J]. Research Policy, 2000, 29(2): 313 - 330.
② ETZKOWITZ H. MIT and the Rise of Entrepreneurial Science[M]. Routledge, 2002.
③ ANSELIN L, VARGA A, ACS Z. Local Geographic Spillovers between University Research and High Technology Innovations[J]. Journal of Urban Economics, 1997, 42(3): 422 - 448.
④ GUERRERO M, URBANO D, FAYOLLE A. Entrepreneurial Activity and Regional Competitiveness: Evidence from European Entrepreneurial Universities[J]. The Journal of Technology Transfer, 2016, 41(1): 105 - 131.

而言,增长并不可持续,并且发达国家还会通过技术保护政策阻碍模仿,使得后发优势的路径无法形成①。在这一背景下,我国必须有大规模技术进步的支撑,提升自主创新能力与核心技术水平,采取创新驱动型经济发展模式②。

自 20 世纪 90 年代以来,我国相继推出了"211 工程""985 工程"等一流大学建设专项计划,支持我国研究型大学迈向世界一流大学的行列。在这样的形势下,我国重点建设高校在学术科研水平上快速提升。朱军文和刘念才的研究显示,我国研究型大学近 10 年科研产出数量和影响力都显著提升,并且科研产出拐点与"985 工程"一流大学建设时间节点基本一致③。然而,我国一流大学在服务经济发展方面的能力还有待加强。有研究显示,我国一流大学建设对国际论文数量有提升作用,但对技术转化的影响并不显著④。此外,我国一流大学在创新创业人才培养方面仍在起步阶段,存在创新创业教育课程体系不健全、师资不足、实践操作不够等问题⑤⑥。

当前,在"双一流"大学建设计划的推动下,我国迫切需要提升大学人才培养和学术研究对接国家重大需求、服务社会经济发展的能力。2015 年国务院印发的《统筹推进世界一流大学和一流学科建设总体方案》中就指出"双一流"建设的重要建设任务之一就是着力推进成果转化,要求"深化产教融合,将一流大学和一流学科建设与推动经济社会发展紧密结合,着力提高高校对产业转型升级的贡献率,努力成为催化产业技术变革、加速创新驱动的策源地"。该方案提出了两个要点:一是要改革应用成果的转化机制,"要促进高校学科、人才、科研与产业互动,打通基础研究、应用开发、成果转移与产业化链条,推动健全市场导向、社会资本参与、多要素深度融合的成果应用转化机制";二是关注推动重大科学创新、关键技术突破转变为先进生产力,增强高校创新资源对经济社会发展的驱动力。

综上所述,当前我国经济发展的背景与"双一流"建设的目标均对我国一流

① 杨小凯.经济发展中的后发优势和劣势[J].经理人内参,2001(17):16-17.
② 段文斌,张曦.经济转型与增长的持续性:来自中国的经验.社会科学研究[J].2009(1):36-42.
③ 朱军文,刘念才.我国研究型大学科研产出的计量学分析[J].高等教育研究,2009(2):30-35.
④ YANG X, YOU Y. How the world-class university project affects scientific productivity? Evidence from a survey of faculty members in china[J]. Higher Education Policy, 2018, 31(4):583-603.
⑤ 张天华,刘艳良.高校创业教育研究综述及问题对策分析[J].中国职业技术教育,2015(19):57-60.
⑥ 薛成龙,卢彩晨,李端淼."十二五"期间高校创新创业教育的回顾与思考——基于《高等教育第三方评估报告》的分析[J].中国高教研究,2016(2):20-28+73.

大学提升经济贡献能力提出了迫切需求,因此,对一流大学经济贡献能力的研究具有重要的理论和实践价值。

二、理论及实证研究

1. 一流大学促进经济发展的理论基础

科技进步对经济增长的作用早在古典经济时期就受到了一些经济学家的关注。比如亚当·斯密(Adam Smith)在《国富论》中指出机器的改进对提高劳动生产率和增加国民财富具有一定的作用[①]。约瑟夫·熊彼特(Joseph Alois Schumpeter)则较为系统地提出了创新促进经济增长的理论。他通过对经济周期变动的研究发现,"长周期"的经济变动同各个周期内的生产技术革新有着相当密切的关联。其创新理论认为经济增长不是由外生因素引起的,而是由内生的创新带来的[②]。罗伯特·默顿·索洛(Robert Merton Solow)的新古典经济增长模型中第一次将技术进步加入了生产函数,被称为"索洛残差"(Solow Residual)[③]。

20世纪60年代,西奥多·舒尔茨(Theodore W. Schultz)指出,人的知识和技能都属于人力资本。个人可以通过接受教育、提升健康、在职培训、迁移等方式来进行人力资本投资。人力资本的增加不仅能带来个人收入的增加,而且对促进经济的增长有重要作用。舒尔茨利用收益率法测算出教育投资对美国1929~1957年间的经济增长贡献率高达33%。在分析了日本和德国的经济复苏后,舒尔茨认为正是大量受教育的劳动力投入促进了战后这些国家科技水平的迅速发展,从而带来了其战后经济的高速增长[④]。

20世纪80年代,保罗·罗默(Paul Romer)和罗伯特·卢卡斯(Robert Lucas)一批经济学家开始以"知识经济"为背景提出"新经济增长理论"下的人力资本理论,采用数学方法建立了包含人力资本在内的经济增长模型[⑤]。新经济增长理论则提出科技创新具有外部性,并以此为基础发展了以技术进步作为经

① 亚当·斯密.国富论[M].张兴,田要武,龚双红,译.北京:北京出版社,2007:10.

② SCHUMPETER J A. The Theory of Economic Development: An Inquiry into Profits, Capital, Credit, Interest, and the Business Cycle[M]. Cambridge, MA: Harvard University Press, 1934.

③ SOLOW R M. Technical change and the aggregate production function[J]. Review of Economics and Statistics, 1957, 39(3): 312 - 320.

④ 西奥多·W·舒尔茨.论人力资本投资[M].吴珠华,译.北京:北京经济学院出版社,1990:1-20.

⑤ Amavilah V H. Knowledge = Technology + Human capital and the Lucas and Romer Production Functions[J]. 2014.

济内生增长机制的理论模型。

保罗·罗默是内生增长经济理论研究的代表人物,他在理论模型中引入了研发(Research and Development,简称 R&D)部门负责生产的中间产品,由于 R&D 部门生产的知识具有溢出效应,使得经济增长超越资本收益率规模报酬递减的限制,从而带来经济稳定的增长。该模型求解后得到的分散决策下均衡的经济增长率(g)等于技术进步率,而技术进步率又与两个因素呈正相关关系:一是投入研发部门的人力资本规模,二是研发活动的生产力系数[①]。该结论说明高层次科技人力资本的规模和质量将影响技术进步,进而对经济增长发挥重要的作用。

另一方面,罗伯特·卢卡斯的人力资本理论综合了舒尔茨的人力资本理论和索洛的技术决定论增长模型。他的模型假定个人将时间分配在人力资本投资与生产活动当中,人力资本对整个社会具有外部性。在均衡状态下的经济增长水平取决于人力资本增长率,人力资本增长率越大,均衡的经济增长水平越高。人力资本的增长率则受两个重要因素影响:一是人力资本的产出弹性,可以理解为人力资本转化为产出的效率;二是人力劳动者脱离生产而进行人力资本投资的时间。

综合上述,从内生经济增长理论中,可以看到一流大学在促进经济发展方面的关键作用机制:一方面,一流大学是国家基础研究和高水平技术研究的研发部门,对经济发展和技术进步起到直接的作用;另一方面,一流大学也是培养硕士、博士等高层次科技人力资本的摇篮,它能够影响社会中研发人力资本的规模和质量,进而对社会的创新能力产生作用,影响社会经济的长期发展。

2. 大学促进经济发展的实证研究

迄今已有不少实证研究探索了大学对经济发展的贡献。一些研究认为大学可以通过知识溢出效应促进经济发展[②]。卢克·安赛林(Luc Anselin)等从空间维度建立模型对比了大学与企业的研发,发现在同一大经济圈和本地区域内,大学创新的知识溢出效应非常明显,并且对周边邻近的区域也存在溢出效应[③]。

①　ROMER P M. Endogenous technological change[J]. Journal of Political Economy, 1990, 98(5): 71-102.
②　BONARDO D, PALEARI S, VISMARA S. The M&A dynamics of European science-based entrepreneurial firms[J]. Journal of Technology Transfer, 2010, 35(1): 141-180.
③　ANSELIN L, VARGA A, ACS Z. Local Geographic Spillovers between University Research and High Technology Innovations[J]. Journal of Urban Economics, 1997, 42(3): 422-448.

安德斯·布罗斯特罗姆(Anders Broström)对瑞典工业企业的访谈也表明,地理邻近时大学与企业更容易发生交流,提高企业在创新方面的学习效果从而带动经济发展①。另一方面,知识共享可以降低知识的交易成本,为大学乃至整个社会经济系统实现边际利润递增,同时也可以为知识成果的转化搭建平台,从而对经济发展起到积极作用②。

也有研究探讨了大学研究与技术转让对地区经济发展的影响。哈维·戈德斯坦(Harvey Goldstein)和凯瑟琳·雷诺(Catherine Renault)比较了美国 312 个统计区域从 1969~1986 年到 1986~1998 年间的平均工资,发现研究型大学对 1986~1998 年的区域经济增长有所贡献,并且大学的 R&D 投入比专利授权数量对经济增长的作用更高;在某些特定领域,研究型大学对区域经济增长的贡献高于聚集经济③。大卫·B·奥德里奇(David B. Audretsch)等利用美国能源部小企业创新研究(Small Business Innovation Research,简称 SBIR)项目数据表明了知识通过与大学相关的合作研究而传播,从而为区域经济做出贡献④。马丁·凯瑞(Martin Carree)等分析了 2001~2006 年间意大利各大学教学、研究和技术转化活动以及相关的省域经济数据,指出大学的教学、研究以及技术产出均可通过新创企业的转化带动区域经济增长,学术研究和技术转移可以为新创企业提供有价值的商机,进而服务经济增长⑤。

此外,部分研究指出大学还具有吸引人才的功能,促进企业、人才的跨区域合作乃至国际合作,进而对经济发展产生重要影响⑥。以知识为基础的毕业生输出及其创业活动也是服务区域经济发展的重要因素。马里贝尔·格雷罗(Maribel Guerrero)等探讨了大学在校生和大学毕业生创业活动对区域竞争力

① BROSTRÖM A. Working with distant researchers——Distance and content in university-industry interaction[J]. Research Policy,2010,39(10):1311-1320.
② 程国方,石贵舟.高校视野下知识流的科技进步贡献率研究[J].江苏高教,2010(3):85-87.
③ GOLDSTEIN H, RENAULT C. Contributions of Universities to Regional Economic Development:A Quasi-experimental Approach[J]. Regional Studies,2004,38(7):733-746.
④ AUDRETSCH D B, LEYDEN D P, LINK A. Regional Appropriation of University-Based Knowledge and Technology for Economic Development[J]. Economic Development Quarterly,2013,27(1):56-61.
⑤ CARREE M, MALVA A D, SANTARELLI E. The contribution of universities to growth:empirical evidence for Italy[J]. Journal of Technology Transfer,2014,39(3):393-414.
⑥ JACOB M, LUNDQVIST M, HELLSMARK H. Entrepreneurial transformations in the Swedish University system:The case of Chalmers University of Technology[J]. Research Policy,2003,32(9):1555-1568.

的影响。他们采用制度经济学和内生增长方法,利用欧洲 102 所大学的数据构建了大学服务区域经济的概念框架,证明了大学创业活动无论对区域人力资本还是对人均 GDP(国内生产总值)的贡献都显著更高[①]。

三、研究思路

通过以上的理论分析和实证研究,可以了解到大学的高水平研究和培养的创新创业人才对地区和国家的经济发展具有重要的贡献。本章研究将结合发展经济学和高等教育学的相关理论,基于可比数据与案例,探讨三方面的问题。① 如何衡量一流大学的经济贡献? ② 我国"双一流"建设大学与世界一流大学经济贡献方面的差距如何? ③ 世界一流大学在实现对接经济发展需求、贡献区域与国家的发展方面有哪些经验可供借鉴?

基于上述研究问题,本章分为五个步骤开展(见图 6-1)。第一步,基于发展经济学和高等教育学的相关理论,构建一流大学经济贡献的维度、指标和评价体系,并选择不同维度下具有典型意义的大学和案例分析框架。第二步,根据设计的指标,选择相应的数据库,建立国际可比的指标数据库;根据案例大学政策与研究,搜集相关大学经济贡献的案例信息。第三步,对原始数据进行处理,计算指标得分,并将国内与国外对标大学进行指标比较,探索国内外一流大学经济贡献水平的差异性。第四步,根据选择的典型案例大学,深入分析一流大学促进经济发展的具体组织和制度设计。第五步,归纳数据和案例分析的结果,并结合我国一流大学经济贡献在宏观和微观组织及制度方面的不足,提出促进一流大学经济贡献能力提升的政策建议。

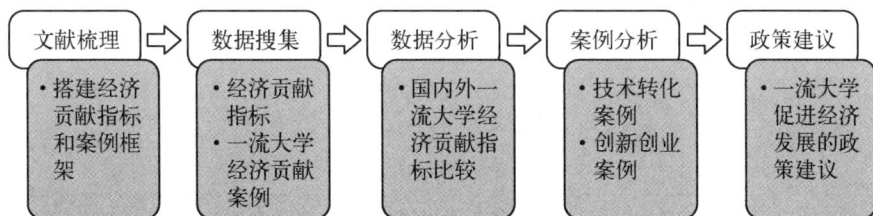

文献梳理	数据搜集	数据分析	案例分析	政策建议
·搭建经济贡献指标和案例框架	·经济贡献指标 ·一流大学经济贡献案例	·国内外一流大学经济贡献指标比较	·技术转化案例 ·创新创业案例	·一流大学促进经济发展的政策建议

图 6-1　研究思路

① GUERRERO M, URBANO D, FAYOLLE A. Entrepreneurial Activity and Regional Competitiveness: Evidence from European Entrepreneurial Universities[J]. The Journal of Technology Transfer, 2016, 41(1): 105-131.

第二节　研究方案与设计

一、指数设计

1. 指标体系

基于大学对经济发展贡献的理论基础,我们提出了反映一流大学经济贡献的指标体系(见图6-2)。首先,该指标体系围绕创新驱动型经济增长来设计,主要是考虑到一流大学的社会经济职能,不是简单地以培养劳动力为目标,而是需要对社会的创新发展有所贡献。其次,根据新增长理论的观点,一流大学促进创新发展主要有两条途径:一是通过培养创新创业人力资本来促进经济发展,二是通过高水平的学术研究实现技术转化从而推动创新发展。根据这两条途径,本章设计了相应的两个维度,并考虑了国际可比性、时间可持续性以及数据采集的便捷性等因素,确定了三个衡量一流大学经济贡献的指标(见表6-1),分别是:高管及股东校友创业上市企业市值、大学技术转让收入、大学专利转让比例。第一个指标反映一流大学培养的创新创业人力资本对经济的贡献,后两个指标反映了一流大学技术转化的水平和效率。

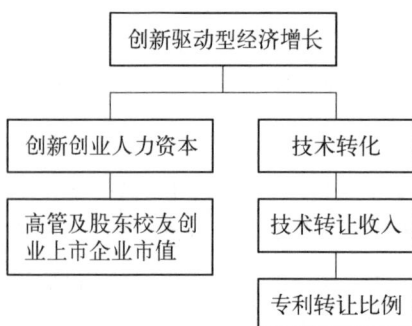

图6-2　经济贡献指数的设计

表6-1　经济贡献指数的指标设计

维　度	指　标	含　义
技术转化	技术转让收入	大学作为技术持有人将其所持有的技术转让或供应给他人使用时,受让方或使用方支付给大学的费用净额
	专利转让比例	大学专利转让个数与专利授权数之比
创新创业人才培养	高管及股东校友创业板上市公司市值	大学的校友作为企业高级管理人员或大股东所管理的、在创业板上市的企业的市值

2. 样本选取

国际组样本的选择,本章参考了世界大学学术排名对大学进行区分,主要是考虑到 QS、THE 等其他世界大学排名采用了主观的声誉调查,而 ARWU 排名主要采用学术研究相关的客观指标,与创新的关系相对更强。本章从 2019 年世界大学学术排名前 25 的大学中选取 10 所作为世界顶尖大学样本组,从排名为76—100 的大学中选取 10 所作为世界一流大学样本组。关于样本的选择,本章分析全部选择美国大学,主要出于两方面的考虑:一是美国一流大学在带动区域经济发展方面较有代表性,比如美国东北部以及西海岸聚集的不少世界一流大学,在推动美国地区产业技术发展方面扮演了至关重要的角色;二是美国大学相关指标数据较为完整,便于进行比较。

表 6-2　经济贡献指数的国际组样本

ARWU 排名	样本大学（中文）	样本大学（英文）
世界顶尖大学组		
1	哈佛大学	Harvard University
2	斯坦福大学	Stanford University
4	麻省理工学院	Massachusetts Institute of Technology（MIT）
5	加州大学伯克利分校	University of California,Berkeley
6	普林斯顿大学	Princeton University
8	加州理工学院	California Institute of Technology
10	芝加哥大学	University of Chicago
16	约翰霍普金斯大学	Johns Hopkins University
17	宾夕法尼亚大学	University of Pennsylvania
20	密歇根大学安娜堡分校	University of Michigan-Ann Arbor
世界一流大学组		
76	波士顿大学	Boston University
80	加州大学尔湾分校	University of California,Irvine
84	布朗大学	Brown University
89	匹兹堡大学匹兹堡校区	University of Pittsburgh,Pittsburgh Campus
90	加州大学戴维斯分校	University of California,Davis
95	卡内基梅隆大学	Carnegie Mellon University
95	莱斯大学	Rice University
95	佛罗里达大学	University of Florida
98	宾夕法尼亚州立大学帕克分校	Pennsylvania State University-University Park
100	俄亥俄州立大学—哥伦布	The Ohio State University-Columbus

国内组样本大学选择的是进入我国"双一流"建设名单中的 36 所大学。样本高校分为两组:国内 A 组大学是 ARWU 排名前 150 的 8 所大学,包括清华大学、北京大学、浙江大学、上海交通大学、复旦大学、华中科技大学、中山大学、中国科学技术大学,其中中山大学和华中科技大学是 2019 年新进入 ARWU 排名前 150 的国内大学;国内 B 组大学为 ARWU 排名在 150 之后的 28 所"双一流"建设大学。参见表 6 - 3。

表 6 - 3　经济贡献指数的国内组样本

ARWU 排名	样本大学(中文)	样本大学(英文)
国内 A 组		
43	清华大学	Tsinghua University
53	北京大学	Peking University
70	浙江大学	Zhejiang University
82	上海交通大学	Shanghai Jiao Tong University
101—150	复旦大学	Fudan University
101—150	华中科技大学	Huazhong University of Science and Technology
101—150	中山大学	Sun Yat-sen University
101—150	中国科学技术大学	University of Science and Technology of China
国内 B 组		
151—200	中南大学	Central South University
151—200	哈尔滨工业大学	Harbin Institute of Technology
151—200	南京大学	Nanjing University
151—200	四川大学	Sichuan University
151—200	东南大学	Southeast University
151—200	电子科技大学	University of Electronic Science and Technology of China
151—200	武汉大学	Wuhan University
151—200	西安交通大学	Xian Jiaotong University
201—300	北京航空航天大学	Beihang University
201—300	北京师范大学	Beijing Normal University
201—300	大连理工大学	Dalian University of Technology
201—300	吉林大学	Jilin University
201—300	南开大学	Nankai University
201—300	山东大学	Shandong University
201—300	华南理工大学	South China University of Technology

（续表）

ARWU 排名	样本大学 （中文）	样本大学 （英文）
201—300	天津大学	Tianjin University
201—300	同济大学	Tongji University
201—300	厦门大学	Xiamen University
301—400	北京理工大学	Beijing Institute of Technology
301—400	中国农业大学	China Agricultural University
301—400	重庆大学	Chongqing University
301—400	湖南大学	Hunan University
301—400	兰州大学	Lanzhou University
301—400	西北工业大学	Northwestern Polytechnical University
401—500	东北大学(沈阳)	Northeastern University (Shenyang)
401—500	郑州大学	Zhengzhou University
501—600	华东师范大学	East China Normal University
501—600	中国海洋大学	Ocean University of China

3. 数据搜集

（1）高管及股东校友创业板上市公司市值

关键词： ① 创业板上市公司：在创业板市场上市并且发行股票的公司，包括中国的创业板以及纳斯达克全球市场（NASDAQ National Market）上市公司。② 股东：通常指股份公司的出资人或投资人，即股份公司中持有股份、有权出席股东大会并享有表决权的人。此外，股东也可指其他合资经营的工商企业的投资者[1]。本章中股东限定为持股 5% 以上的股东或持股前 10 名股东，不包含非自然人；主要高级管理人员（简称高管）界定为总裁、副总裁、总经理、副总经理、首席执行官、首席运营官、首席财务官等（不包括独立董事）。③ 校友：通常指曾在某大学受过学历教育（包括研、本、专、函、夜等）的学生和工作过的教师[2]。也有学者将校友的范围进一步拓宽，将其分为学位校友（Degree alumni）、非学位校友（Non-degree alumni）和准校友（Associate alumni）三类[3]。本章将校友定义为在一所大学获得学士、硕士或博士学位的人。

---

① 刘彦文,张晓红.公司治理.第 2 版[M].北京：清华大学出版社,2014.
② 石慧霞.需求与回应：处于母校和校友之间的大学校友会[J].复旦教育论坛,2004,2(4)：66-68.
③ MELCHIORI G S. Alumni research：Methods and applications[M]. Jossey-Bass, 1988.

数据来源:国内数据来自国泰安数据库[①],共 739 家企业。国泰安数据库含有上市公司财务、财务附注、证券市场交易、治理结构研究、人物特征等一系列子数据库。国外数据来自 BvD-Orbis 全球企业数据库中获取纳斯达克全球市场的名单,共 2 522 家企业。Orbis 数据库是一个包含了全球近 3 亿家企业的财务、管理层、董监高管、评级报告、原始财务报表、新闻与并购记录和行业信息的大型企业数据分析库。

搜集步骤:步骤一,搜集国内大学高管及股东数据。在国泰安"上市公司人物特征"数据库中,选择了最近期的 2018 年数据,下载 2018 年 1 月 1 日至 2018 年 12 月 31 日"创业板"上市公司的"董监高个人特征文件",保留"姓名""毕业院校""学历""是否高管团队成员""是否董事会成员"和"是否独立董事"等辅助计数的变量。最后规范毕业院校名称,例如将"上海复旦大学"和"复旦大学数学所"等名称统一为"复旦大学"。步骤二,搜集国外大学高管数据。本章中创业板上市公司的范围是 2018 年纳斯达克主要国家市场中的企业,高管及股东包括企业中的主要高级管理人员和董事会成员(不含独立董事)。根据 BvD-Orbis 全球企业数据库导出的 2018 年纳斯达克主要国家市场名录中的企业名称,检索相关公司的高管信息并下载,最后汇总所有企业的高管信息,提取其毕业院校名称并进行规范。步骤三,计算高管及股东校友市值:用每个企业 2018 年年末的市值除以数据库中该企业的高管及股东人数,求得各企业高管及股东的人均市值,再累加每个大学校友人次(包含学士、硕士、博士等学位类别,计算获得学位的频次,即假如某位高管在同一所大学完成了本硕博三个层次的教育并取得学位,则计 3 次)与对应人均市值的乘积,得到相应大学创业板上市公司高管及股东校友 2018 年年末的总市值。步骤四,将国内外数据合并,进行统计处理,并与世界一流大学组的均值做比值,得到该指标的得分。

(2) 技术转让收入

关键词:① 技术转让是指技术的出让方把技术作为商品按照一定的价格和条件,转让给受让方的一种交易活动[②]。② 国内数据使用技术转让收入,是指技术持有人将本人所持有的技术转让给他人或供应给他人使用时,受让方或使用

---

① 数据库链接:http://www.gtarsc.com/.
② 汝信.社会科学新辞典[M].重庆:重庆出版社,1988:89.

方支付给技术持有人的费用减去税收和其他损耗所得的净额。③ 国外数据使用的技术许可收入,不仅包含专利技术转让收入,还包含版权形式的收入。

数据来源:① 国内数据来自 2017 年的《教育部直属高校基本情况统计资料汇编》①,采用了大学对企业的技术转让实际收入,其中企业包含国有企业、外资企业、民营企业和其他企业。② 国外数据来自大学技术管理者协会(Association of University Technology Managers,简称 AUTM)的《美国许可活动调查报告》(*Licensing Activity Survey*,简称 ALAS)②。该调查自 1991 年起,每年会面向美国的大学、研究机构、医院以及第三方技术投资公司发放调查问卷,以获得美国科研机构技术转化相关的一手数据。由于 AUTM 数据中没有和国内大学口径一致的指标,本章采用了 AUTM 的大学的许可收入(License Income),它是指大学通过允许其版权或专利被另一家机构使用所取得的收入③。由于美国大学发明技术披露的所有权属于大学,这些披露大都以许可形式转让使用权,大学依然保持对这些发明技术的所有权。因此,尽管美国大学披露许可与中国大学专利转让并不完全一致,但二者从技术转让的意义上差别不大④。

搜集步骤:步骤一,统计国内大学对企业的技术转让当年实际收入,搜集的时间范围为 2017 年。步骤二,从 ALAS 线上数据库中下载 2017 年的调查结果,即可得到美国大学及研究机构相应年份的专利许可总收入(Gross License Income)。步骤三,将国内外数据的单位统一为美元,合并数据并对原始数据进行统计处理,将处理后的数据与世界一流大学组的均值做比值,得到该指标的得分。

(3)专利转让比例

关键词:专利:是指法律对技术发明人或所有人授予的专利权。本研究中的专利包括发明授权专利、实用新型专利和外观设计专利,不包括发明申请专利。专利总数以公开(公告)日统计。**专利转让:**是指专利权人作为转让方,将其发明创造专利的所有权或将持有权移转受让方,受让方支付约定价款的法律

---

① 注:由于单一年度指标可能存在波动,因此选取了最近可搜集的四年数据。
② 注:ALAS 在线付费数据库网址:http://www.autmsurvey.org/statt/index.cfm.
③ 投资百科.许可收入[EB/OL].[2018-02-23].https://www.investopedia.com/terms/l/licensing-revenue.asp.
④ 叶静怡,杨洋,韩佳伟,等.中美高校技术转移效率比较——基于专利的视角[J].中国科技论坛,2015(1):150-155.

行为。专利转让比例：本章中界定专利转让比例为一段时间内专利转让个数与专利授权数之比。由于当前统计上衡量专利转化率较为困难，因此本研究选择专利转让比例来近似反映一段时间内的专利转化情况。

数据来源：国内外数据均来自 incoPat 数据库①，此数据库完整收录的全球 105 个国家/组织/地区一亿多件基础专利数据，拥有专利全文，并对 22 个主要国家的专利数据进行过特殊收录和加工处理，数据字段完善且质量高。本章中使用的国内外大学专利数据均可在 incoPat 数据库中查找到，数据来源较为可靠。

搜集步骤：在 incoPat 数据库搜索国内外大学的专利数，筛选专利总数后，统计 2015～2018 年专利总数的转让个数；筛选大学的授权专利，统计 2015～2018 年授权专利数，授权专利数以专利公开(公告)日统计；将大学专利转让数除以授权数，得到大学的专利转让比例；将原始数据进行统计处理，并与世界一流大学组的均值做比值，得到该指标的得分。

4. 经济贡献指数算法

首先，本研究对所有原始值进行统计处理，改善原始数值分布；其次，分别计算出世界一流大学组在各个指标上的平均值作为参照，设为 1 分；再通过计算单一大学的单一指标值与世界一流大学组在相同指标上的平均值的比值，得到该校在该指标上的得分。

对三个指标得分赋予同等权重，进行简单加权，得到人才培养指数，计算公式如下：

$$I_E = \frac{I_1 + I_2 + I_3}{3}$$

I_E：大学经济贡献指数；I_1：高管及股东校友创业板上市公司市值指标；I_2：技术转让收入指标；I_3：技术转让比例指标。

二、案例设计

在案例大学选择方面，本研究从典型性、数据可得性以及对我国的借鉴比较价值等方面进行权衡，选择了以下两个案例，并分别从技术转化和创新创业两个

① 注：数据库网址为：https://www.IncoPat.com。

方面侧重进行案例的分析。

1. 产学研合作：美国加州大学伯克利分校传感器和执行器中心

20 世纪 70 年代,为了推动学术界与产业界的合作,促进创新和提升技术竞争力,美国国家科学基金会推出了产学合作研究中心（Industry/University Cooperative Research Centers,简称 I/UCRC）计划[①]。该计划在当时取得了显著的成效,并且现已发展成为美国最完善的产学研协同创新模式[②]。

在 I/UCRC 计划资助的中心之中,伯克利传感器和执行器中心（Berkeley Sensor & Actuator Center,简称 BSAC）是较为成功的一个。BSAC 致力于使用先进的集成电路、生物和聚合物技术,进行微纳米级传感器、移动机械元件、微流体、材料和工艺的跨学科工程研究[③]。中心的主任教员在 30 家企业会员、政府实验室以及来自加州大学伯克利分校（UC Berkeley）和戴维斯分校（UC Davis）的 15 个学院的合作、协作和指导下,监督了近 100 个项目[④]。从第一个进行硅表面微加工开始,BSAC 研究人员利用半导体行业的光刻和加工能力,引领着机械和电气结构的发展。多年来,来自 BSAC 的许多开创性、里程碑和基准已经使微机电系统方法得以扩展并在对应领域得以大量运用,并有力地促进了科技成果转化[⑤]。例如,BSAC 研究的"智能微尘"（Smart Dust）技术获得了美国国防部高级研究计划局提供的 170 万美元的资助,并最终掀起了无线传感器网络（WSN）的产业和风险资本投资热潮。据估计每年的市场至少超过 100 亿美元,因为这项技术有望彻底改变国土安全、环境控制、电力管理和基础设施监控[⑥]。在 I/UCRC 的年报中,BSAC 也是表现突出的中心。2016—2017 财年 BSAC 的项目数为 83 项,出版物数为 119 部,其产出显著超过所有产学合作研究中心的平均值,在促进产业与大学合作方面发挥了重要作用。

① 范惠明,邹晓东,吴伟.美国的协同创新中心发展模式探析——I/UCRC 的经验与启示[J].高等工程教育研究,2014(5)：153 - 158.
② 武学超.美国产学研协同创新联盟建设与经验——以 I/UCRC 模式为例[J].中国高教研究,2012(4)：47 - 50.
③ The National Science Foundation. Berkeley Sensor & Actuator Center[EB/OL].[2020 - 01 - 17]. http://www.iucrc.org/center/berkeley-sensor-actuator-center.
④ Berkeley Sensor & Actuator Center. BSAC Profile Summary[EB/OL].[2020 - 01 - 17].http://www-bsac.eecs.berkeley.edu/contact/bsac_summary_page.php?URLnode=60.
⑤ Berkeley Sensor & Actuator Center. BSAC Profile Summary[EB/OL].[2020 - 01 - 17].http://www-bsac.eecs.berkeley.edu/contact/bsac_summary_page.php?URLnode=60.
⑥ Denis Gray. IUCRC Evaluation Primer[EB/OL].[2020 - 01 - 17]. https://projects.ncsu.edu/iucrc/PDFs/IUCRC%20Evaluation%20Primer.pdf.

表 6－4　I/UCRC 产出情况

	本科毕业生	硕士毕业生	博士毕业生	受会员雇佣本科生	受会员雇佣硕士生	受会员雇佣博士生	项目数	出版物
BSAC	8	1	17	0	0	1	83	119
I/UCRC 平均	2.81	3.84	3.56	0.21	0.6	0.89	14.66	51.94

注：I/UCRC 平均：2016—2017 财年 NSF I/UCRC 计划中产业—大学合作研究中心的均值。
（资料来源：National Science Foundation. Industry/University Cooperative Research Centers Program Evaluation Project[EB/OL].[2020 - 01 - 17]. https://projects. ncsu. edu/iucrc/PDFs/CD%20Reports/CD%2016-17.pdf.）

本研究从加州伯克利的传感器和执行器中心官网、美国 NSF 的 I/UCRC 计划网站上搜集相关的政策文本,从企业会员制度、资源共享与人员交流、经费投入、知识产权管理以及外部对高校产学研合作的评价 5 个方面来对该案例进行深度的分析。

2. 比利时鲁汶大学衍生创业支持

大学衍生企业是为了对大学内部创造的知识、技术或其他研究成果进行商业化开发而创建的新公司[1]。创建大学衍生企业是大学技术转化的一种重要机制。比利时鲁汶大学(KU Leuven)大力支持教师的衍生创业行为,通过一系列的组织和制度保障了衍生企业的成功创建和发展,因而在欧洲乃至全球树立了行业标杆,取得了举世瞩目的成就。鲁汶大学连续四年位居路透社欧洲最具创新性大学排行榜榜首[2]。在汤森路透(Thomson Reuters)发布的全球最具创新性大学排行榜中,鲁汶大学自 2016 年以来一直保持世界排名第七的位置,成为美国大学以外排名最高的大学[3]。鲁汶大学在教师衍生创业方面做出的巨大贡献,大大推动了大学和区域经济的发展。

鲁汶大学创建于 1425 年,距今已有将近六百年的历史,是比利时规模最大、

① PIRNAY F, SURLEMONT B. Toward a typology of university spin-offs [J]. Small Business Economics, 2003, 21(4): 355 - 369.

② KU Leuven Research & Developmen. Four years in a row: KU Leuven once again tops Reuters ranking of Europe's most innovative universities[EB/OL].[2020 - 01 - 17]. https://lrd. kuleuven. be/en/ news / four-years-in-a-row-ku-leuven-once-again-tops-reuters-ranking-of-europes-most-innovative-universities.

③ KU Leuven Research & Development. KU Leuven 7th most innovative university in the world[EB/OL].[2020 - 01 - 17]. https://lrd. kuleuven. be/en/news/ku-leuven-7th-most-innovative-university-in-the-world.

排名最高的大学,也是欧洲最古老的大学之一,是欧洲研究型大学的领头机构及欧洲研究型大学联盟(League of European Research Universities,简称 LERU)的联合创始机构①②。鲁汶大学坐落于比利时荷兰语区的佛兰德省(Flanders),共有 14 个校区,遍布佛兰德省 10 个城市,目前连同其医学院共有在校生五万余名,雇佣教职工一万余名。鲁汶大学虽然在法律上具有私立机构的性质,但其85%的资金直接或间接来自比利时政府的竞争性经费。在过去十年里,鲁汶大学的科研产出在数量和质量上均稳步提高。凭借其出色的科研表现,鲁汶大学自 2016 年以来在泰晤士高等教育世界大学排名中一直保持在前 50 位。其优势学科包括生物技术、电子和机械工程、环境、食品科学和技术、医学和医学研究、欧洲一体化以及材料科学和技术等③。卓越的科研水平成为鲁汶大学衍生企业成功创建和稳步成长的重要基石。

　　本研究通过对比利时鲁汶大学创业支持的政策分析,从政府引导、外部合作网络、种子基金投入、创业支持生态系统 4 个方面,对其创业支持进行案例分析,并从中提出对我国大学扶持学术创业和实施创业管理的政策启示。

第三节　对标大学与我国一流
大学的指数对比分析

一、高管及股东校友创业板上市公司市值指标分析

　　表 6 - 5 显示,世界顶尖大学组在高管及股东校友创业板上市公司市值指标上是世界一流大学组的 2.13 倍。国内 A 组大学在该指标的得分与世界顶尖大学组和世界一流大学组还有较大的差距,只有一流大学组的 59%。国内B 组大学在该指标上只有世界一流大学组的 29%。以上结果说明我国的"双一流"建设大学在创新创业人才培养上与世界一流大学仍有一定差距,原因之

①　KU Leuven. History[EB/OL].[2020 - 01 - 17].https://www.kuleuven.be/english/about-kuleuven/history.

②　KU Leuven. KU Leuven strengthens strategic partnership with Edinburgh[EB/OL].[2020 - 01 - 17]. https://nieuws. kuleuven. be / en / content / 2019/ku-leuven-strengthens-strategic-partnership-with-edinburgh.

③　KU Leuven. About KU Leuven[EB/OL].[2020 - 01 - 17].https://www.kuleuven.be/english/about-kuleuven.

一是 2018 年中国创业板相对美国纳斯达克市场处于较低水平,因此造成了该指标的差距。

表 6-5　"高管及股东校友创业板上市公司市值"指标的得分

组　别	指标得分
世界顶尖大学组	2.13
世界一流大学组	1.00
国内 A 组	0.59
国内 B 组	0.29

二、技术转让收入指标分析

表 6-6 是对 2015～2017 年国内组与国际组大学技术转让收入指标的比较。世界顶尖大学组在该指标的得分是世界一流大学组的 1.38 倍。国内 A 组大学的技术转让收入指标得分与世界一流大学组还有一定差距,为世界一流大学组的 52%。附表 4 显示,清华大学、北京理工大学在该指标得分上比世界一流大学组要高,分别是世界一流大学组的 1.63、1.26 倍;然而,国内其他一流大学则与世界一流大学组有一定差距。国内 B 组大学的技术转让收入得分仅为世界一流大学组大学的 28%,反映出国内大部分"双一流"建设大学的技术转化水平与世界一流大学仍然存在较大的差距。

表 6-6　技术转让收入指标的得分

组　别	指标得分
世界顶尖大学组	1.38
世界一流大学组	1.00
国内 A 组	0.52
国内 B 组	0.28

三、专利转让比例指标分析

表 6-7 是对 2015～2018 年国内组与国际组大学技术转让比例指标得分的比较。分析显示,国内 A 组和 B 组大学的技术转让比例指标得分仅为世界一流

大学组的 28%。附录表 6 显示,即使国内组得分较高的学校为理工科和军工类的大学,也比世界一流大学组低 50%~70%。因此,在技术转让效率方面,我国"双一流"建设大学与世界一流大学的差距显著,不容忽视。

表 6 - 7　专利转让比例指标的得分

组　　别	指 标 得 分
世界顶尖大学组	0.92
世界一流大学组	1.00
国内 A 组	0.28
国内 B 组	0.28

四、一流大学经济贡献指数分析

对三个分指标进行简单加权后,接着计算总的经济贡献指数。表 6 - 8 显示,国内 A 组大学的经济贡献指数是世界一流大学组的 39%,是世界顶尖大学组的 31%,这说明我国顶尖大学在经济贡献方面与世界一流大学还存在相当的差距。国内 B 组大学在经济贡献指数上与世界一流大学组的差距也较明显,仅为世界一流大学组的 28%。附表 6 显示,只有得分最高的清华大学与世界一流大学组的经济贡献指数差距相对较小,其他国内一流大学在经济贡献得分上均与世界一流大学存在 50% 以上的差距。

表 6 - 8　经济贡献指数的得分

组　　别	指 数 得 分
世界顶尖大学组	1.25
世界一流大学组	1.00
国内 A 组	0.39
国内 B 组	0.28

综上分析,国内顶尖大学在经济贡献方面与世界一流大学还存在一定差距,尤其是在专利转让比例方面的差距显著。国内一流大学与世界一流大学相比,在技术转化和创新创业人才培养方面均存在较显著的差距。总体上看,我国一流大学的经济贡献水平与世界一流大学仍然存在一定的差距,需要我国"双一

流"建设加强创新创业人才培养,提升技术转化的水平与效率。

第四节　经济贡献案例分析

一、美国加州伯克利大学传感器与执行器中心：多举措促进产学合作

　　传感器与执行器中心(Berkeley Sensor and Actuator Center,简称 BSAC)致力于使用先进的集成电路、生物和聚合物技术,进行微纳米级传感器、移动机械元件、微流体、材料和工艺的跨学科工程研究[1]。研究主题随着领域的发展与时俱进,包括可用于感测各种被测量物(机械、电磁、光学等)的现象;将传感器、执行器等微纳机电系统结构的阵列与电子设备连接起来的物理和电气方法;大规模制造经济的集成微纳机电系统的制造技术;实现新的应用和新的性能水平的材料、工艺和包装[2]。BSAC 拥有一支由 120 名研究生和博士后组成的跨学科研究团队,由加州大学伯克利分校和戴维斯分校电气、机械和生物工程系的13 名主任领导[3]。中心由执行主任约翰·哈金斯(John Huggins)和多位联合主任教员(faculty co-Director)直接管理,由学校、学院和工程研究支持组织(the Engineering Research Support Organization)提供行政支持。工业咨询委员会(the Industrial Advisory Board,简称 IAB)由每个会员组织选派的不超过两名有表决权的代表构成,可以指挥 BSAC 的研究与政策方向[4]。BSAC 的目标主要包括打造领先的微系统研究环境,联结最好的研究人员和产业合作伙伴;与企业会员保持合作,确保研究的商业价值,加速研究的商业化;改善研究生的教育经历,培养产业界和学术界的下一代微系统技术领导者[5]。BSAC 采用企业会员制度,多元化经费筹措机制和知识产权"安全港"等举措,在促进产学合作方面发挥

---

① The National Science Foundation. Berkeley Sensor & Actuator Center[EB/OL].[2020 - 01 - 17]. http://www.iucrc.org/center/berkeley-sensor-actuator-center.

② Berkeley Sensor & Actuator Center. Overview Thumbnail[EB/OL].[2020 - 01 - 17]. http://www-bsac.eecs.berkeley.edu/about/BSACoverview2016.pdf.

③ Berkeley Sensor & Actuator Center. BSAC Profile Summary[EB/OL].[2020 - 01 - 17]. http://www-bsac.eecs.berkeley.edu/contact/bsac_summary_page.php?URLnode=60.

④ Berkeley Sensor & Actuator Center. Overview Thumbnail[EB/OL].[2020 - 01 - 17]. http://www-bsac.eecs.berkeley.edu/about/BSACoverview2016.pdf.

⑤ The National Science Foundation. Berkeley Sensor & Actuator Center[EB/OL].[2020 - 01 - 17]. http://www.iucrc.org/center/berkeley-sensor-actuator-center.

了重要的作用,值得我国借鉴与学习。

1. 实施企业会员制度,促进校企合作研究

BSAC 设置了多级会员资格,把企业会员分为普通会员(Regular Members)和合作会员(Collaboration Members)。普通会员的年度会费为 5 万美元,合作会员的年度会费为 13.5 万美元[①]。

会员所拥有一系列的权利,保障了他们与 BSAC 的科研合作。首先,会员可以影响研究的方向。企业会员支付的一些共同费用将分配到每一位联合主任教员的个人核心研究基金中。该基金部分由 BSAC 统一分配,部分则依据企业会员在年度会员费分配选举中表达的意愿。其次,会员享有资助研究和与 BSAC 教师合作研究的特权。最后,会员可以对 BSAC 的研究项目进行评估。BSAC 组织专家,面向会员每半年举办为期 3 天的研究评议,发放涵盖所有 BSAC 项目的综合研究报告册,供会员了解中心的研究项目。此外,会员还可以在工业咨询委员会执行会议上,评估中心的运作及研究方向[②]。合作会员额外拥有合作研究项目的特权,有权选择其感兴趣的项目与 BSAC 教师进行合作,项目由教师进行定题和管理,由研究生担任工作人员[③]。

2. 紧密连接企业会员,实现资源共享与人员交流

除了与 BSAC 开展合作研究以外,企业会员还可以共享 BSAC 的资源,和 BSAC 人员交流。

在资源共享方面,首先,会员费将产生杠杆效应。会员费由 30—40 名企业会员分摊,并通过联邦和州的外部奖励进一步杠杆化,能够为早期项目提供超过单个会员费 150 倍的资金。其次,会员拥有资源访问特权。BSAC 网站既有公开的部分,也有会员专享的部分,内容包括 BSAC 研究的出版前审查,访问 BSAC 的发明披露,以及连接项目和研究人员的门户。企业会员将获得 BSAC 研究发明的优先访问权,所有 BSAC 信息将在首次内部披露后 12 个月公开。会员还可以限制 BSAC 非公开信息的发送,仅通过其选定的"守门人"传送所有此

① Berkeley Sensor & Actuator Center. Collaboration Membership[EB/OL].[2020 - 01 - 17]. http://www-bsac.eecs.berkeley.edu/about/BSAC_Collaboration%20MembershipIAB_Summary.pdf.

② Berkeley Sensor & Actuator Center. Overview Thumbnail[EB/OL].[2020 - 01 - 17]. http://www-bsac.eecs.berkeley.edu/about/BSACoverview2016.pdf.

③ Berkeley Sensor & Actuator Center. Overview Thumbnail[EB/OL].[2020 - 01 - 17]. http://www-bsac.eecs.berkeley.edu/about/BSACoverview2016.pdf.

类信息。最后,会员可以参与纳米实验室加盟计划。企业会员将获得加州伯克利大学纳米实验室加盟计划的会员资格并享受折扣,会员企业的员工可以按小时计费使用微加工设备进行研究和工艺开发。①

在人员交流方面,首先,会员企业可以加入访问工业伙伴计划(Visiting Industrial Fellow program,简称 VIF)。根据单独协议并提供额外资金,企业会员可以派遣研究人员加入 BSAC 教师的研究团队 1—3 年。其次,会员可以与 BSAC 教师交流。会员可以要求与 BSAC 教师或其研究小组成员预约会谈。最后,会员可以与 BSAC 毕业生建立联系。BSAC 的毕业生大多数为电气、机械或生物工程专业的博士,他们是美国教育系统中受聘人数最多的技术人员之一,大多数能够获得产业界和学术界的领导地位。会员公司有很多机会与 BSAC 的研究生建立联系、评估和形成持续的关系,因此 BSAC 的许多毕业生在会员公司任职。②

根据 NSF 的研究,企业参与 BSAC 企业会员制度不仅能获得高商业化回报,更重要的是加速了企业内部研发活动进程。截至 2013 年,有 10 家企业成为 BSAC 会员超过 10 年,4 家企业超过 20 年,企业会员多年以来的持续参与也证明了该制度的成功。③

3. 多元化主体经费投入,保障科研经费充足

BSAC 的经费主要来源于联邦和州的研究基金,此外还有每个普通会员每年 5 万美元以及合作会员 13.5 万美元的会员费。来自 BSAC 企业会员费的资金仅占 BSAC 研究经费的 15%—20%,大部分的经费来自竞争性联邦拨款。所有的研究成果都会在向外部披露或公布之前提供给企业会员,并且会员可以优先获得知识产权。因此,企业会员支付会员费的研究投资具有巨大的优势。④

会员费直接或间接地支持以下事项。会员费的使用不受限制,因而会被使用于无资金支持的早期探索领域,为学生和博士后研究人员提供短期资金,用于

① EECS at UC Berkeley. Anatomy of the Berkeley Sensor & Actuator Center[EB/OL].[2020 - 01 - 17].https://www2.eecs.berkeley.edu/Pubs/TechRpts/2013/EECS-2013-26.pdf.
② EECS at UC Berkeley. Anatomy of the Berkeley Sensor & Actuator Center[EB/OL].[2020 - 01 - 17].https://www2.eecs.berkeley.edu/Pubs/TechRpts/2013/EECS-2013-26.pdf.
③ EECS at UC Berkeley. Anatomy of the Berkeley Sensor & Actuator Center[EB/OL].[2020 - 01 - 17].https://www2.eecs.berkeley.edu/Pubs/TechRpts/2013/EECS-2013-26.pdf.
④ Berkeley Sensor & Actuator Center. Overview Thumbnail[EB/OL].[2020 - 01 - 17].http://www-bsac.eecs.berkeley.edu/about/BSACoverview2016.pdf.

参与学术会议和研讨会来维持教职员工和研究人员的合作、曝光和交流,用于与企业会员参与、服务和支持的有关支出,用于为企业会员进行的半年度和区域性研究审查,以及研究人员和 BSAC 员工的工资。企业会员基金支付的共同费用,将分配到每一位联合主任教员的大学核心研究基金中,一部分由 BSAC 统一分配,另一部分则反映了会员企业在年度会员分配调查中表达的意愿。[①]

表 6‑9　中心资金来源(单位:万美元)

	总资金	NSF I/UCRC 计划资金	其他 NSF 部门资金	会员费	额外会员资金(如会员捐赠等)	州政府资金	其他联邦资金(不含NSF资金)	其他非联邦资金
BSAC	1 067.30	0	71.29	314.19	99.58	6.30	521.64	54.30
I/UCRC 平均	130.72	23.78	6.19	69.10	6.90	5.33	14.75	4.68

注:I/UCRC 平均:2016—2017 财年 NSF I/UCRC 计划中产业-大学合作研究中心的均值。

资料来源:National Science Foundation. Industry/University Cooperative Research Centers Program Evaluation Project[EB/OL]. [2020‑01‑17]. https://projects. ncsu. edu/iucrc/PDFs/CD%20Reports/CD%2016-17.pdf.

4. 创造知识产权"安全港",鼓励产研合作

BSAC 的知识产权实践是为了实施加州大学的知识产权政策,保护社会公众、企业会员、大学和研究者的利益。加州大学规定,大学研究者通常有义务报告发明。BSAC 的教师也有选择的自由,甚至有义务尽早和经常地发表研究成果,这一过程可能使他们的研究成果在没有专利保护的情况下进入公众视野。美国商务部则允许并鼓励工业和学术研究人员之间通过创造"安全港"的方式进行合作。

根据会员与大学之间签订的参与协议,BSAC 的知识产权在早期(提前 90 天)仅向会员披露其发明,为会员进入加州大学伯克利分校负责管理大学所有知识产权的知识产权和产业研究联盟办公室(Office of Intellectual Property and Industry Research Alliances,简称 IPIRA)提供便利。该促进措施采取与 IPIRA 办公室相连的自动披露管理系统的形式,通过该系统,BSAC 成员可以在发明发布后的几个小时内收到摘要,并可以一键向 IPIRA 请求接受详细披露。为了避

① Berkeley Sensor & Actuator Center. BSAC Profile Summary[EB/OL]. [2020‑01‑17]. http://www-bsac.eecs.berkeley.edu/contact/bsac_summary_page.php?URLnode=60.

免不受约束的内部披露,BSAC 对不希望将详细发明披露自动发送给其员工的会员公司实施"守门人"保护。如果研究人员决定提交发明披露,那么他们必须尽快公开,以便企业会员迅速得到潜在专利申请的建议。

BSAC 在首次进行公开披露的 IAB 审核后的 12 个月内,通过公开"记录"的方式,有效地披露所有的预发布数据,确保及时提交。无论个人结果是否已单独发布,该"记录"均构成公开披露,因此对随后的专利申请设定了时限。这种早期、广泛的公开披露和记录也有助于满足 BSAC 的基础研究免于出口许可(EAR 和 ITAR)的规制。

BSAC 管理部门不作为辩护者参与企业会员和 IPIRA 之间关于特定知识产权许可相关事项的讨论或谈判。为了避免会员、大学和研究者之间的利益冲突,何时或与谁进行许可证讨论等细节一般不会告知 BSAC 管理部门①。

5. 建立外部评估体系,促进大学产业中心持续改进

NSF 建立了完善的外部评估体系对 I/UCRC 进行评估。评估体系有几个主要特色:数据收集工作的协调机制,每个中心有一名现场评估员,标准化的数据收集规程和工具,以及纵向数据收集、报告和分析。对评估工作的支持由 I/UCRC 项目提供,NSF 会为协调机制和各种补充研究提供资金。

NSF 主要通过遵循标准化评估规程的现场评估员进行评估。评估员会提交评估报告,记录中心的成功案例和经济影响,总结中心的发展情况,并对学生、教师、工业咨询委员会成员等利益相关者进行调查。评估目的有 4 个:首先,通过记录 I/UCRC 的成果和成就,帮助 NSF 和中心客观评估其影响;其次,通过向 NSF 和中心提供可操作的、及时的、基于数据的反馈、分析和建议,促进其持续改进;再次,确定并向 NSF 和中心传达有关 I/UCRC 最佳实践的信息;最后,促进对产学研合作的更好理解②。

评估体系有三个协调机制。首先,NSF I/UCRC 的工作人员会为评估工作提供全面指导。第二,所有评估员组成一个评价工作协调委员会。委员会每年召开两次会议(通常为 1 月和 6 月),分享关于评估工作不同组成部分的调查结果,交流信息,为新的评估员提供指导,并就与评估工作相关的问题进行投票。

①　Berkeley Sensor & Actuator Center. BSAC IP & Patent Policy[EB/OL].[2020 - 01 - 17].http://www-bsac.eecs.berkeley.edu/about/BSAC_IP_Policy_2011.pdf.

②　National Science Foundation. Resources for Evaluators[EB/OL].[2020 - 01 - 17].https://projects.ncsu.edu/iucrc/ResourcesForEvaluators.htm # top.

评估员是通过第三方承包商雇佣和支付报酬的。最后,北卡罗莱纳州立大学(North Carolina State University,简称 NCSU)的一个团队与 NSF 签约,会协调和支持 I/UCRC 的评估工作。NCSU 团队还负责维护和更新 I/UCRC 评估网站,并对从 I/UCRC 收集的结构性数据进行分析①。

6. 案例小结

BSAC 作为产学合作研究中心的典型代表,其成功之处主要有四方面。第一,BSAC 实施的企业会员制度,促进了其与企业之间的科研合作、资源共享和人员交流。第二,BSAC 的经费来源主体多元,通过杠杆效应,集结政府、产业多方资金,保障了经费的充足性。第三,BSAC 创造了知识产权披露的"安全港",促进工业界与学术研究人员合作,有利于知识产权的商业化。第四,NSF 建立了完善的评估体系对 I/UCRC 进行评估,能够向 BSAC 反馈数据,提出建议,促进其持续改进。

二、比利时鲁汶大学:大学衍生企业的全方位支持体系

大学衍生企业的成功建立和稳步发展既需要卓越的科学研究成果,也离不开先进的管理经验。一方面,鲁汶大学拥有广阔的技术转化平台,涉及科学专业知识、技术、产品以及服务。大学衍生企业可以凭借大学搭建的平台,在激烈的市场竞争中保证公司的可持续发展。另一方面,鲁汶大学拥有一支经验丰富、行政高效的技术转化团队,这也成为教师衍生创业成功的重要保障。鲁汶大学在大学衍生企业创建方面取得的成功有赖于其长期以来积极构建的全方位的创业支持体系,其助力衍生企业建立的突出做法主要有以下 5 点:

1. 提供创业项目与孵化器,营造外部创业环境氛围

作为一个充满创业活力的国家,比利时为鲁汶大学的衍生企业建设提供了十分有利的创新创业氛围。这一方面是因为比利时的英语普及率高,更重要的是比利时第三产业发达、新建企业数量激增、劳动生产率高。在比利时,创业周末、编程马拉松(Hackathon)、露天咖啡(Open Coffees)等各类创业活动和研讨会随处可见。创业加速项目和孵化器已经在比利时多个城市启动并运行,商业合作和创客空间(Makerspaces)如雨后春笋般涌现,在媒体的积极报道之下,成

---

① National Science Foundation. Resources for Evaluators[EB/OL].[2020 - 01 - 17]. https://projects. ncsu.edu/iucrc/ResourcesForEvaluators.htm#top.

为推动大学创业的一股不容忽视的力量①。此外,"年度初创企业"的奖项也大大推动了整个社会创业的热情。鲁汶大学主校区所在的鲁汶市更是一个充满活力的城市,它位于佛兰德省和欧洲的中心地带的明盖特(Mindgate)地区,聚集了54 000余名学生,是几所世界知名研究机构的所在地,拥有创新的商业环境和大量的投资资本,为创新和高科技创业提供了肥沃的土壤。

鲁汶大学支持教师衍生创业的动力一方面来源于弥合基础、概念研究与实践之间差距的愿景,另一方面也是出于对社会现实需求的回馈,以及对比利时和佛兰德省创业氛围的响应。鲁汶大学有许多需求驱动和应用驱动型的研究项目,这实质上也为大学提供了丰富的衍生企业胚胎。这些项目不但将相关研究聚集在鲁汶大学技术园区内,而且加强了教育和工业之间的联系,促进了佛兰德、比利时和欧洲的创新和企业家精神的培育。

2. 打造创业支持中枢机构,流程化与个性化相结合

作为鲁汶大学的技术转化办公室、欧洲最早的技术转化办公室之一,鲁汶大学研发中心(KU Leuven Research & Development,简称LRD)是为教师衍生创业提供全程服务的机构,旨在帮助创业教师最大限度地挖掘其研究的经济潜力和社会影响力。自1972年成立以来,LRD一直在学术界和工业界之间搭建桥梁,支持创建了128家大学衍生企业,这些衍生企业直接雇佣员工6 700余名②;通过向社会和市场转移知识和技术,增强了研究成果对人类活动的影响。LRD在技术转化的各方面都建立了广泛的国际声誉,不但包括创建衍生企业,还包括工业合作、知识产权保护和促进知识驱动型区域发展,其专业化的运作为鲁汶大学衍生企业的成功创建和发展奠定了基石。

在知识经济浪潮中,创业文化在大学教师群体中日益兴盛。LRD在四十余年辅助创建高科技衍生企业的过程中积累了丰富的经验,组建了卓越的人才队伍;拥有一支由法律顾问、专利专家、经济学家和项目经理组成的多学科团队,为科研人员的成功创业提供了保障。LRD组织架构合理,集成了衍生创业、知识产权、政府研究基金、工业研究基金四种与大学技术转化密切相关的业务,四者

---

① Julie de la Kethulle de Ryhove. Why Belgium is an innovation hotspot[EB/OL].[2020 - 01 - 17]. https://www.boardofinnovation.com/blog/why-belgium-is-an-innovation-hotspot/.

② KU Leuven Research & Development. Technology transfer at LRD: brochure[EB/OL].[2020 - 01 - 17]. https://lrd.kuleuven.be/en/lrd-movie-brochure.

在 LRD 的不同部门开展工作,保障了各项业务的专业化运作;其下设法律事务部、财务与行政部,以解决师生在所有形式的技术转化过程中可能遇到的问题①。此外,鲁汶大学各学院均有一位专门对接 LRD 业务的负责人,保证了各学科衍生创业指导的专业性。

在辅助教师创建大学衍生企业方面,LRD 主要向创业教师提供知识产权保护和管理、初始阶段的法律支持、商业模式验证、市场分析、团队组建、成长管理等服务项目。就衍生创业支持流程而言,首先,研究人员与 LRD 的创新顾问取得初步联系,简要介绍拟用于创业的科技成果,并描述公司的业务构想。在随后数周至数月内,LRD 将指导研究人员撰写一份合理可行的商业计划书。商业计划书既是吸引、说服投资者的有力工具,又可以在衍生企业成立后,充当企业有效的监督控制工具,帮助创业教师检视其企业的发展方向和发展进程。由于每个创业项目所提供的产品和服务具有高度的创新性,制定一份令人信服的商业计划书是一项相当复杂的工程。因此,LRD 内部顾问会对研究人员进行详尽指导,必要时也会邀请外部顾问参与。一旦明确了业务重点,LRD 就会帮助创业教师制定财务计划、确定所需的资本规模。随后,LRD 决定是否将该项目提交给鲁汶大学杰玛·弗里斯基金(Gemma Frisius Fund,简称 GFF),或在必要时寻找其他投资者或风险资本家。一旦资金到位,就开始着手建立衍生企业②。在此过程中,LRD 还会在行政程序办理和法律文书起草方面提供支持。

3. 成立大学种子资本基金,扶持衍生企业稳定发展

寻找启动资金和天使投资人是关乎大学衍生企业创建的关键一步。鲁汶大学与 KBC 私募股权公司(KBC Private Equity)和法国巴黎银行富通私募股权公司(BNP Paribas Fortis Private Equity)两家大型私人银行合作,于 1997 年创建了鲁汶大学自己的种子资本基金——杰玛·弗里斯基金。该基金在创建之初便获得了 1 250 万英镑的种子资本,旨在促进鲁汶大学衍生企业的创建和发展。GFF 不但可以在衍生企业发展的早期阶段向其提供种子资本,而且能够将大学的研究和技术转让专长与两家银行的金融投资专长相结合。

GFF 投资不限于特定的技术领域,鲁汶大学任何一项适宜于创建衍生企业

---

① KU Leuven. KU Leuven organisational chart[EB/OL]. [2020 - 01 - 17]. https://www.kuleuven.be/wieiswie/en/unit/50017595.

② KU Leuven Research & Development. FAQ spin-off[EB/OL]. [2020 - 01 - 17]. https://lrd.kuleuven.be/en/spinoff/faq-spinoff.

的知识和技术均有资格获得资助,投资期限通常为 7 至 10 年。作为种子资本基金,GFF 一般仅参与首轮融资,但为了帮助衍生企业在最初几年内稳定发展,在必要时还会与其他外部伙伴合作,提供第二轮融资。GFF 的运作与鲁汶 LRD 的活动密切相关,其大多数的投资机会也是由 LRD 的网络提供的。LRD 拥有广泛的国内外投资者和商业天使网络,可以帮助创业教师从具有战略合作关系的投资者联盟中筹集到更多的启动资本①。

GFF 有两个主要的委员会——咨询委员会和董事会。咨询委员会负责评估衍生创意,协助意向创业教师进一步调整商业计划,并最终确定商业模式。GFF 在衍生企业的成长过程中提供积极的指导和支持,通常也会参与到衍生企业的董事会中。自 1997 年该基金成立以来,GFF 已经帮助成立了几十家大学衍生企业。2005～2018 年间,鲁汶大学累计向其衍生企业投资 1 270 万英镑,累计筹集外部资本 10 亿英镑。

4. 提升基础设施建设品质,培育衍生企业孵化沃土

基础设施是大学衍生企业赖以生存和发展的必需条件,既包括场地、设备、耗材等硬件,也包括企业运行所必需的人力资源等。鲁汶大学为衍生企业提供了先进的实验室和办公空间,并且拥有大量掌握多国语言的高素质员工。在初始创业阶段,当衍生企业尚不具备规模时,研究人员可以与其所在的大学实验室达成协议,租用少量空间及必要的实验室设备。不过,这种租赁只能是临时性的,大学会不时敦促衍生企业尽快搬迁。此时,LRD 会帮助创业教师为衍生企业找到更合适的办公场所②。

鲁汶大学运营了不少可供衍生企业入驻的孵化器,包括创新与孵化中心(Innovation & Incubation Centre,简称 I&I)和生物孵化器。I&I 由鲁汶大学、鲁汶市政府和几家私营公司管理。I&I 不仅为新的研究型创新企业提供共享设施和设备,还提供管理支持服务(接待、电话应答、秘书工作和会计)和管理咨询服务(财务处理和经验丰富的管理人员的建议),使衍生企业可以专注于其核心业务。鲁汶大学生物孵化器同样提供实验室和办公设施,为生物技术领域的企业家和公司营造了一个充满活力的创新环境,使他们能够发展自己的创意

---

① KU Leuven Research & Development. Gemma Frisius Fund[EB/OL].[2020 - 01 - 17].https://lrd. kuleuven.be/en/spinoff/gemma-frisius-fund.

② KU LEUVEN RESEARCH & DEVELOPMENT. FAQ spin-off[EB/OL].[2020 - 01 - 17].https:// lrd.kuleuven.be/en/spinoff/faq-spinoff.

和技术。高素质的员工和广泛的专业网络为创业教师提供了多维度的专家支持和建议。

此外,鲁汶大学还运营了多家科技园。其中,阿伦伯格科技园(Arenberg Science Park)占地约 13 公顷,由 5 个建筑群组成;两个集群专门提供生物技术方面的支持设施,其余 3 个则侧重于信通技术和其他科技产业。哈斯罗德科技园(Haasrode Science Park)占地约 130 公顷,容纳了约 100 家公司,雇佣员工 5 000 余名。鲁汶大学的科技园形成了一条"技术走廊",百余家规模不一的高科技企业云集于此。这其中既包括 LMS International、ICOS 视觉系统、Easics 和 Materialise 等鲁汶大学的衍生企业,又包括一些著名的国际公司,如 JSR 电子、Heraeus Sensor-Nite、NXP 以及 Terumo 等。LRD 近年来还一直与亨克市(Genk)和哈塞尔特大学(University of Hasselt)密切合作,在水榭(Waterschei)的老矿区建设了一个科技园;与蒂嫩市(Tienen)联手,在饲料食品健康校区建设了一个科技园①。

5. 参与区域产业集群建设,编织创业外部联系网络

大学的外部联系网络及其所在区域的产业集群建设,对大学衍生企业的建立具有相当重要的意义,因为缺少与地区行业的联系便无法对知识产权进行市场价值评估。鲁汶大学 LRD 致力于以创新推动区域知识经济增长,与地方、国家政府乃至欧盟建立了良好的关系,并与国内外公司保持密切联系。LRD 在建立合作倡议和技术集群,以及建设管理鲁汶地区孵化器、科技园和商业中心等方面,与鲁汶市密切合作,为教师衍生创业创设了十分有利的商业环境。

LRD 大力推进建设跨界别的横向网络和跨机构的纵向技术集群。每逢一些重要场合,横向网络将来自学术部门、工业部门和政府部门等具有各种技术背景的若干利益相关者聚集在一起,形成技术集群。例如,鲁汶股份有限公司成立于 1999 年,它是一个高科技创业网,汇集了来自学术研究团体、高科技初创企业、咨询机构、风险资本家和鲁汶地区老牌公司的志同道合者。

纵向网络的建立则旨在将特定技术领域的特定利益相关方聚集在一起。例如,LSEC(Leaders In Security,国际著名信息安全机构)致力于通过将具有电子安全专业知识的公司聚集在一起,在整个行业中培养信息技术安全意识。另一个典型代表是欧洲智能电子系统和嵌入式技术解决方案的卓越集群——数字信

---

① KU LEUVEN RESEARCH & DEVELOPMENT. Science parks and business centres[EB/OL]. [2020 - 01 - 17]. https://lrd.kuleuven.be/en/hitech/science-parks-and-business-centres.

号处理器谷的 100 多名机构成员是活跃在微纳电子和嵌入式系统整个产业价值链上的大中小企业和研究机构,包括从硅制造商到硬件和软件设计公司,一直到产品和工具开发商、集成商和专业用户①。

6. 案例小结

鲁汶大学作为欧洲创业型大学的典范之一,其成功一方面得益于政府提供的多样化的创业项目,为其营造了得天独厚的创业氛围;另一方面也应当归功于大学自身为其衍生企业建立的全方位的支持体系。第一,鲁汶大学设立了研发中心作为其创业支持的中枢机构,规范了创业支持的各项流程,同时竭力满足每个创业案例的个性化需求。第二,鲁汶大学成立了大学种子资本基金,保证了对创业项目资助的持续性,有利于扶持衍生企业稳定发展。第三,鲁汶大学不断提升基础设施建设品质,专业化运营管理多家孵化器和科技园,使其成为促使大学衍生企业成长的一片沃土。第四,鲁汶大学积极参与区域产业集群建设,为大学衍生企业的建立和发展编织了发达的外部网络。

第五节　政策建议

基于以上对一流大学经济贡献的指标比较与案例分析的结论,并结合当前我国一流大学经济贡献方面存在的不足,本研究提出了以下几方面的政策建议。

一、探索政府引导下的产学研协同新模式,构建产学研合作新机制

当前,我国政府引导下的产学研协同创新模式中,政府为了促进产学研合作,最普遍的做法是成立产学研协同创新课题,通过设立专项科技资金,吸引企业和大学、科研院所加入,然而合作效果并不理想。企业联合高校或科研院所共同申报产学研协同创新项目,往往只是为了获取政府提供的科研资金,申报成功后,并不尽全力进行课题研究②。

为了促进大学、企业和政府间持续的良性互动,应构建有效的组织机构和运行机制;探索多元投入方式,发挥财政资金撬动社会资本的杠杆作用,推动公私

---

① KU LEUVEN RESEARCH & DEVELOPMENT. Networks[EB/OL].[2020 - 01 - 17].https://lrd.kuleuven.be/en/hitech/networks.
② 张在群.政府引导下的产学研协同创新机制研究[D].大连:大连理工大学,2013:17 - 21.

合作攻关基础应用研究和产业共性技术。本研究建议探索在国家自然科学基金、重点研发计划下设立相应的子计划,试点产业会员制的制度架构,以限期配套方式资助产业竞争前的基础研究,形成由行业出题出资、大学(或科研院所)承担研发任务、中央财政配套资助的产学研合作机制,通过财政"杠杆效应"撬动社会资本参与,实现可持续的自我驱动协同模式①。同时,我国对大学、科研机构与产业界合作的评价多侧重于合作绩效,而往往忽略了合作对企业的影响,注重的是合作所发表的论文、专著等,忽视了研究成果的转化,从而制约了技术的发展与商业化。建议在产学研中心的评价方面借鉴 NSF 对 I/UCRC 的评价机制,注重对合作过程的评价②。

二、积极投身区域产业集群建设,健全外部合作伙伴网络

在当前"大众创业、万众创新"的背景下,我国大学逐步加大了对教师衍生创业的支持力度,纷纷设立并完善大学产业研究院、创业孵化器和科技园。然而,我国大学的衍生创业支持体系建设实践还存在不少问题,主要体现市场运作机制欠缺、科技成果转化渠道不畅,与社会的对接口径狭窄,阻碍了科技成果转化效率的提高③。

鲁汶大学技术转化办公室不但与国内外公司积极建立良好的合作伙伴关系,而且与各级政府乃至欧盟都保持战略合作关系。这种与外界利益相关者的广泛联结使得技术转化办公室在建立技术集群、创业孵化器、科技园和商业中心等方面具有得天独厚的优势,为教师衍生创业创造了有利的商业环境。鲁汶大学积极筹划和推进跨界别的横向网络和跨机构的纵向技术集群建设。一方面,横向网络聚集了学术部门、工业部门和政府部门的具有各种技术背景的若干利益相关者,加强了大学与社会各界的互动。另一方面,纵向网络将特定技术领域的利益相关方聚集在一起,助力了产业集聚发展。

针对与社会对接口径狭窄的问题,我国大学宜借鉴鲁汶大学的相关做法,加

---

① 冉美丽.美国 I/UCRC 计划推动产学研深度融合的经验与启示[J].全球科技经济瞭望,2019,34(5):52-59.
② 李培楠,赵兰香,万劲波.产学研合作过程管理与评价研究——美国工业/大学合作研究中心计划管理启示[J].科学学与科学技术管理,2013,34(2):20-27.
③ 卫平,高小燕.中国大学科技园发展模式转变研究——基于北京、上海、武汉等多地大学科技园调查及中外比较分析[J].科技管理研究,2019,39(21):20-25.

强社会责任意识：既要凭借自身科研成果广泛吸引各方利益相关者，又要积极参与区域产业集群的建设。政府也应当提供更多校企合作项目，拉近大学与企业间的距离。这些举措对于建立、健全外部联系网络、畅通科技成果转化渠道大有裨益。外部联系网络和区域产业集群建设有利于日后在衍生创业服务中对知识产权进行市场价值评估，减少创业教师在与政府和企业对接过程中产生的阻力，从而更好地为大学衍生企业的创建和孵化提供有效支持。

三、加强天使投资联盟建设，积极创建自主运营的种子资本基金

我国大学衍生企业的风险投资渠道有限，缺乏风险投资管理体系，贷款难、融资难，靠政府推动、财政资金注入等模式，难以可持续发展[①]。此外，作为衍生企业孵化地的大学科技园运营重视眼前利益，忽视服务于科技型、初创型中小企业能力建设，且存在政产学研多头管理的问题，导致各自为政，利益关系难以协调[②]。

鲁汶大学自主运营的杰玛·弗里斯基金，是鲁汶大学促进衍生企业创建和稳定发展的关键机构。在运营方面，该基金与鲁汶 LRD 保持密切合作，其咨询委员会在衍生项目创意评估、商业计划调整、商业模式确定等多个环节对创业项目进行质量把控。种子资本基金的自主运营，使得投资主体与技术转化部门对接更为紧密，这不但使得技术转化部门的科技成果具有了更加稳定的资金来源，而且保证了基金对所资助项目的充分了解，降低了投资风险。除此之外，LRD 还拥有广泛的国内外投资者和商业天使网络，为教师的科技成果转化提供了广阔的投资平台，保障了鲁汶大学科技成果转化的可持续性。

为了摆脱风险投资资本匮乏对我国大学衍生企业发展的桎梏，鲁汶大学的经验值得借鉴。一方面，我国大学要建立强大的投资者联盟，与风险资本集团签订战略互惠协定，凭借大学卓越的科研实力吸引国际国内社会潜在的风险资本，为教师衍生创业编织纵横交错的天使投资网络。另一方面，我国大学可从校友工作中寻求突破，积极寻求机遇，创建大学自主运营的种子资本基金，以逐步提升大学科技转化部门的自主性，避免过分依赖财政支持或缺乏稳定性的外部风险投资，以便最大程度保证大学衍生创业支持的持续发展。

---

① 郑会.我国大学科技园区创新绩效比较研究——基于相对效率角度[J].科技管理研究,2010(17)：45-49.
② 赵冬梅,孙继强,姜丽萍."四众"新模式下科技园区发展动力转换问题研究[J].科技管理研究,2016,36(22)：128-133.

四、搭建创业支持生态系统,提供创业网络与资本

创业是一个复杂的系统性工程,它不仅需要具有市场洞察力的商业想法,而且还需要坚实的物质保障。对于大学创业者而言,创业的支持网络与初创资本投入是创业成功的基础。在当前"大众创业、万众创新"的背景下,我国大学逐步加大了对教师衍生创业的支持力度,纷纷设立并完善大学产业研究院、大学创业孵化器和科技园。然而,我国大学的衍生创业支持体系建设实践还存在不少的欠缺,主要体现在三个方面。一是市场运作机制欠缺、科技成果转化渠道不畅,与社会的对接口径狭窄,阻碍了科技成果转化效率的提高[①]。二是大学科技园运营重视眼前利益,忽视服务于科技型、初创型中小企业能力建设;政产学研多头管理,导致各自为政,利益关系难以协调[②]。三是大学衍生企业的风险投资渠道有限,缺乏风险投资管理体系,贷款难、融资难,靠政府推动、财政资金注入等模式,难以可持续发展。

上述三方面问题实质上暴露出我国大学在技术转化领域与政府和产业部门缺乏有效互动,而这恰恰是鲁汶大学衍生企业创建的最核心的成功要素之一。对此,我国大学在衍生创业方面宜借鉴鲁汶大学的相关做法,从而更好地为大学衍生企业的创建和孵化提供有效支持。大学应加强其社会责任意识,既要凭借自身科研成果广泛吸引各方利益相关者,又要积极参与区域产业集群的建设,同时政府也应当提供更多校企合作项目,拉近大学和企业间的距离,这是建立健全外部联系网络、畅通科技成果转化渠道的基础。

（杨希,王倩,李欢）

---

① 卫平,高小燕.中国大学科技园发展模式转变研究——基于北京、上海、武汉等多地大学科技园调查及中外比较分析[J].科技管理研究,2019,39(21):20-25.
② 赵冬梅,孙继强,姜丽萍."四众"新模式下科技园区发展动力转换问题研究[J].科技管理研究,2016,36(22):128-133.

第七章
世界一流大学品牌影响力指数

当前,国际形势遇到了百年未有之变局,国际影响力对国家的复兴发展有重要意义。大学品牌的国际影响力在中国建设世界一流大学过程中发挥关键作用。本章通过世界一流大学同行、第三方评价机构和媒体三个视角对大学品牌的国际影响力的测评发现,我国一流大学在各类评价硬指标上获得了快速增长,而品牌影响力并未能获得同步增强,出现了高声誉度的实质性国际合作少、高质量国际奖项少、内部排名表现差异大、国际媒体显示度低等问题。为了提高我国一流大学的国际影响力和国际话语权,建议以国际品牌建设为主线,深化国际化建设战略。

第一节　背　景　与　思　路

一、大学品牌的重要性

1. 对资源的国际竞争推动大学加强品牌建设

品牌最初是一个经济学概念,后来被学者和实践者引入教育领域,大学品牌是大学在长期发展过程中在人们心目中所形成的关于这所大学的办学水平、科研水平、学科建设、教学质量等的知名度和美誉度[1],是一所大学在创建、发展过程中逐步积淀下来的凝结在大学名称中的跨越时间和空间的社会认可程度[2]。

在全球化背景之下,无论是否出自本意,几乎所有的高等教育机构都不可避

---

[1] 徐同文.大学如何实施品牌战略[N].光明日报,2006-02-22(7).
[2] 袁本涛,江崇廓.论大学的品牌——兼论我国高校合并与创建世界一流大学的战略[J].科技导报,2000(7):27-31.

免地卷入了全球化进程之中①,世界范围内掀起了高等教育国际化的浪潮。国际化在促进科学知识、大学师生频繁进行国际流动的同时,也使得大学间的国际竞争加剧②。对资源、学生和教师的全球竞争推动全球的大学开展品牌推广活动,大学也如同企业一般通过阐述其愿景和使命来彰显品牌的差异③。大学品牌与学生及校友的满意度、忠诚度密切相关,是学生择校的重要依据④,也影响着校友的捐赠行为⑤;品牌对学校的根本意义在于它代表着很高的信誉和知名度,一个著名品牌是学校的一笔巨大无形资产⑥,在品牌深入人心的社会中,雇主愿意使用大学培养出来的毕业生,其根本是对大学品牌的接纳,是对大学提供的教育和科研质量的信赖:大学品牌能够展现大学的特色,防范同质化发展,进而有利于多元化高教生态的形成,随着国外大学纷纷将目光转向中国教育市场,大学被推进了一场无国界的品牌竞争之战,实施品牌战略势在必行⑦⑧。

2. 国际品牌是世界一流大学的重要构成要素

大学国际品牌是指大学在全球市场和全球竞争中具有杰出表现,得到公众的广泛认可,具有强大竞争优势的品牌。大学国际品牌应具有广泛的国际知名度、认知度、美誉度、偏好度、满意度、忠诚度,具有巨大的经济价值,具有较高的国际市场占有率和市场全球化程度,具有高度的超越地理文化边界的能力,拥有完整的全球化品牌规划,具有高度的知识产权保护能力等特征⑨。

一流大学处于学术系统的核心位置,被认为是在全球知识经济浪潮中提升一国竞争力所不可或缺的部分⑩。一流大学的地位建立在声誉与感知的基础之上,具有一定的主观性,需要大学在很多方面有卓越的表现⑪,因此它们不仅要

① SCOTT P. Massification, internationalization and globalization[J]. The Globalization of Higher Education, 1998: 108 - 129.

② 胡建华.高等教育国际化与中国模式[J].高等教育研究,2018,39(3): 1 - 6.

③ DRORI G. Branding universities: Trends and strategies[J]. International Higher Education, 2015 (71): 3 - 5.

④ STEPHENSON A L, HECKERT A, YERGER D B. College choice and the university brand: exploring the consumer decision framework[J]. Higher Education, 2016, 71(4): 489 - 503.

⑤ BAE Y H, ALLEGHENY G, JUNG S U. Assessing the link between a public university's brand-building activities and alumni gift-giving[J]. Marketing Management, 2016: 144.

⑥ 冯家贵,梁元星.大学品牌及其塑造策略[J].改革与战略,2006(6): 58 - 61.

⑦ 钟瑶,黄龙.当今高校品牌战略的构建[J].湖南工程学院学报(社会科学版),2007(3): 9 - 12.

⑧ 吴钊,路新平.高校品牌战略探析[J].西北工业大学学报(社会科学版),2001(1): 73 - 74+78.

⑨ 杨明刚.国际知名品牌发展规律及特征探讨[J].国外社会科学,2007(1): 40 - 46.

⑩ 于洪良,张瑾琳.高校品牌建设刍议[J].国家教育行政学院学报,2008(3): 65 - 67.

⑪ 刘念才,SADLAK J.世界一流大学:特征·排名·建设[M].上海:上海交通大学出版社,2007: 86.

拥有雄厚的财力以建设学术设施和聘任最优秀的教授,还要有充分的学术自由,开展前沿性研究,坚持科研与教学的最高学术标准①,以及重视品牌的建设与国际传播,赢得广泛的心理认同。一流大学的精英地位不是一种自我宣言,而依赖于国际认可②,高校在竞争中去赢得品牌和声誉,最终建立起世界公认的品牌③。品牌建设是一流大学建设的题中之义。

国务院印发的《2003—2007 年教育振兴行动计划》提出要"实施中国教育品牌战略","教育品牌"这一概念首次出现在国家的政策性文件中④。2015 年国务院印发的《统筹推进世界一流大学和一流学科建设总体方案》⑤,更是明确提出要"切实提高我国高等教育的国际竞争力和话语权,树立中国大学的良好品牌和形象"。党的十九大报告指出,要"推进国际传播能力建设,讲好中国故事,展现真实、立体、全面的中国,提高国家文化软实力"。国家层面对外宣工作的重视程度不断提升,在教育领域,打造国际品牌成为推动大学内涵式发展及建设世界一流大学的应有之举。

二、新媒体视角下大学品牌传播的相关研究

1. 社交媒体视角下的大学品牌影响研究

在新媒体时代,网络对大学品牌塑造的重要作用受到学者的关注,通过梳理相关文献发现,已有研究主要基于社交媒体和大学官方网站两类新媒体对大学品牌进行探讨。社交媒体可以被定义为通过个人和组织等实体之间的社交互动来实现信息传播的媒体,相比于传统媒体而言,其对品牌的影响更为巨大,品牌正试图通过社交媒体来接触客户,以此建立信誉和声誉;更为重要的是,品牌需要依据在社交媒体中的知名度来判断自身地位⑥。统计数据

① 菲利普·G·阿特巴赫.世界一流大学的成本与收益[J].覃文珍译.北京大学教育评论,2004(1):28-31.
② WANG Q, CHENG Y, LIU N C. Building world-class universities: Different approaches to a shared goal [M]. Building World-Class Universities. Brill Sense, 2012:2.
③ 袁本涛,江崇廓.论大学的品牌——兼论我国高校合并与创建世界一流大学的战略[J].科技导报,2000(7):27-31.
④ 教育部.2003—2007 年教育振兴行动计划[EB/OL].(2004-03-24)[2020-04-20].http://www.moe.gov.cn/jyb_sjzl/moe_177/201003/t20100304_2488.html.
⑤ 国务院.国务院统筹推进世界一流大学和一流学科建设总体方案[EB/OL].(2015-11-05)[2020-04-20].http://www.xinhuanet.com//politics/2015-11/05/c_128396305.htm?f_ww=1.
⑥ BOTHA E, FARSHID M, PITT L. How sociable? An exploratory study of university brand visibility in social media [J]. South African Journal of Business Management, 2011, 42(2):43-51.

表明,世界上几乎所有以市场为导向的高等教育机构都积极参与某种类型的社交媒体营销活动①②。许多大学正将社交媒体这一具有成本效益的网络平台作为展示其独特性的途径,以便在国际市场上获得竞争优势,招募到更多优质生源③。

　　在社交媒体与大学品牌的研究方面,学者多通过大学或师生在相关平台上的发帖数、点赞数、粉丝数和讨论情况等数据来对大学品牌的塑造与传播进行测评。有研究通过对不同类型高校讲师的深度访谈来探究其使用脸书(Facebook)的目的、频率和发帖情况等内容,发现教师在脸书上进行的分享能有效促进大学品牌的传播④。有的学者对美国 133 所大学和学院 10 天内在推特(Twitter)上发布的推文进行了内容分析,结果表明,高等教育机构更多使用推特来与普通受众沟通⑤。也有学者探讨了加拿大的大学应用社交媒体进行品牌营销的策略,从脸书和推特两个社交网站上收集定性数据,结果表明,在这两个平台上,大多数以校园为主题的帖子与校园新闻或学生活动相关,其中推特在进行对话方面更受欢迎,而脸书仍是发起帖子的首选网站⑥。还有研究以美国新闻与世界报道"最佳大学"名单中的 36 所大学作为研究对象,比较了它们在脸书和网站上的品牌塑造与传播情况,指出大学应利用好这些平台,及时发布动态,有效地向公众推销自己⑦。

①　ASDERAKI F, MARAGOS D. The internationalization of higher education: The added value of the European portals and social media pages for the national and the institutional internationalization strategies [J]. International Conference on Information Communication Technologies in Education, 2012(13): 498 - 510.

②　RACITI M. Marketing Australian higher education at the turn of the 21st century: A précis of reforms, commercialization and the new university hierarchy [J]. E-Journal of Business Education & Scholarship of Teaching, 2010(4): 32 - 41.

③　CHOUDAHA R, KONO Y. Beyond more of the same: The top four emerging markets for international student recruitment. Retrieved January 6, 2013, from http://www.wes.org/-ras/ beyond-moreofthesame. asp.

④　PITCHAYANEE P, PRATEEP J, CANTHASAP C. Personal and University Brand: The Case of Personal Branding via Facebook among University Lecturers [J]. Journal of Behavioral Science. 2017, 23(2): 101 - 116.

⑤　LINVILL D L, MCGEE S E, HICKS L K. Colleges' and universities' use of Twitter: A content analysis[J]. Public Relations Review, 2012(38): 636 - 638.

⑥　BÉLANGER C H, BALI S, LONGDEN B. How Canadian universities use social media to brand themselves[J]. Tertiary Education and Management, 2014, 20(1): 14 - 29.

⑦　PERUTA A, RYAN W, ENGELSMAN R. Social Media Branding Strategies for Higher Education: Comparing Facebook Pages and Web Sites[J]. International Journal of Technology, Knowledge & Society, 2013, 9(1).

2. 大学官网视角下的大学品牌影响研究

大学官网是由高校创办,以传播高校新闻、发布各类信息、收集资讯言论、服务广大师生等为主要目的的综合性网站①。有学者指出,大学官网对内有助于提升教师、学生对大学的积极评价与认同②;对外是公众感知大学品牌形象的重要媒介,它在展现学校实力、传播大学文化、促进大学发展等诸多方面发挥着日益重要的作用③。还有学者认为通过官网能向访问者展示大学的品牌形象、声誉和文化,使受众了解大学品牌的定位、理念,强化大学品牌的塑造,从而实现吸引公众、与受众互动和留住网络访客的目的④。

更具体的研究包括,研究美国1 329个四年制高等教育机构的品牌识别情况,通过对学校官网主页上组织名称、使命宣言、组织标志等信息进行分析发现,表现突出的教育机构更为注重组织的名称及传统的学术性符号,而成熟度低的教育机构则更倾向于将自身的宣言定位与现代标识相结合,进而建立独特的品牌标识⑤。也有研究使用品牌个性理论框架来探讨瑞典的大学是否通过网络来传达其独特的品牌个性,获取了17个瑞典大学英文网站的数据,多阶段分析的结果表明,一些大学传达出清晰的品牌个性,而部分大学却未能成功传达其品牌个性⑥。还有研究英国大学如何通过其官方网站来展示品牌承诺,对网站模块中有关于教学与研究、管理、国际项目、校园环境、创新、社会责任等信息进行文本分析和聚类分析,结果显示,不同类型的大学均对教学与科研等传统价值有着很好的传达,而在社会责任及大学环境等情感性价值方面的表现则有所欠缺⑦。

① 冯文燕.高校官方网站建设研究综述[J].科教导刊-电子版(下旬),2016(7):18-19.
② BARNES S J, VIDGEN R T. Technology socialness and web site satisfaction[J]. Technological Forecasting and Social Change, 2014, 89: 12-25.
③ 裴蕾、杨李娟.我国高校中文门户网站建设调查分析——基于对国内20所高校中文网站的评测[J].现代情报,2013,33(10):96-100.
④ MELEWAR T C, FOROUDI P, KITCHEN P, GUPTA S, FOROUDI, M M. Integrating identity, strategy and communications for trust, loyalty and commitment[J]. European Journal of Marketing, 2017, 51(3): 572-604.
⑤ LYNCH A. University brand identity: A content analysis of four-year US higher education website home pages [A].// Adams. G M, Alkhafaji A, Business Research Yearbook: Global Business Perspectives[M]. IABD, 2006: 82-88.
⑥ OPOKU R A, HULTMAN M, SAHELI-SANGARI E. Positioning in market space: The evaluation of Swedish universities' online brand personalities[J]. Journal of Marketing for Higher Education, 2008, 18(1): 124-144.
⑦ CHAPLEO C, CARRILLO DURÁN, M. V., CASTILLO DÍAZ, A. Do UK universities communicate their brands effectively through their websites? [J]. Journal of Marketing for Higher Education, 2011, 21(1): 25-46.

　　总结已有的基于社会媒体和大学官网开展的大学品牌影响相关研究,学者主要对大学在社交媒体中出现的频次以及在官网各版块中的表现进行内容分析,在此基础上对其品牌识别、品牌个性、品牌承诺等不同内容加以探讨。在研究对象的选取方面,现有研究多以某国的大学或某所单一大学作为样本,多国间定量的国际对比研究较少,且鲜有学者对一流大学品牌的国际传播与影响力进行专门探讨。

三、研究思路

　　基于大学品牌的重要性和新媒体在品牌影响中的重要作用,本章以国内外一流大学为样本,考察大学在国际舞台上的品牌影响力,并回答以下研究问题。① 如何在国际视野下对大学的品牌影响力进行定量的观测? ② 我国"双一流"建设大学和世界一流大学在品牌影响力上的差距如何? ③ 世界一流大学在品牌影响力建设上有何经验可供借鉴?

　　针对上述研究问题,本章采取以下步骤展开分析:第一,设计一流大学品牌影响力指数的测量维度和指标体系;第二,根据指标设计,开展对可比数据的探索,最终形成可测量品牌影响力的基础数据库;第三,对原始数据进行处理,计算指标得分,进行国内外一流大学的数据得分对比;第四,选取国内外案例组,探讨不同大学品牌影响的特点;第五,基于量化比较和案例分析的结果,结合我国一流大学在品牌影响力上呈现出的问题,提出"双一流"建设阶段的提升策略和建议。

第二节　研究方案与设计

一、指数设计

1. 指标体系

　　国际品牌是大学国际显示度和知名度的体现,在对已有相关研究分析的基础上,针对现有研究视角单一、缺乏国际可比和数据来源不丰富等问题,本章侧重国际视野,尝试从世界一流大学的同行视角、第三方的评价视角和媒体的大众视角较立体地观测一流大学品牌的国际影响力,以此探索国内外一流大学品牌影响力的异同。

　　以选择的三个视角为指标维度,从可测量、可获取和可国际对比的原则出

发,对三个指标实现定量测评:

世界一流大学同行视角下的国际影响力分为入度影响和出度影响[①],其中出度影响以该大学校级英文官网中出现的高声誉度活动作为表征,入度影响以该大学出现在世界一流大学官网的频次为表征;以高校官方网站的校级新闻为数据来源,通过内容分析测量世界一流大学视角下出度影响和入度影响的力度和特征。

第三方评价机构对大学品牌的传播已产生广泛影响,因此将其纳为指标,以全球三大国际排名为第三方机构的代表,以大学在这些评价中的排名表现表征第三方评价机构视野下的大学品牌国际影响力。

在主要国际媒体中的大学品牌影响方面,本研究借鉴已有研究方法,选择大学官网、主要英文报刊、主要社交媒体作为数据来源,以大学在这些媒体中的境外点击量或是出现的频次来测量大学品牌在主要国际媒体中的影响力。

表 7-1　品牌影响力指数的指标设计

指　　标	含　　义
世界一流大学视角下大学品牌的国际影响力	世界一流大学出度影响(在自我英文官网中世界一流大学等相关高声誉行为出现的频次)、世界一流大学入度影响(在世界一流大学校级官网中出现的频次)
第三方评价视角下大学品牌的国际影响力	学校在主要全球性大学排名中的排名表现
媒体视角下大学品牌的国际影响力	学校官网的点击量、学校在主要英文报刊中的影响和在全球主要英文社交媒体中的影响

2. 样本选取

本章从 2019 年世界大学学术排名前 25 的大学中选取 10 所作为世界顶尖大学样本组,从排名为 76—100 的大学中选取 10 所作为世界一流大学样本组。

国内组样本大学选择的是进入我国"双一流"建设名单中的 36 所大学。样本高校分为两组:国内 A 组大学是 ARWU 排名前 150 的 8 所大学,包括清华大学、北京大学、浙江大学、上海交通大学、复旦大学、华中科技大学、中山大学和中国科学技术大学。国内 B 组大学为 ARWU 排名在 150 之后的 28 所"双一流"建设大学,参见表 7-3。

---

① 注:本章中"出度影响"主要指以该大学作为弧尾,由该大学官方发布的高声誉度行为数;"入度影响"主要指以该大学为弧头,世界一流大学对该大学的官方引用数。

表 7-2　品牌影响力指数的国际组样本

ARWU 排名	样本大学（中文）	样本大学（英文）
	世界顶尖大学组	
1	哈佛大学	Harvard University
2	斯坦福大学	Stanford University
3	剑桥大学	University of Cambridge
4	麻省理工学院	Massachusetts Institute of Technology（MIT）
7	牛津大学	University of Oxford
11	耶鲁大学	Yale University
13	康奈尔大学	Cornell University
19	苏黎世联邦理工学院	Swiss Federal Institute of Technology Zurich
24	多伦多大学	University of Toronto
25	东京大学	The University of Tokyo
	世界一流大学组	
76	澳大利亚国立大学	The Australian National University
78	洛桑联邦理工学院	Swiss Federal Institute of Technology Lausanne
80	悉尼大学	The University of Sydney
82	莱顿大学	Leiden University
85	鲁汶大学	KU Leuven
90	麦吉尔大学	McGill University
90	名古屋大学	Nagoya University
95	卡内基梅隆大学	Carnegie Mellon University
98	宾夕法尼亚州立大学帕克分校	Pennsylvania State University-University Park
99	西澳大利亚大学	The University of Western Australia

表 7-3　品牌影响力指数的国内组样本

ARWU 排名	样本大学（中文）	样本大学（英文）
	国内 A 组	
43	清华大学	Tsinghua University
53	北京大学	Peking University
70	浙江大学	Zhejiang University
82	上海交通大学	Shanghai Jiao Tong University

(续表)

ARWU 排名	样本大学 （中文）	样本大学 （英文）
101—150	复旦大学	Fudan University
101—150	华中科技大学	Huazhong University of Science and Technology
101—150	中山大学	Sun Yat-sen University
101—150	中国科学技术大学	University of Science and Technology of China
	国内 B 组	
151—200	中南大学	Central South University
151—200	哈尔滨工业大学	Harbin Institute of Technology
151—200	南京大学	Nanjing University
151—200	四川大学	Sichuan University
151—200	东南大学	Southeast University
151—200	电子科技大学	University of Electronic Science and Technology of China
151—200	武汉大学	Wuhan University
151—200	西安交通大学	Xian Jiaotong University
201—300	北京航空航天大学	Beihang University
201—300	北京师范大学	Beijing Normal University
201—300	大连理工大学	Dalian University of Technology
201—300	吉林大学	Jilin University
201—300	南开大学	Nankai University
201—300	山东大学	Shandong University
201—300	华南理工大学	South China University of Technology
201—300	天津大学	Tianjin University
201—300	同济大学	Tongji University
201—300	厦门大学	Xiamen University
301—400	北京理工大学	Beijing Institute of Technology
301—400	中国农业大学	China Agricultural University
301—400	重庆大学	Chongqing University
301—400	湖南大学	Hunan University
301—400	兰州大学	Lanzhou University
301—400	西北工业大学	Northwestern Polytechnical University
401—500	东北大学	Northeastern University（Shenyang）
401—500	郑州大学	Zhengzhou University
501—600	华东师范大学	East China Normal University
501—600	中国海洋大学	Ocean University of China

3. 数据搜集

(1) 世界一流大学视角下大学品牌的国际影响力

关键词：在世界一流大学视角下的品牌出度影响力中,本指数使用"高声誉行为"作为大学的品牌,主要将学校与高声誉机构(或人员)间的实质合作、高声誉荣誉的获得等视为"高声誉行为"。从可测量、可获取和可国际对比的原则出发,本章选择世界百强大学、全球500强企业和国际著名奖项作为具有高声誉的学校品牌,通过统计该校英文官网获得的高声誉行为观测该校在世界一流大学视角下的出度影响力。在世界一流大学视角下的品牌入度影响力中,本指数以世界一流大学的官方英文网站为数据库来源,检索该高校在世界一流大学官网上出现的频次,又因为考察的是国际影响力,故排除了样本大学在本国一流大学中的表现,以此观测该校在世界一流大学视角下的入度国际影响力。

出度数据的获取：从自建数据库"世界一流大学大数据信息库"中获取2015年1月1日至2019年12月31日间样本学校在英文官网发布的校级新闻数据,经过数据清洗、整理,生成一流大学行为品牌的原始文本资料,共计获得国际组20所学校数据76 873篇,获得国内36所学校16 269篇①。

以世界大学学术排名中世界大学排名百强的大学名、财富世界五百强(Fortune Global 500)的企业名和国际排名专家组(IREG)的国际学术奖项清单上的奖项名为高声誉关键词,通过增加其简写、别称、大小写等变形,保证在可行性范围内检索的全面性,构成本研究使用的一流大学品牌国际传播的关键词库②。在大学官方新闻数据中进行检索,获得"标记新闻",这些标记出的数据中含有词库词语。检索结果显示,得到20所国际组样本的标记数据27 375条,得到36所国内样本的标记数据5 815条。

对标记数据进行以篇目为单位的语义阅读,筛选出有效数据。有效数据是指实然发生的高声誉行为,仅提及关键词、未发生的、或不是该校发生的数据等不属于有效数据;有效数据要实际发生在统计时间窗口内,即2015年1月1日

---

① 注：在进行数据检索时,吉林大学的英文网站一直处于无法打开的状态,故未对该校的数据进行统计。

② 注：2015和2016年的出度影响数据筛选关键词来源于2017年"世界大学学术排名"中世界大学排名百强的大学名、2017年财富世界500强(Fortune Global 500)的企业名和国际排名专家组(IREG)的国际学术奖项清单上的奖项名;2017、2018和2019年的出度影响筛选关键词则来源于2019年的大学、企业和奖项名;在入度影响中,2015~2019年的数据筛选均以2019年进入"世界大学学术排名"前100的世界一流大学名为标准。

至 2019 年 12 月 31 日。

对获取到的有效数据进行编码,对数据中的世界百强大学、500 强企业和国际奖项等不同类目的品牌频次进行统计。以篇目为单位的,每一条有效数据若涉及多个高声誉行为(或者品牌),会被同时编码进入不同类目。如一篇数据中提到本校和一所大学有实质活动,计 1 分;一篇数据中提到本校和两所大学有实质活动,计 2 分;一篇数据中提到和一所百强大学及一家 500 强企业有实质活动,计 2 分。

各学校原始得分由在 3 个类目的表现简单相加得到。对原始数据处理,以世界一流大学组的平均得分为标准分 1 分,其他组别和学校的得分是与标准分相较而得的相对分。

入度数据的获取:以大学英文名的全称作为关键词构建词库,从自建数据库"世界一流大学大数据信息库"中获取 2015 年 1 月 1 日至 2019 年 12 月 31 日间样本学校在其他大学校级新闻中被提及的数据,通过去重、去除非百强大学及同国大学提及的情况,共计获得国际组 20 所学校数据 4 458 篇,获得国内组 36 所学校数据 1 876 篇。对获取的有效数据进行篇目的频次统计,一篇数据计 1 分,各学校的原始得分为其在非本国一流大学校级英文新闻中出现的频次。对原始数据处理后,以世界一流大学组的平均得分作为标准分 1 分,其他组别和学校的得分是与标准分相较而得的相对分。

通过上述方法计算得到的出度影响力与入度影响力的算术平均数即为样本大学在世界一流大学视角下品牌的国际影响得分。

(2) 第三方评价视角下大学品牌的国际影响力

关键词:第三方评价视角下的大学品牌影响力中,全球性的大学排名是产生品牌影响力的重要途径。本章采用世界大学学术排名、QS 世界大学排名和泰晤士高等教育世界大学排名三大全球排名所公布的最新数据[①],统计这些第三方评价机构的测评结果所产生的大学品牌影响情况。

数据获取:以三大排名公布的最新排名结果为数据来源,对进入不同排名组别的表现进行统计。能够进入三大排名前 200 的大学计 0.5 分,能够进入三大排名前 100 强的大学计 1 分,能够进入前 25 的大学计 2 分。各学校原始得分

---

① 注:检索时间为 2019 年 1 月。

由在三个排名中的表现简单相加得到。对原始数据处理后,以世界一流大学组的得分为标准分 1 分,其他组别和学校的得分是与标准分对比所得的相对分。

(3) 媒体视角下大学品牌的国际影响力

关键词:关于媒体视角下品牌的国际影响力,本章聚焦大学在传统媒体和新媒体上的传播力度,包括大学官网获得的境外点击量、大学在传统报刊中被传播的频次和大学在社交媒体获得关注的频次。从可测量、可获取和可国际对比的原则出发,本章选取第三方平台 Alexa 对大学校级官网的访问量进行统计(不包含学院/系、研究所、大学招生网站等二级网站与功能性网站)、新闻报纸库 ProQuest 数据库的新闻中大学出现的频次、脸书和领英(LinkedIn)中大学官方社交媒体账号的关注量作为观测数据,以此探究大学品牌在媒体视角下的影响。

数据获取:统计大学官网的访问量,以 2020 年 11 月为统计时间窗口,以大学校级官网直接访问流量为统计目标,通过 www.wolframalpha.com 和 www.alexa.com 检索到的流量数据计算出官网的日均访问量。以 ProQuest 数据库为平台,选择"报纸和典藏报纸"类型中的"新闻"在 2016 年 1 月 1 日至 2020 年 11 月 26 日的统计窗口进行大学英文名的检索,统计大学英文名被检索到的频次。以脸书和领英为新媒体平台,于 2020 年 11 月 26 日的时间截面统计大学官方账号(不包括未经认证的大学账号、大学招生账号、大学各级院系账号等)在领英的关注量和脸书的关注量。

对三个维度的原始数据分别处理后,均以世界一流大学组的得分为标准分 1 分,其他组别和学校的得分是与标准分对比所得的相对分。对该指标的三个维度赋予同等权重,简单加权,以世界一流大学组得分为标准分 1,得到其他组别和各校在该指标的得分。

4. 品牌影响力指数算法

首先,对所有原始值进行统计处理,改善原始数值分布;其次,分别计算出世界一流大学组在各个指标上的平均值作为参照,设为 1 分;再通过计算单一大学的单一指标值与世界一流大学组在相同指标上的平均值的比值,得到该校在该指标上的得分。

对三个指标得分赋予同等权重,进行简单加权,得到人才培养指数,计算公式如下:

$$I_B = \frac{I_1 + I_2 + I_3}{3}$$

I_B：大学品牌影响力指数；I_1："世界一流大学视角下大学品牌的国际影响力"指标(包括出度影响和入度影响)；I_2："第三方评价视角下大学品牌的国际影响力"指标；I_3："媒体视角下大学品牌的国际影响力"指标。

二、案例设计

1. 案例选取

根据大学品牌影响力的研究结果,综合考虑学校品牌数据信息的可得性、学校的排名、学校的代表性和特色,国别分布的多样性等因素,选取世界顶尖大学组中的3所大学和世界一流大学组中的2所大学作为本章的国际案例。3所世界顶尖大学分别为美国的哈佛大学、斯坦福大学和英国的剑桥大学,2所世界一流大学分别为澳大利亚的悉尼大学(The University of Sydney)以及荷兰的莱顿大学(Leiden University)。本章将对5所国际案例学校的品牌国际影响力进行数据分析和特征解读。

国内案例选取我国进入2019年ARWU排名世界前150名的8所大学作为样本,包括清华大学、北京大学、复旦大学、上海交通大学、中国科学技术大学、浙江大学、中山大学和华中科技大学,它们从名次上看已经或即将进入世界百强高校行列,一定程度代表着国内高等教育的最高水平。以这8所大学作为中国一流研究型大学的案例样本,分析其在品牌影响力中的得分和特征呈现,同时与国际案例进行对比。

2. 分析框架

品牌影响力指数包括3个指标,其中媒体视角下的品牌影响和第三方视角下的品牌影响已有相关研究涉及和讨论,世界一流大学视角下的品牌国际影响力,在《世界一流大学评价与建议》(2019版)中已对其中的出度影响力进行了讨论,因此本章主要侧重世界一流大学视角下的入度影响力指标,对案例学校进行较深入的讨论。入度国际影响力指标主要通过检索样本大学在除本国外的世界一流大学官网新闻中被提及的频次获得,案例分析主要包括以下内容。

品牌的类型:余明阳等人从内核与支柱的视角对大学品牌进行划分,认为大学品牌的核心是大学精神,它是品牌的内含因素,存在于品牌的整个形成过程,难以被直接感知;大学品牌的四大支柱是大学校长、大学教师与校友、大学学术(学科、课程、科研)、大学的校园文化,品牌的外在形象依赖于这些显性要素的组合,不同的组合塑造出不同的品牌形象①。这种划分能够很好地体现大学品牌的内在与外显特征,因而借鉴该方式对大学品牌进行类型划分。同时,由于本研究探讨的是一流大学的国际品牌,因此需要对大学品牌加入"一流"属性,故本研究还将参考一流大学研究领域专家刘念才等人关于一流大学基本特征的论述来进行指标体系的构建。刘念才等人将世界一流大学的基本特征总结归纳为9个方面:一是学科门类齐全且水平很高;二是学术大师汇聚,教师素质很高;三是科研成果卓著,拥有崇高的学术声誉;四是科研经费充裕;五是学生素质一流,生师比例较低;六是管理科学规范,拥有杰出校长掌舵;七是办学特色鲜明、理念明确;八是国际化程度高,拥有较高比例的留学生;九是经费投入巨大,办学设施优良②。整合余明阳等人关于品牌核心与支柱的论文并结合刘念才等人关于世界一流大学特征的论述,综合考虑官网新闻的表征范围,本研究将品牌的类型分为科研、育人、师资、管理、校园文化生活、资源和其他。

品牌所涉及的学科:本研究参考 ARWU 世界一流学科排名将大学国际品牌所涉及的学科分为自然科学与数学(简称理科)、社会学科(简称社科)、工程学科(简称工科)、生命学科(简称生科)、医学学科(简称医科)。再根据新闻中的实际内容,补充了人文社科(人文学科与社会学科合称为人文社科)、多学科和无明确提及学科 3 种情况。在对国际品牌进行编码时,判断品牌所属的学科领域。

品牌所涉及的大学名次:本研究将 2019 年 ARWU 排名中的百强大学按名次的先后分为 4 个区间,分别为 1—25、26—50、51—75、76—100。

品牌所涉及的大学国别:2019 年 ARWU 排名前 100 的大学共分布于 18 个国家,分别为美国、加拿大、英国、瑞士、德国、荷兰、法国、瑞典、比利时、丹麦、俄罗斯、芬兰、挪威、中国、日本、新加坡、以色列和澳大利亚。根据统计,北美洲国家占 50 所,欧洲占 33 所,亚洲和大洋洲共占 17 所。本研究借鉴学者王分棉和林汉川对全球品牌、区域品牌的划分思路③,同时结合一流大学的国别分布以及各国大学在品牌国际影响中的指数表现,尝试以 50% 和 17% 作为节点对一流大学国际品牌在不同国别分布的广泛及均衡程度进行考察。具体而言,将北美洲、欧洲、亚洲与大洋洲视为"三极市场"(由于亚洲与大洋洲拥有排名为前 100

① 余明阳,朱纪达.大学品牌[M].广州:广东经济出版社,2004:90-200.
② 刘念才,程莹,刘莉,等.我国名牌大学离世界一流有多远[J].高等教育研究,2002(2):19-24.
③ 王分棉,林汉川.国际品牌:一个新的概念框架及实证分析[J].中国工业经济,2011(5):129-138.

大学的数量较少,故将其共同视为"一极市场"),若一所大学的国际品牌在"三极市场"中分布的占比均超过 17% 且在任何"一极市场"的占比不超过 50%,则将其视为全球品牌,表示该大学的品牌在国际社会分布广泛且相对均衡。其余情况则视为区域国际品牌,表示该大学的品牌集中分布于"一极市场"或"两极市场",其在国际社会的渗透力与均衡程度弱于全球品牌。

第三节　一流大学的品牌影响力指数对比分析

一、世界一流大学视角下大学品牌的国际影响力指标分析

1. 出度国际影响力指标分析

世界一流大学视角下大学品牌的出度国际影响力,如表 7-4 数据显示,国内外样本组间存在明显差距,世界顶尖大学组和世界一流大学组大比例领先于国内的两个组别。其中世界一流大学组 5 年间平均各校有关百强大学、500 强企业和国际知名奖项等高声誉国际品牌活动近 350 项。麻省理工学院作为在世界一流大学视角下指标得分最高的学校,5 年间高声誉国际品牌的活动超过 900 项;其次是康奈尔大学,高声誉国际品牌的活动近 600 项;斯坦福大学、哈佛大学表现也十分突出,均超过 400 项。作为基准的世界一流大学组,5 年间各校平均高声誉国际品牌超过 150 项,表现最为突出的是宾夕法尼亚州立大学(Pennsylvania State University)、悉尼大学和卡内基梅隆大学,高声誉国际品牌的活动均超过 250 项。对标的国内大学 A 组,指标得分为 0.20,国内 B 组的指标得分为 0.11。

表 7-4　世界一流大学视角下大学品牌的"出度国际影响力"得分

组　别	得　分
世界顶尖大学组	1.09
世界一流大学组	1.00
国内 A 组	0.20
国内 B 组	0.11

2. 入度国际影响力指标分析

世界一流大学视角下大学品牌的入度国际影响力,如表 7 - 5 所示,从统计结果来看,各组别均在一定程度上得到国际学术同行的认可,但组别间也存在显著差异。其中,世界顶尖大学组在国际学术同行中的影响力占据领先地位,5 年间平均各校被国际学术同行引用的次数超过 350 次,其中表现最为突出的牛津大学,5 年间被国际学术同行引用的次数超过 800 次;其次是剑桥大学和多伦多大学,5 年间被国际学术同行引用的次数超过或接近 700 次;哈佛大学的表现也较为突出,被国际学术同行引用的次数超过 500 次。作为基准的世界一流大学组,5 年间各校被国际学术同行引用的次数均超过 70 次,表现最突出的是麦吉尔大学(McGill University),被引次数超过 250 次;其次是悉尼大学和莱顿大学,被引次数均超过 100 次。对标的国内 A 组大学的指标得分为 2.19,这一分数虽低于世界顶尖大学组,但却超过世界一流大学组;国内 B 组大学的指标得分为 0.27,在 4 个组别中分数最低。

表 7 - 5　世界一流大学视角下大学品牌的入度国际影响力得分

组　　别	得　　分
世界顶尖大学组	4.82
世界一流大学组	1.00
国内 A 组	2.19
国内 B 组	0.27

在得到各组别大学出度影响力和入度影响力得分后,通过计算二者的算术平均数求得世界一流大学视角下各组别大学品牌影响力指标的得分情况,如表 7 - 6 所示。可以发现,世界顶尖大学组品牌国际影响力的得分远高于其他三个组别,5 年间高声誉国际品牌活动和被国际学术同行引用的次数均较高;国内 A 组大学,虽然在高声誉品牌活动方面略显不足,但得益于较高的国际学术同行引用得分,其在一流大学视角下的大学品牌国际影响的整体得分最终略高于作为基准的世界一流大学组,但与世界顶尖大学组相比仍存在较大的差距;国内 B 组则无论是在高声誉国际品牌活动还是被国际学术同行引用方面的得分都远低于其他组别,其在一流大学视角下品牌国际影响力指标的整体得分方面也在 4 个组别当中处于最低。

表 7-6   世界一流大学视角下大学品牌的国际影响力指标的得分

组　　别	指 标 得 分
世界顶尖大学组	2.95
世界一流大学组	1.00
国内 A 组	1.20
国内 B 组	0.19

二、第三方视角下大学品牌的国际影响力指标分析

表 7-7 是样本组别在全球三大排名的表现,本章以此来观测第三方视角下大学品牌的国际影响力。在该指标上世界顶尖大学组的得分为 1.84,世界一流大学组为标准分 1。我国国内 A 组的得分为 0.77,其中清华大学和北京大学的指标得分均为 1.61,超过世界一流大学的标准分;国内 B 组的平均分为 0.03,与国内 A 组大学的差距明显。国内 B 组的 28 所学校中,有 25 所学校未进入三大国际排名的前 200 名。与 2019 年第三方视角下的指标得分相比,国内 A 组和 B 组大学的得分(1.02 和 0.11)均有降低,这与本年度有 4 所学校新进入样本组有关。

表 7-7   第三方视角下大学品牌的国际影响力指标的得分

组　　别	指 标 得 分
世界顶尖大学组	1.84
世界一流大学组	1.00
国内 A 组	0.77
国内 B 组	0.03

三、媒体视角下大学品牌的国际影响力指标分析

媒体视角下大学品牌的国际影响力通过大学官网的显示度、大学在全球报刊库中的显示度和大学在全球主要社交媒体上的显示度来测量,如表 7-8 所示,世界顶尖大学组的媒体视角品牌国际影响力指标得分为 3.32;与作为基准的世界一流大学组相比,国内 A 组 8 所大学在媒体视角下品牌的国际影响力指标得分为 1.07,国内 B 组在该指标上的平均得分为 0.18。

表7-8　媒体视角下大学品牌的国际影响力指标的得分

组　别	官网网站	传统媒体	新媒体	指标得分
世界顶尖大学组	2.94	2.02	5.00	3.32
世界一流大学组	1.00	1.00	1.00	1.00
国内 A 组	1.25	0.27	1.67	1.07
国内 B 组	0.36	0.05	0.12	0.18

从官方网站的流量来看,世界顶尖大学组在该项的得分为2.94,官方英文网站日均直接浏览次数超过50万,其中麻省理工学院官网的日均直接浏览量超过180万,而国内 A 组的官网流量得分为1.25,国内 B 组的得分为0.36,其中国内 A 组顶尖大学官网的直接点击量日均超过24万。若进一步考察这些点击量中的境外占比,我国一流大学与世界顶尖大学的差距明显。世界顶尖大学的官网流量中超过50%来自境外,世界一流大学对照组中超过40%来自境外,我国国内 A 组8所大学的官网流量中境外占比约8%。

从大学在国际报刊库的出现频次来看,世界顶尖大学组的得分为2.02,我国国内 A 组的平均得分为0.27,国内 B 组的得分为0.05。世界顶尖大学组在检索的报刊库中每校平均出现频次超过8 000次,国内 A 组大学每校平均出现频次超过1 000次,国内 B 组大学每校平均出现频次超过200次。从大学在社交媒体的关注频次来看,世界顶尖大学组的得分为5.00,我国国内 A 组的平均得分为1.67,国内 B 组的平均得分为0.12。

四、一流大学品牌影响力指数分析

对三个分指标进行简单加权后,计算得出大学品牌影响力指数得分如表7-9所示。世界顶尖大学组在品牌影响力指数上的得分为2.70,国内 A 组的得分为1.01,国内 B 组的得分为0.14。国内 A 组大学的指数得分最高的为清华大学和北京大学,两所大学在三个指标上的得分均是国内大学的最高分。指数得分超过0.5的学校共有6所,除清华大学和北京大学外,还有上海交通大学、浙江大学、复旦大学和中国科学技术大学。国际 B 组中指数得分最高的是南京大学,为0.45,国内各大学的品牌影响力指数得分见附表5。

表 7-9　品牌影响力指数的得分

组　别	指数得分
世界顶尖大学组	2.70
世界一流大学组	1.00
国内 A 组	1.01
国内 B 组	0.14

总体分析来看,在大学品牌的国际影响上,世界顶尖大学组的表现有明显优势,我国顶尖大学组(A 组)的总指数和各分指标上的得分,均已达到或超过世界一流大学组的标准分表现。入选"双一流"建设的国内 B 组指数得分与国内 A 组的表现也存在显著差异,三个维度上的差距都较大。

第四节　品牌影响力案例分析

一、国际案例组

本章选择样本大学被世界一流大学(除本国外)官网新闻引用的频次作为观测在世界一流大学视角下品牌的国际入度影响的得分,国际案例组的数据统计和指标得分如表 7-10 所示。作为发展成熟阶段的世界一流大学,国际组案例大学 5 年来被除本国外世界一流大学引用的新闻条目平均数量超过 350 条,各

表 7-10　国际案例组品牌入度影响的得分

样本大学 (中文)	样本大学 (英文)	有效新闻数量 (条)	分　值
哈佛大学	Harvard University	500+	7.10
斯坦福大学	Stanford University	350+	4.65
剑桥大学	University of Cambridge	700+	9.70
悉尼大学	The University of Sydney	100+	1.89
莱顿大学	Leiden University	100+	1.56
平　均　值		350+	4.98

大学最少为 100 余条,最多的高达 700 余条,在该指标上的平均得分也较高。此外,从 5 年时间的分布上观测,国际案例组出现在世界一流大学官网新闻中的数量在时间维度上基本保持稳定,其入度影响已较为稳定。

1. 品牌类型

本章将国际案例组产生入度影响的品牌归为 7 类:科研、育人、师资、管理、校园文化生活、资源和其他。分析结果显示,占比最高的品牌类型为科研(44%),其次是育人(21%)和师资(17%);管理、校园文化生活和资源的占比较低,还有一成的品牌为"其他"类型(多是对大学排名声誉的介绍或是对校际交流访问、合作的宽泛提及)。

科研类型的相关品牌中,多体现为科研合作项目、成果发表、学术交流等。国际案例组中科研品牌表现最为突出的是剑桥大学、哈佛大学和斯坦福大学,例如澳大利亚国立大学(The Australian National University)提到的,剑桥大学、华盛顿州立大学(Washington State University)以及澳大利亚国立大学等学校的研究人员共同对水稻种植技术展开研究(澳大利亚国立大学,2019 年 12 月)①;鲁汶大学提到的,该校与哈佛大学等共同对哺乳动物的遗传细胞结构进行了研究(鲁汶大学,2017 年 5 月)②;伦敦大学学院(University College London)提到的,该校与斯坦福大学共同研究了选民对上过精英学校的政客的看法(伦敦大学学院,2018 年 10 月)③。育人类型的品牌多体现为在校生表现、优秀校友、奖学金项目、短期研习项目和课程平台等,表现最为突出的是剑桥大学,例如设立盖茨剑桥奖学金,为拥有杰出的学术能力和领导潜能、致力于帮助改善他人生活的学生来剑桥攻读硕士研究生学位者提供支持(卡内基梅隆大学,2015 年 2 月)④;多校提到其学生获得剑桥大学丘吉尔学院设立的奖学金,将在剑桥大学进行为期一年的研究

①　The Australian National University. Research to turbocharge rice given major funding boost[EB/OL].[2019 - 12 - 03].https://www.anu.edu.au//news/all-news/research-to-turbocharge-rice-given-major-funding-boost.

②　KU Leuven. TET1 protein helps prevent congenital defects and late-onset diseases[EB/OL].[2017 - 05 - 18].https://nieuws.kuleuven.be/en/content/2017/tet1-protein-helps-prevent-congenital-defects-and-late-onset-diseases/view.

③　University College London. Liberals see elite-educated politicians as more competent conservatives see them as less relatable[EB/OL].[2018-10-02].https://www.ucl.ac.uk/news/2018/oct/liberals-see-elite-educated-politicians-more-competent-conservatives-see-them-less.

④　Carnegie Mellon University. Carnegie Mellon Mathematical Sciences Student Tomer Reiter Wins Gates Cambridge Scholarship[EB/OL].[2015-02-11].http://www.cmu.edu/news/stories/archives/2015/february/gates-cambridge-scholar.html.

生学习①②③(卡内基梅隆,2015 年 1 月;加州理工学院,2015 年 6 月;西北大学,2015 年 1 月等)。师资类型的品牌主要体现为教师任用、流动与任教履历、教师交流访学、获得荣誉或头衔等,其中表现相对突出的是哈佛大学、剑桥大学和斯坦福大学,例如莱顿大学新聘任的两名助理教授都曾在著名的德克萨斯大学达拉斯分校纳文金达尔管理学院和哈佛大学商学院工作过④(莱顿大学,2017 年 8 月);普林斯顿大学(Princeton University)校友弗朗西斯·阿诺德(Frances Arnold)获得了诺贝尔化学奖,同时获奖的还有剑桥大学分子生物学实验室的格雷格·温特(Gregory Winter)(普林斯顿大学,2018 年 10 月)⑤。

表 7-11　国际案例组品牌类型占比(%)

样本大学 (中文)	样本大学 (英文)	类 型						
		科研	育人	师资	管理	文化 生活	资源	其他
哈佛大学	Harvard University	12	4	6	0	0	2	3
斯坦福大学	Stanford University	10	2	4	0	0	1	4
剑桥大学	University of Cambridge	13	13	5	2	0	1	3
悉尼大学	The University of Sydney	5	1	1	0	0	0	0
莱顿大学	Leiden University	4	1	1	0	0	0	0
合　　计		44	21	17	2	0	4	10

2. 品牌学科

对国际案例组学校产生入度影响的品牌所涉及的学科进行分析发现,占比

---

① Carnegie Mellon University. Carnegie Mellon Engineering Student Catherine Groschner Wins Churchill Scholarship[EB/OL].[2015-01-23].http://www.cmu.edu/news/stories/archives/2015/january/groschner-wins-churchill-scholarship.html.

② California Institute of Technology. Students Win National and International Prizes[EB/OL].[2015-06-12].http://www.caltech.edu/news/students-win-national-and-international-prizes-46982.

③ Northwestern University. McCormick School Student Awarded Churchill Scholarship[EB/OL].[2015-01-26].https://news.northwestern.edu/stories/2015/01/mccormick-school-student-awarded-churchill-scholarship/.

④ Leiden University. Science Based Business expansion adds to international profile[EB/OL].[2017-08-30].https://www.universiteitleiden.nl/en/news/2017/08/science-based-business-expansion-adds-to-international-profile.

⑤ Princeton University. Princeton engineering alumna Frances Arnold wins Nobel Prize in Chemistry[EB/OL].[2018-10-03].https://www.princeton.edu/news/2018/10/03/princeton-engineering-alumna-frances-arnold-wins-nobel-prize-chemistry.

最高的是人文社科（27％）、医科（16％）和理科（15％）；生科和工科的占比次之，分别约占一成的比重；多学科的占比较低；此外，案例学校有近两成的品牌不涉及具体学科，这多出现在其他类型的品牌中。

　　在占比最高的人文社科领域，表现最为突出的是哈佛大学和剑桥大学，哈佛大学主要为科研相关品牌，占比约四成，例如莱顿大学提到的，哈佛大学教授参加第27届西班牙中世纪英语语言文学学会会议（The 27th International Conference of the Spanish Society for Medieval English Language and Literature）并发表演讲（莱顿大学，2019年9月）①；剑桥大学主要为育人相关品牌，占比约五成，例如波士顿大学（Boston University）提到，该校一名教授语言学的教师尼尔·麦尔（Neil Myler），曾经在剑桥大学学习语言学，并获得了学士和硕士学位（波士顿大学，2016年11月）②。与此同时，关乎人类生命健康安全的医科和以自然现象及其发生规律为研究对象的理科也对国际案例组大学品牌的入度影响产生较大作用，在这两个学科领域中表现最为突出的均为剑桥大学，例如鲁汶大学提到的，该校与阿伯里斯特威斯大学（the Universities of Aberystwyth）和剑桥大学在研究中发现了一种具有抗癌特性的化合物，也可能有效对抗疟疾（鲁汶大学，2015年2月）③。加州大学洛杉矶分校（University of California，Los Angeles）提到，著名企业家内森·梅尔沃德（Nathan Myhrvold）将在该校的毕业典礼上发表演讲，他曾是剑桥大学著名天体物理学家史蒂芬·霍金实验室的博士后研究员，研究"弯曲时空"中的量子场论和万有引力（加州大学洛杉矶分校，2015年4月）④。

　　关于人文社会学科为何会是一流大学品牌最具国际影响的学科领域，本研究认为主要原因在于人文社会学科是以研究人与社会现象为主的学科群，其目

①　Leiden University. Thijs Porck participates in the SELIM conference in Granada Spain[EB/OL].[2015 - 09 - 29]. https://www. universiteitleiden. nl/en/news/2015/09/thijs-porck-participates-in-the-selim-conference-in-granada-spain.

②　Boston University. One Class，One Day：On the Trail of Boston's Missing Rs[EB/OL].[2016 - 11 - 21].http://www.bu.edu/today/2016/one-class-one-day-boston-accent/.

③　KU Leuven. Robot scientist could speed search for new drugs, Leuven contributes 'brain'[EB/OL]. [2015 - 02 - 04]. https://nieuws. kuleuven. be/en/content/2015/robot-scientist-could-speed-search-for-new-drugs-leuven-contributes-brain.

④　University of California，Los Angeles. Renowned entrepreneur，UCLA alumnus Nathan Myhrvold to deliver 2015 College Commencement address[EB/OL].[2015 - 04 - 23].https://newsroom.ucla.edu/releases / renowned-entrepreneur-ucla-alumnus-nathan-myhrvold-to-deliver-keynote-address-at-2015-college-commencement.

的在于探索和揭示人类社会现象的发展规律,更好地指导社会实践①。它是社会进步发展的精神支撑,是国家软实力的核心构成,是推进创新型国家建设不可或缺的重要文化基础②,人文社会学科的重要作用为世界一流大学所认可,因此在官方平台上也注重相应内容的传播。此外,本研究所得的结论也与已有研究具有一致性,在"一流大学品牌的官网传播"一文中,对 10 所世界顶尖大学官网传播的品牌所涉及的学科进行分析发现,占比最高的学科是社会学科(27%),世界一流大学较为偏向人文社科领域行为的传播③。本研究检索的是样本大学在百强大学中的显示情况,所以结果显示较多涉及人文社会学科与上述研究的发现具有一致性。

表 7‑12   国际案例组品牌学科占比(%)

样本大学 (中文)	样本大学 (英文)	学科						
		理科	工科	生科	医科	人文社科	多学科	无明确
哈佛大学	Harvard University	3	2	3	3	9	1	5
斯坦福大学	Stanford University	3	3	2	4	5	1	4
剑桥大学	University of Cambridge	7	3	5	5	9	3	6
悉尼大学	The University of Sydney	1	1	1	2	2	0	1
莱顿大学	Leiden University	1	0	0	2	2	0	1
合 计		15	9	11	16	27	5	17

3. 品牌涉及的大学名次

依据百强大学排名的先后顺序,将其分为 1—25、26—50、51—75、76—100四个区间,国际案例组当中,被排名 51—75 的大学提及的比重最大,约为四成;被排名为 1—25 的大学提及的比重次之,占比约为三成;被排名为 26—50 和76—100 大学提及的占比相对较低,各为 15% 左右。

具体而言,被排名为 51—75 大学提及最多的是哈佛大学和剑桥大学,主要

---

① 田新华,唐魁玉.创建世界一流理工大学人文社会科学学科的思考[J].北京理工大学学报(社会科学版),2001(2):66‑70.
② 席光,贾毅华,梅红,谢志峰.关于人文社会科学学科建设的初步思考[J].西安交通大学学报(社会科学版),2016,36(5):106‑111.
③ 冯倬琳,赵丽文,魏昊卿.一流大学品牌的官网传播:评价指标的设计与测量[J].上海交通大学学报(哲学社会科学版),2019,27(3):51‑59.

涉及科研、育人和师资等类型的品牌,例如悉尼大学提到与剑桥大学共同开展老年痴呆症方面的研究(悉尼大学,2015 年 2 月)①;麦吉尔大学提到,与哈佛大学的科学家共同围绕气候变暖对植物开花时间的影响展开研究(麦吉尔大学,2017 年 11 月)②。被排名为 1—25 大学提及最多的是剑桥大学,主要涉及育人和科研类型的品牌,例如加州理工学院提到,该校物理专业学生康妮·薛(Connie Hsueh)获得盖茨剑桥奖学金,该奖学金将资助剑桥大学的研究生学习(加州理工学院,2015 年 2 月)③;约翰霍普金斯大学(Johns Hopkins University)提到,该校两名高年级学生获得"马歇尔奖学金"支持,将前往英国剑桥大学完成研究生阶段的学习(约翰霍普金斯大学,2018 年 12 月)④。

表 7 - 13 国际案例组品牌所涉及的大学名次分布(%)

样本大学 (中文)	样本大学 (英文)	名 次			
		1—25	26—50	51—75	76—100
哈佛大学	Harvard University	5	4	14	4
斯坦福大学	Stanford University	4	3	9	5
剑桥大学	University of Cambridge	13	6	12	6
悉尼大学	The University of Sydney	4	2	2	0
莱顿大学	Leiden University	2	2	1	1
合 计		28	17	38	16

4. 品牌涉及的大学国别

2019 年 ARWU 百强大学共分布于北美洲、欧洲、亚洲和大洋洲的 18 个国家,对国际案例组品牌入度影响所涉及的大学国别进行分析发现,国际案例组在北美洲、欧洲、亚洲与大洋洲"三极市场"中的占比均超过 17%,且在"一极市场"

① The University of Sydney. Alzheimer s disease linked to heart s effect on the brain[EB/OL]. [2015 - 02 - 27]. http://sydney.edu.au/news/84.html? newsstoryid=14638.
② McGill University. Statistical tool reveals climate change impacts on plants[EB/OL]. [2017 - 11 - 06]. https://www. mcgill. ca/newsroom/channels/news/statistical-tool-reveals-climate-change-impacts-plants-282453.
③ California Institute of Technology. Senior Connie Hsueh Wins Gates Cambridge Scholarship[EB/OL]. [2015 - 02 - 24]. http://www. caltech. edu / news / senior-connie-hsueh-wins-cambridge-scholarship-45764.
④ Johns Hopkins University. Two undergrads named Marshall Scholars[EB/OL]. [2018 - 12 - 03]. https://hub.jhu.edu/2018/12/03/marshall-scholars-2018/.

中的占比不超过 50％，表现为全球品牌。具体而言，国际案例组被欧洲国家大学引用的占比最高(45％)，与欧洲国家大学的交往合作更为密切；次之为北美洲国家大学(31％)；被亚洲和大洋洲国家大学引用的占比较低，均为一成左右。

　　具体到学校层面，哈佛大学和斯坦福大学被欧洲国家大学提及较多，例如乌普萨拉大学(Uppsala University)提到，哈佛大学研究政治领导力和民主价值观的亚当斯(Adams)教授获得了 2018 年约翰·斯凯特政治科学奖(Johan Skytte Prize in Political Science)(乌普萨拉大学，2017 年 4 月)①；伦敦大学学院提到，该校与斯坦福大学共同研究了选民对上过精英学校的政客的看法(伦敦大学学院，2018 年 10 月)②。剑桥大学则被北美洲国家提及最多，例如斯坦福大学提到，该校与剑桥大学合作，发现利用计算机对人格特质进行判断所得到的结果比亲戚朋友的认知更为可靠(斯坦福大学，2015 年 1 月)③；康奈尔大学所提到的，该校与剑桥大学合作对太阳能电池开发进行研究(康奈尔大学，2015 年 2 月)④。

　　关于国际案例组具有入度国际影响的品牌为何涉及最多的是欧洲国家而非北美洲国家，这一原因和名次分布相类似，在 2019 年 ARWU 百强大学中，美国大学有 46 所，而案例组中有两所均为美国的大学，在对其品牌国际影响相关文本进行筛选时，需要去除同国大学数据。

表 7 - 14　国际案例组品牌涉及的大学国别分布(％)

样本大学 (中文)	样本大学 (英文)	国　别			
		北美洲 国家	欧洲 国家	亚洲 国家	大洋洲 国家
哈佛大学	Harvard University	2	16	3	6
斯坦福大学	Stanford University	1	13	4	3

① Uppsala University. Amartya Sen awarded the 2017 Johan Skytte Prize[EB/OL]. [2017 - 04 - 20]. https://www. uu. se/en/news/news-document/? id ＝ 8614&area ＝ 2，6，12，16，25，54&typ ＝ artikel&lang＝en.

② University College London. Liberals see elite-educated politicians as more competent conservatives see them as less relatable[EB/OL]. [2018 - 10 - 02]. https://www.ucl.ac.uk/news/2018/oct/liberals-see-elite-educated-politicians-more-competent-conservatives-see-them-less.

③ Stanford University. New Stanford research finds computers are better judges of personality than friends and family[EB/OL]. [2015 - 01 - 12]. https://news. stanford. edu/pr/2015/pr-personality-computer-knows-011215.html.

④ Cornell University. Researchers report better solar cells through chemistry[EB/OL]. [2015 - 02 - 10] http://news.cornell.edu/stories/2015/02/researchers-report-better-solar-cells-through-chemistry.

（续表）

样本大学 （中文）	样本大学 （英文）	国　别			
		北美洲 国家	欧洲 国家	亚洲 国家	大洋洲 国家
剑桥大学	University of Cambridge	20	10	4	4
悉尼大学	The University of Sydney	5	3	1	0
莱顿大学	Leiden University	3	3	0	1
合　计		31	45	12	13

5. 小结

本节对国际案例组大学具有入度影响的品牌的数量及类型、学科、涉及的大学名次、国别等特征进行了探讨，其特征整体表现为：① 从数量上而言，国际案例组大学各年均有相当数量国际品牌产生入度影响，其品牌影响已形成较为稳定的机制；② 从类型分布而言，科研、育人两个大学基本职能是国际案例组大学入度影响占比最高的品牌类型，此外，教师品牌也具有较大的影响力，教师个体能够自下而上地为大学的整体品牌贡献力量；③ 从学科分布来看，人文社会学科是国际案例组大学品牌所涉及最多的学科领域，案例大学高度重视人文社科的发展并得到国际学术同行的认可；④ 从所涉及的大学名次来看，国际案例组大学被排名为 51—75 名大学提及的占比最大，这主要是由于在 ARWU 排名当中，美国大学在前 50 强大学当中占据 62% 的比重，在进行数据筛选时，需要去除同国大学的引用数据；⑤ 从所涉及的大学国别分布来看，国际案例组大学的入度影响品牌表现为全球性品牌，在"三极市场"中均有着广泛分布，与欧洲国家的交流合作尤为密切。

二、国内案例组

国内案例组 5 年间被世界一流大学（除本国外）引用篇数的平均值为 150 余篇，低于国际案例组 350 余篇的平均值。在国内案例组中，清华大学和北京大学在品牌入度影响方面的表现最为突出，超过或是接近于国际案例组的平均值；此外上海交通大学、复旦大学和浙江大学的表现也较为突出，5 年间被引用的篇目数超过 100 篇。从指标得分来看，国内案例组具有入度影响的品牌的平均得分为 2.15，较大幅度超过了世界一流大学组的标准得分 1 分，但与国际案例组 4.98

分的平均得分相比也仍存在较大差距,只有清华大学的得分超过了国际案例组的平均得分,北京大学的得分接近国际案例组得分,其他大学的得分则较大幅度低于国际案例组的得分。这表明国内案例组虽具备了较强的品牌国际影响力,但整体而言,在量的规模上还需大幅增加。

表 7 - 15　国内案例组品牌入度影响的得分

样本大学 (中文)	样本大学 (英文)	有效新闻数量 (条)	分　值
清华大学	Tsinghua University	400+	5.52
北京大学	Peking University	350+	4.82
复旦大学	Fudan University	100+	1.93
上海交通大学	Shanghai Jiao Tong University	150+	2.22
中国科学技术大学	University of Science and Technology of China	50+	0.75
浙江大学	Zhejiang University	100+	1.33
中山大学	Sun Yat-sen University	20+	0.32
华中科技大学	Huazhong University of Science and Technology	20+	0.30
国内案例组平均值		150+	2.15
国际案例组平均值		350+	4.98

1. 品牌类型

与国际案例组一致,国内案例组具有入度影响的品牌也被划分为科研、育人、师资、管理、校园文化生活、资源和其他 7 种类型。国内案例组大学的统计分析结果如表 7 - 16 所示:占比最高的品牌类型为科研(44%)、育人(31%),管理和师资类型的品牌也占据一定的比重,校园文化生活和资源类型的品牌占比低,此外还有一成左右的品牌归为 6 类之外的其他。国内外案例组品牌类型的整体分布特征相似度较高,但二者也存在一些差异:科研和育人作为大学的基本职能,在国内外案例大学品牌类型分布中均占据最高比重,其中科研类型品牌在两个组别中均占据超四成比重;在育人类型的品牌中,国内案例组的占比要高于国际案例组,表明国内大学在人才培养上的表现获得国际社会的认可;

师资类型的品牌中,国际案例组的占比高于国内案例组,可见随着一流大学发展到一定阶段,教师凭借个人的卓越表现也能自下而上对大学整体的国际品牌做出重要贡献。

表 7-16 国内案例组品牌类型占比(%)

样本大学 (中文)	样本大学 (英文)	类 型						
		科研	育人	师资	管理	文化 生活	资源	其他
清华大学	Tsinghua University	12	14	2	2	0	1	2
北京大学	Peking University	10	8	2	2	0	1	4
复旦大学	Fudan University	5	3	1	1	0	0	1
上海交通大学	Shanghai Jiao Tong University	8	2	0	1	0	0	1
中国科学技术大学	University of Science and Technology of China	1	2	0	0	0	0	0
浙江大学	Zhejiang University	4	2	0	1	0	0	1
中山大学	Sun Yat-sen University	2	0	0	0	0	0	0
华中科技大学	Huazhong University of Science and Technology	2	0	0	0	0	0	0
国内案例组合计		44	31	5	7	0	2	9
国际案例组合作		44	21	17	2	0	4	10

具体而言,科研类型的品牌上,表现最为突出的是清华大学、北京大学和上海交通大学,例如美国西北大学(Northwestern University)所提到的,该校与伊利诺伊大学(University of Illinois)和清华大学的研究团队对一些材料的三维结构进行探究[1];加州理工学院所提到的,该校与北大的生物学家合作开展对生物磁性的研究(加州理工学院,2016 年 12 月)[2];约翰霍普金斯大学、加州大学洛杉矶分校、多伦多大学等诸多大学均提及了其在由上海交通大学发起的世界大学

[1] Northwestern University. Japanese Paper Art Inspires New 3-D Fabrication Method[EB/OL].[2015-09-18].https://news.northwestern.edu/stories/2015/09/3d-fabrication/.
[2] California Institute of Technology. Caltech Biologist Disputes Conclusions of Recent Papers on Biologic-al Magnetism[EB/OL].[2016-11-22].http://www.caltech.edu/news/caltech-biologist-disputes-conclusions-recent-papers-biological-magnetism-53412.

学术排名中的表现(约翰霍普金斯大学,2015 年 8 月;加州大学洛杉矶分校,2015 年 3 月;多伦多大学,2016 年 10 月)①②③。在育人类型的品牌中,表现最为突出的是清华大学和北京大学,例如诸多学校都提到本校学生获得"苏世民学者项目"的资助到清华学习(耶鲁大学,2017 年 11 月;麻省理工学院,2016 年 12 月;澳大利亚国立大学,2017 年 12 月)④⑤⑥;京都大学(Kyoto University)所提到的,在北京大学、清华大学、复旦大学、浙江大学、上海交通大学等大学取得学位是申请"亚洲未来领袖奖学金计划"的条件之一(京都大学,2016 年 5 月)⑦;北京大学的育人品牌多表现为其他学校对北大校友的提及,例如普林斯顿大学人文学院关于新进人员的介绍中提到,其中一位教师曾经在北京大学获得比较文学和世界文学硕士学位(普林斯顿大学,2017 年 10 月)⑧。

2. 品牌学科

国内案例组品牌入度影响所涉及的学科分布如表 7 - 17 所示,与国际案例组相似:占比最高的是人文社科(26%);其次是工科、理科和生科,均占据一成左右的比重;相较而言,医科和多学科的占比较低;此外,还有近两成的品牌不涉及具体的学科,多表现为校际的来访及合作。

具体到学校层面,在人文社科领域,占比较高的是清华大学、北京大学和上海交通大学,清华大学涉及人文社科领域最多的是育人类型的品牌,如约翰霍普

① Johns Hopkins University. JHU climbs on annual list[EB/OL].[2015 - 08 - 17]. https://hub.jhu.edu/2015/08/17/hopkins-shanghai-ranking/.

② University of California Los Angeles,UCLA named among world's top public universities in international reputation ranking[EB/OL].[2015 - 03 - 11].https://newsroom.ucla.edu/releases/ucla-named-worlds-no-2-public-university-in-international-reputation-ranking.

③ University of Toronto. U of T nabs 4th spot in 2016 National Taiwan University Ranking[EB/OL].[2016 - 10 - 11]. https://www.utoronto.ca/news/u-t-nabs-4th-spot-2016-national-taiwan-university-ranking.

④ Yale University. Seven Yalies will study in Beijing as Schwarzman Scholars[EB/OL].[2017 - 11 - 04]. https://news.yale.edu/2017/12/04/seven-yalies-will-study-beijing-schwarzman-scholars.

⑤ Massachusetts Institute of Technology,Four MIT students named Schwarzman Scholars[EB/OL].[2016 - 12 - 02].http://news.mit.edu/2016/four-mit-students-named-schwarzman-scholars-1202.

⑥ The Australian National University. ANU Students Awarded Schwarzman Scholarships[EB/OL].[2017 - 12 - 05]. https://www.anu.edu.au/news/all-news/anu-students-awarded-schwarzman-scholarships.

⑦ Kyoto University. Asian Future Leaders Scholarship Program Application Guide[EB/OL].[2016 - 04 - 08]. http://www.kyoto-u.ac.jp/en/education-campus/events_news/office/kyoiku-suishin-gakusei-shien/kokusai-kyoiku-koryu/news/2016/160531_1.html.

⑧ Princeton University. Five scholars join Society of Fellows in the Liberal Arts[EB/OL].[2017 - 10 - 05].http://www.princeton.edu/news/2017/10/05/five-scholars-join-society-fellows-liberal-arts.

表 7-17　国内案例组品牌学科占比(%)

样本大学 (中文)	样本大学 (英文)	学　科						
		理科	工科	生科	医科	人文社科	多学科	无明确
清华大学	Tsinghua University	3	9	2	1	9	2	6
北京大学	Peking University	3	1	3	2	7	1	8
复旦大学	Fudan University	2	0	1	2	3	0	3
上海交通大学	Shanghai Jiao Tong University	0	2	0	1	6	0	3
中国科学技术大学	University of Science and Technology of China	2	0	1	0	0	0	0
浙江大学	Zhejiang University	1	1	2	0	1	1	2
中山大学	Sun Yat-sen University	0	0	1	0	0	0	0
华中科技大学	Huazhong University of Science and Technology	0	0	1	0	0	0	0
国内案例组合计		11	13	11	6	26	4	22
国际案例组合计		15	9	11	16	27	5	17

金斯大学所提到的,该校学生获得"苏世民学者项目"的支持,将前往清华大学进行学习(约翰霍普金斯大学,2016 年 12 月)①,该硕士学位项目旨在全球范围内选拔青年人才到清华大学进行研究生课程学习,以此来培养未来领袖,为崛起中的中国与变化中的世界做出重要贡献。北京大学涉及人文社科领域最多的是育人和科研品牌,例如普林斯顿大学提到,与北京大学的研究人员共同对中国 120个主要城市的住房价格指数进行了研究(普林斯顿大学,2015 年 7 月)②。上海交通大学涉及人文社科领域最多的则是科研类型的品牌,诸多大学提及在 ARWU排名中的表现,上海交通大学教师作为该排名最早的发起者依然会被诸多一流大学提及,受到关注和认可。在工科领域,表现最为突出的是清华大学,主要体现在科研类型的品牌上,例如卡内基梅隆大学提及的,该校与清华大学共同开展

① Johns Hopkins University. Hopkins grad named Schwarzman Scholar[EB/OL]. [2016 - 12 - 02]. https://hub.jhu.edu/2016/12/01/schwarzman-scholar-dotun-opasina/.

② Princeton University. Five charts that demystify the Chinese housing market[EB/OL]. [2015 - 07 - 13]. http://www.princeton.edu/main/news/archive/S43/62/07Q25/index.xml.

锂电池性能退化问题的研究(卡内基梅隆大学,2018 年 4 月)①。

3. 品牌入度影响涉及的大学名次

国内案例组品牌入度影响涉及的大学名次如表 7-18 所示,可以发现,国内案例组被排名为前 25 名大学引用的占比最大,约为五成;被排名为 51—75 名的大学提及的比重次之,约为两成;被排名为 26—50 和 76—100 大学提及的占比为一成左右。对比国内外案例组品牌入度影响所涉及的大学名次,二者被排名为前 25 大学引用的占比差异较大,本研究认为这在很大程度上与美国大学在学术排行榜中的优异表现相关。国际案例组中选取了两所美国的大学,而在 2019 年 ARWU 百强大学中,排在前 25 名的大学中 18 所来自美国,占比为 72%,在统计国际品牌时,要将在本国大学中的显示情况剔除,由此导致国际案例组被前 25 名大学引用的比重要远低于国内案例组。

表 7-18　国内案例组品牌入度影响所涉及的大学名次分布(%)

样本大学 (中文)	样本大学 (英文)	名　次			
		1—25	26—50	51—75	76—100
清华大学	Tsinghua University	19	5	5	4
北京大学	Peking University	11	4	7	4
复旦大学	Fudan University	5	2	3	2
上海交通大学	Shanghai Jiao Tong University	5	2	3	2
中国科学技术大学	University of Science and Technology of China	2	0	1	0
浙江大学	Zhejiang University	3	2	2	1
中山大学	Sun Yat-sen University	1	0	0	1
华中科技大学	Huazhong University of Science and Technology	1	1	1	0
国内案例组合计		47	16	22	14
国际案例组合计		28	17	38	16

① Carnegie Mellon University. Framework Assesses Optimizes Economic Value of Lithium-ion Batteries [EB/OL]. [2018 - 04 - 25]. https://www.cmu.edu/news/stories/archives/2018/april/framework-optimizes-batteries.html.

具体到大学层面,清华大学和北京大学被前 25% 大学引用的占比较高,前者主要体现在育人和科研类型的品牌上,例如麻省理工学院机械工程系在关于人员的介绍中提到,其中一名教师在清华大学获得工程力学学士和硕士学位(麻省理工学院,2015 年 10 月)①;普林斯顿大学提到与清华大学共同开展碳排放方面的研究(普林斯顿大学,2016 年 6 月)②。北京大学被排名为前 25% 大学引用也主要体现在科研和育人类型的品牌上,例如帝国理工学院(Imperial College London)提到的,两校在抗生素耐药性方面合作展开研究(帝国理工学院,2015 年 10 月)③;美国西北大学提到的,该校一名学生获得"燕京奖学金",会在北京大学进行为期一年的学习(西北大学,2016 年 4 月)④。

4. 品牌入度影响涉及的大学国别

对国内案例组品牌入度影响所涉及的大学国别进行分析,结果如表 7 - 19 所示。从中可以发现,国内案例组只在北美洲和欧洲"两极市场"中的占比超过 17%,且在北美洲国家的分布占比超过 50%,在亚洲和大洋洲"一极市场"中的占比不足 17%。根据前文对全球品牌和区域国际品牌的界定,国内案例组具有入度影响的品牌在地域上表现为区域国际品牌。对比国内外案例组大学具有入度影响品牌所涉及的国别分布,国际组分布更为广泛,表现为全球品牌,且与欧洲国家大学的联系更为紧密;国内组则分布更为集中,有 62% 的品牌入度影响涉及的是北美洲国家的大学,其占比超过了北美洲国家大学在 2019 年 ARWU 百强大学中的比重(50%)。

具体到学校层面,清华大学和北京大学被北美洲国家大学提及的占比较大,彼此间的往来、合作更为密切,例如波士顿大学提到的,与清华大学签署建立双学位课程协议(波士顿大学,2016 年 5 月)⑤;康奈尔大学提到,该校与北京大学

①　Massachusetts Institute of Technology. New engineering faculty for 2015 - 2016[EB/OL]. [2015 - 10 - 28]. http://news.mit.edu/2015/new-engineering-faculty-1028.
②　Princeton University. Household fuels exceed power plants and cars as source of smog in Beijing[EB/OL]. [2016 - 06 - 27]. http://www.princeton.edu/news/2016/06/27/household-fuels-exceed-power-plants-and-cars-source-smog-beijing.
③　Imperial College London. UK universities are China's best academic partners, says Imperial president[EB/OL]. [2015 - 10 - 20]. https://www.imperial.ac.uk/news/168496/uk-universities-chinas-best-academic-partners.
④　Northwestern University. Weinberg Senior Named Yenching Academy Scholar[EB/OL]. [2016 - 04 - 22]. https://news.northwestern.edu/stories/2016/04/yenching-academy-scholar-diana-chang/.
⑤　Boston University. A Chinese Partnership for ENG[EB/OL]. [2016 - 05 - 24]. http://www.bu.edu/today/2016/boston-university-dual-degree-agreement-with-tsinghua-university-beijing-china/.

表 7‑19　国内案例组品牌入度影响所涉及的大学国别分布(%)

样本大学 (中文)	样本大学 (英文)	国　别			
		北美洲 国家	欧洲 国家	亚洲 国家	大洋洲 国家
清华大学	Tsinghua University	22	5	3	2
北京大学	Peking University	15	6	3	2
复旦大学	Fudan University	7	2	1	1
上海交通大学	Shanghai Jiao Tong University	8	2	0	1
中国科学技术大学	University of Science and Technology of China	3	0	0	0
浙江大学	Zhejiang University	4	3	1	0
中山大学	Sun Yat-sen University	1	0	0	0
华中科技大学	Huazhong University of Science and Technology	2	0	0	0
国内案例组合计		62	18	8	6
国际案例组合计		31	45	12	13

合作,共同开展社交媒体对记忆影响的相关研究(康奈尔大学,2016 年 9 月)①。

5. 小结

本节对国内案例组大学具有入度影响的品牌的数量及类型、学科、涉及的大学名次、国别等特征进行了探讨,其特征整体表现为:① 从数量上而言,国内案例组大学具备了一定的品牌国际影响力,各年度具有入度影响的国际品牌在平均数量上虽超过了作为基准的世界一流大学组,但与国际案例组相比仍存在一定差距;② 从类型分布而言,与国际案例组相似,科研、育人是国内案例组入度影响品牌占比最高的品牌类型,其中在育人类型品牌的占比超过国际案例组,表明国内案例大学高度重视人才的培养和发展,并得到国际社会认可;③ 从学科分布来看,也与国际案例组相似,人文社会学科是国内案例组大学品牌所涉及最多的学科,是能产生入度影响的重要学科领域;④ 从所涉及的大学名次来看,国内案例组大学被排名为 1—25 名大学提及的占比最大,一方面表明国内大学越

---

① Cornell University. Social media boosts remembrance of things past[EB/OL].[2016 - 09 - 07]. http://news.cornell.edu/stories/2016/09/social-media-boosts-remembrance-things-past.

来越多地得到国际顶尖大学的认可,另一方面如前文所述,国内案例组大学被排名前 25 大学提及的占比高于国际案例组也与美国大学在排行榜中表现卓越,而在进行数据筛选时需要去除同国大学的引用数据这一因素相关;⑤ 从所涉及的大学国别分布来看,国内案例组大学的入度影响品牌表现为区域国际品牌,集中分布在北美洲国家"一极市场",与其他国家大学的联系相对较少,在影响的广度上尚存不足。

第五节　政　策　建　议

基于对一流大学品牌影响力指数的指标比较与案例分析结论,结合我国一流大学建设高校当前在国际影响方面存在的问题和不足,本章对我国"双一流"建设大学提出如下建议。

一、从战略层面重视品牌建设,组建大学国际品牌建设小组或部门

作为软实力的重要组成部分,品牌的建设与传播是一流大学建设的重要议题,在复杂的国际形势及激烈的国际竞争中,一流大学要承担起破冰重任,在全球高等教育领域扛起国际化旗帜,提升中国大学在国际社会中的影响力和话语权。

品牌的建设和发展是一个长期积累的过程,需要有良好的体制机制来保障其持续发展。从国家层面而言,相关政策中已明确提出要"提升我国高等教育的国际竞争力和话语权,树立中国大学的良好品牌和形象"。从我国顶尖大学的整体表现来看,也已经具备了一定的显示度和影响力,其国际品牌在平均数量上超过世界一流大学组,但与世界顶尖大学组相比仍有较大的差距。当前,我国高校普遍的做法是宣传部门(新闻中心)负责组织实施以学校名义进行的对外新闻发布活动及指导校内各单位自行组织对外新闻发布活动,研究新闻媒体的传播规律,提出新闻宣传的建议。北京大学、上海交通大学和中山大学等一些高校虽然设有品牌研究中心或品牌战略研究所,但多为对商业领域品牌的研究,鲜有专门的建设小组与部门对大学的国际品牌建设与传播规律开展系统研究。

为了更好地建设我国一流大学的国际品牌,提升国际影响力,有必要将国际

品牌建设置于战略高度,以顶层规划为先导,从国家高度来分析我国一流大学在国际影响上的优劣势,进而系统规划我国大学影响力和话语权的提升,实现资源效率优化。在顶层规划的指导下,大学要分析自我发展特点以及国际竞争优势,组建专门的国际品牌建设小组或部门,打造高水平、专业化的团队,为品牌的建设提供组织、制度和人员基础,有步骤、有组织地推进顶层规划的实施。除专业化的国际品牌部门之外,大学各部门、各院系也应通力合作,积极营造品牌建设过程中协同互促、共生共融的良好氛围,共同推进大学品牌的国际影响力提升。

二、集中力量优先建设能产生重要影响的品牌,更大范围开展国际合作

科学研究和人才培养均为大学的基本职能,其在国际品牌中的重要性也得到凸显,对大学国际品牌整体的显示度和影响力有重要贡献。此外,师资品牌也是不容忽视的重要方面,且世界顶尖大学组中师资品牌的占比是国内顶尖大学组的数倍,这表明随着大学发展到一定阶段,教师的卓越表现与个人影响力会成为大学国际品牌的重要力量。因此在大学国际品牌建设过程中,要重点关注科研、育人和师资等强势品牌的建设。

具体而言,在科研方面,要进一步提升科学研究对外开放的水平与质量,鼓励各类人员积极参与有实质内容的国际交流与合作,尤其是大科学工程计划和关乎全球福祉的议题;建立跨国界的研究网络,实现资源信息共享,形成一个合作渠道畅通、人才信息双向流动、资金充沛的国际交流合作局面。在育人方面,要高度重视教育教学的质量及学生个人素质的提升,同时推进人才培养的国际化,坚持"引进来"和"走出去"相结合的策略,通过双学位项目、暑期学校等形式加强与其他大学在人才培养方面的交流合作,同时鼓励更多学子走出国门,在世界顶尖大学交流、学习。在师资方面,要抓好师资队伍建设,确立教师队伍国际化在高校国际化过程中的重要地位,学校要建立对专业教师进行培训的长效机制,多渠道增强骨干教师出国深造的力度,提升其在国际学术舞台上的影响力。同时,通过优惠政策和良好的学术生态环境,吸引和汇聚更多的外籍专家学者和优秀海外留学人员在中国大学讲学、任教或合作进行学术研究。

同时,从品牌所涉及的国别特征来看,国内案例组表现为区域国际品牌,影响的广度尚存不足,因此我国一流大学在国际品牌建设过程中,要注重影响的广

度和深度,全面提升品牌影响的广度,与全球范围内的一流大学,尤其是名次靠前的顶尖大学开展合作交流,吸收借鉴其办学经验,以此提升我国大学的教育质量,不断争取交流合作中的主导权,进而实现学术地位和国际竞争力的提升。

三、高校要以自身优势领域为抓手,形成示范带动效应

不同发展阶段的大学,其国际品牌建设的重点有所不同,大学品牌的建设应与所处国家和地区的特色、大学本身的实然状态相统一。本研究发现,虽然在不同组别中科研、育人和师资均是表现较为突出的品牌类型,管理、校园文化活动和资源品牌的显示度则较低,但各组大学在不同类型品牌中的占比分布结构和特点呈现上存在一定差异,这就启示我国一流大学在建设国际品牌时,要找准自身优势,确立能够代表大学特色内涵且符合长远发展目标的错位竞争战略。

在世界多元化发展过程中,各国的高等教育在继承和传播本民族的文明成果方面均有着自身的特点和优势,每所大学也有着自己的独特优势和强势学科。例如剑桥大学对人才培养高度重视,长期奉行自由教育理念,将获取知识和发展智慧作为教育的唯一和最高目的,重视对学生的理性训练和人格塑造。该校在长期发展过程中建成了世界一流的、富有特色的育人品牌。因此我国一流大学在建设国际品牌的过程中,一方面要学习和借鉴国际经验,另一方面也要善于突出自身优势,集中主要力量优先发展具有较强优势且体现自身特点的龙头品牌与学科,积极搭建国际平台,举办具有国际影响的会议论坛与活动赛事等;以优势品牌和学科为抓手,更易于寻求到一流的国际合作伙伴、产出高水平的成果,通过辐射与示范效应,实现"以重点突破带动全局发展"之态势,进而全面提升我国一流大学在国际学术界的显示度与国际影响力,最终建成既具有国家和学校特色、又能产生全球影响力的品牌。

四、加强学科布局,高度重视人文社科的发展和影响

人文社会学科既研究事物的性质和存在规律,更注重人的生存发展以及价值实现的意义,对人们认知观念的影响以及世界观的改变意义重大,但因其不能像理工科那样产生立竿见影的经济效益,加之在工业化和经济效益导向之下,不少大学长期存在"重理工、轻人文社科"的倾向,人文社会学科的重要性未得到应有的认知和重视。已有研究也表明,在自我传播视角中,中国顶尖大学传播较多

的是生命学科和理工科,对人文社会学科的重视程度不足①。本研究通过对国内外一流大学国际品牌涉及的学科进行实证研究发现,各组别中涉及最多的均为人文社会学科,尤其是在科研、育人和师资等强势品牌中,人文社会学科做出了重要贡献,这表明国际学术界对人文社会学科的高度重视。

在建设世界一流大学过程中,人文社会学科和自然学科均是重要组成部分,我国在推动学科发展时,要重视人文社会学科的发展,注重人文社会学科与其他学科的交叉融合与协调并进。例如以理工科见长的麻省理工学院,也建成了与工程、科学及数学直接相关的世界一流人文社会学科,如在数学基础上发展起来的经济学,在电子学背景下发展起来的电子政务与政治学等。具体而言,一是要规划学科布局,进一步健全人文社会学科体系,形成基础学科健全扎实、重点学科优势突出的局面,加大人文社会学科与其他学科交叉与融合的力度,使不同学科领域形成合力,进而产生新的研究方向与成果。二是要遵循人文社会学科的发展规律和特点,确立自身的发展路径,在经费资助等方面给予人文社会学科更大的政策倾斜。三是依托校内的人文社会学科学术群体,开展特色鲜明且具有重要影响的学术活动。四是要密切人文社会学科同社会与经济发展间的联系,多方位解读社会和经济发展过程中遇到的各种理论与实际问题,充分运用该学科领域的理论及专业知识为政府和企业建言献策。

(赵丽文,肖港,高露阳,冯倬琳)

---

①　冯倬琳,赵丽文,魏昊卿.一流大学品牌的官网传播:评价指标的设计与测量[J].上海交通大学学报(哲学社会科学版),2019,27(3):51-59.

第八章
世界一流大学服务国家战略指数

在国际竞争日益加剧、国内发展面临重大转型的背景下，一流大学需要践行服务国家战略的重要使命。本章根据硬实力与软实力相关理论，从重大科技贡献、急需人才培养、软实力平台支撑三个方面构建一流大学服务国家战略的指标体系，并对我国一流大学服务国家战略的表现进行定量分析。分析发现：国内顶尖大学在服务国家战略方面的表现优于非顶尖的国内一流大学，主要是前者在重大科技贡献和软实力平台支撑方面表现更好。本章还通过案例分析，揭示了中国科学技术大学量子物理领域重大科技贡献的形成机制，探讨了清华大学全方位的人才培养体系，归纳了上海交通大学通过有影响力的国际会议打造软实力平台的经验。基于量化和案例分析的结果，本章最后提出了我国一流大学服务国家战略的政策建议。

第一节　背景与思路

一、大学服务国家战略的背景

1. 国外一流大学服务国家战略的背景

一流大学在服务国家战略方面发挥着关键作用，是推动国家发展的重要力量。早在19世纪初，在耶拿战役战败的刺激下，德意志将教育视为国家兴盛战略的中心①，建立了"现代大学之母"柏林大学（Universität zu Berlin），实现了科

---

① 邱艳萍.从柏林大学的兴起看高等教育在国家发展中的作用[J].湖北师范学院学报（哲学社会科学版），2006(2)：95-98.

学迅速崛起,从而走向了国家振兴①。到了20世纪,国际社会矛盾激化,战争爆发,一流大学对国家战略的重大贡献作用逐渐凸显,尤其以国防、军事领域为主。在一战时期,各国政府纷纷依据战略需要调动大学资源,比如英国政府调动牛津、剑桥、帝国理工学院、伦敦大学学院等顶尖大学协助政府研究化学武器及其防护技术等②。这一时期,各国一流大学服务于战略需求,极大地增强了国家实力。二战时期,一流大学的战略地位更加稳固,以麻省理工学院等为代表的著名研究型大学,在直接服务于战争需要的战时科学研究领域中作出了重大贡献③,如麻省理工学院辐射实验室(MIT Radiation Lab)研制雷达,应对军事紧急需求④,伯克利大学洛斯·阿拉莫斯实验室(Los Alamos National Laboratory)研制出了世界上第一颗原子弹⑤。20世纪中后期,为了恢复战争带来的社会重创,各国战略由军事向社会其他领域拓展,一流大学在这一转变中逐渐成为现代社会的"轴心机构"⑥。20世纪70年代,为了应对经济全球化和新技术革命,美国国家科学基金会依据各高校优势学科,在大学兴建了一批"工业-大学研究中心",其中包括设在麻省理工学院的工业高分子工艺研究中心、伦塞勒工学院(Rensselaer Polytechnic Institute)的计算机制图研究中心、罗德岛大学(University of Rhode Island)的机器人研究中心等,这些一流大学帮助美国适应了科技革命,满足了现代化生产的需要⑦。加州理工学院的喷气推进实验室参与了国家阿波罗研制计划,在美国导弹和航天发展史上起到了重要的作用⑧。当前,不少发达国家的一流大学与市场积极对接,通过大学科技园、企业孵化器,并采取契约合作研究、咨询协议、技术入股合作、大学衍生企业等模式⑨,从产研合作层面促进大学对接战略机制的形成;同时,还从制度保障、健全体制机制、资金供给等方面,促进高校、科研机构、产业等科研主体之间协同开展跨学科、部门、行业的

① 李工真."柏林大学"模式及其发展[J].人文论丛,2000(1):264-272.
② 刘得斌.从国家战略角度构建中国新型大学——从美国一流大学的培育谈起[J].郑州大学学报(哲学社会科学版),2004(6):144-145.
③ 廖雅琪.美国研究型大学对我国一流大学建设的启示[J].高教探索,2006(3):68-70.
④ 杨九斌,郭蒙蒙.战争与大学:二战及冷战后美国研究型大学的发展演进[J].高等理科教育,2020(1):58-65.
⑤ 谷贤林.一流大学之路:加州大学伯克利分校发展研究[J].清华大学教育研究,2005,26(4):65-72.
⑥ 赵日刚.加强大学社会服务功能过程中政府职能研究[D].沈阳:东北大学,2009:1-96.
⑦ 孙冶.中美大学学科建设的浅显对比与思考[J].昆明理工大学学报(社会科学版),2007(6):8-11.
⑧ 吴海江.在聚焦国家战略中提升大学自主创新能力[J].科技管理研究,2010,30(1):10-12.
⑨ 李长萍,尤完,刘春.中外高校产学研协同创新模式比较研究[J].中国高校科技,2017(8):14-17.

深度合作①②,以实现国家公共利益最大化,为国家战略发展作出巨大贡献。

此外,一流大学也在服务国家软实力方面扮演着重要的角色。20 世纪末期,美国哈佛教授约瑟夫·奈(Joseph Nye)提出了"软实力"概念,指出文化、价值观等因素在国际关系中的作用将日益显现③。由此,软实力的构建开始成为大国国家战略的重要主题④。而一流大学在塑造国际形象、建构国际话语权等积极作用机制上肩负起了重要责任,推动了软实力的国家战略发展与深化⑤。如牛津大学加入了国际大学协会(International Association of Universities,简称 IAU)和国际研究型大学联盟(International Alliance of Research Universities,简称 IARU),与全球众多知名大学及研究机构建立了研究合作伙伴关系,展现了其一流的学科、专业优势,推动国际交流,扩大了英国在世界的影响力⑥;2005 年,巴黎索邦大学在阿联酋设立分校⑦,吸引与培养高层次人才,推广法国高等教育办学理念,树立了法国卓越教育形象。

2. 我国一流大学服务国家战略的背景

新中国成立以来,我国的一流大学在服务国家战略发展中也扮演了重要的角色。建国初期,国家新建或合并组建了一批一流行业特色高校,涉及多个国民经济关键领域,满足了当时国家经济建设对行业人才的迫切需求,在人才培养和科学研究等方面对行业和国家作出了特殊贡献⑧。1963 年,一流大学科学技术研究开始纳入国家计划,为工业化和"两弹一星"的成功研制作出了巨大贡献。19 世纪 60 年代中期以后,一批重点大学依托优势学科建立科研基地:清华大学无线电研究所、北京大学数学研究所、复旦大学数学研究所和遗传研究所等承担国家指令性计划的一些基础性研究和高新技术研究课题。在这一时期,技术研究成果一般只停留在实验室成果阶段,很少实现成果转化及推广应用⑨。

---

① 于天琪.产学研协同创新模式研究——文献综述[J].工业技术经济,2019,38(7):88-92.
② 郗海霞,李欣旖,王世斌.四螺旋创新生态:研究型大学引导区域协同创新机制探析——以苏黎世联邦理工学院为例[J].高等工程教育研究,2020(2):1-8.
③ 王思齐.国家软实力的模式建构[D].杭州:浙江大学,2011:1-206.
④ 刘得斌.从国家战略角度构建中国新型大学——从美国一流大学的培育谈起[J].郑州大学学报(哲学社会科学版),2004(6):144-145.
⑤ 马利凯,赵俊芳.二战后哈佛大学发展战略[J].现代教育科学,2010(3):77-82+87.
⑥ 于海燕,张海娟.世界一流大学师资国际化过程分析[J].高教探索,2012(3):71-77.
⑦ 赵翠侠.提升国家软实力:法国高等教育国际化改革经验及启示[J].理论月刊,2009(11):143-146.
⑧ 邹树梁,陈海利,王莉芬.发挥学科优势 提升地方高校服务行业与地方经济社会发展的能力——以南华大学为例[J].南华大学学报(社会科学版),2010,11(6):65-67.
⑨ 张似阳.我国大学科研职能的历史考察与发展对策探究[D].福州:福建师范大学,2007:1-34.

　　改革开放后,《中共中央关于科技体制改革的决定》于 1985 年出台①,正式确立了大学科技工作在国家科技体系和教育体系中的重要地位。20 世纪 90 年代,国家提出"科教兴国"战略和"人才强国"战略②,先后实施了"211 工程"和"985 工程"③,一批国内一流大学通过集中优质资源④,充分发挥潜能,进一步拓展人才培育、科技攻关、传统产业技术改造、高技术产业开拓等方面的能力。在这一时期,国内一流大学在科技成果转化以及为政府和企业提供决策咨询与技术服务等方面取得了一系列重大成果,发挥了服务国家战略需求的作用。以清华大学为例,学校大力开展科技开发和服务,在 1991—1998 年间,完成科技开发和服务项目累计超过 3 000 项,合同金额近 5 亿元,其中"稠油热采数值模拟技术"广泛应用于辽河、胜利、新疆、大庆等油田,采收率提高 3% 以上,年增产原油 30 万吨,直接增益达 17 亿元;此外,清华的科技成果积极向社会辐射,包括为企业提供咨询、人才培养等服务,与企业建立联合研究中心等⑤。

　　进入 21 世纪以来,我国一流大学建设虽然在学术水平提升、人才培养方面取得了突出的成绩,但面对日益激烈的国际竞争和我国经济、社会发展转型期的复杂形势,在服务国家战略方面面临新的挑战:一是在高等教育国际化竞争加剧的情况下,高校追逐国际研究热点,可能与国内实际发展的战略需求脱节;二是不同地区、行业的发展差距扩大,导致高校人才培养难以自主流向战略需求领域或地区;三是中国和平崛起过程中面临诸多国际社会的偏见,一流大学需要在其中发挥交流与合作平台的作用,提升国家的软实力。

　　因此,我国提出了一流大学对服务国家重大战略的迫切要求。2015 年,国务院印发《统筹推进世界一流大学和一流学科建设总体方案》,指出了"双一流"建设的重要任务是高校发挥学校、学科优势,积极对接国家战略需求,服务经济社会发展,弘扬中华优秀传统文化、培育和践行社会主义核心价值观。在这一背景下,需要我们关注我国一流大学对国家重大战略的贡献,并形成有效的评价和

①　李光.我国科技体制改革任重道远——纪念《中共中央关于科学技术体制改革的决定》发布 20 周年[J].科技进步与对策,2005(2):3.
②　刘承波.从国家战略高度加快建设世界一流大学[J].清华大学教育研究,2005(6):27-31+58.
③　吴海江.在聚焦国家战略中提升大学自主创新能力[J].科技管理研究,2010,30(1):10-12.
④　张涛,周琳.国家战略需求与研究型大学的发展模式研究[J].南京理工大学学报(社会科学版),2015(28):63-68.
⑤　梁尤能.清华大学科技成果转化的问题和对策[J].中国科技产业,1998(1):45-46.

激励机制,促进高校在"双一流"建设中对接国家重大战略需求,引领民族繁荣与国家发展。

二、理论及实证研究

1. 国家战略的概念及内涵

国家战略是战略体系中最高层次的战略,是为实现国家总发展目标而制定的总体性战略概括,涉及指导国家各个领域的总方略①。国家战略受内部和外部因素制约,内部因素包括国家实力、政府质量、军事经济的均衡发展,外部因素表现为国际体系和国际权势斗争②,因此在不同历史时期,不同国家会表现出不同的内容及特征。

20 世纪 80 年代初,国家战略概念被引入中国③。基于改革开放新形势,国家提出沿海地区经济发展战略,发展外向型经济,带动全国经济发展④。到了 90年代,人口、资源、环境与发展的矛盾尤为突出,中国首次提出"可持续发展战略""区域经济协调发展战略""西部大开发战略""科教兴国战略"以及"引进来"和"走出去"相结合的对外开放战略⑤,积极解决社会发展问题,优化了国家发展环境。进入 21 世纪后,为了进一步推进国家发展,"人才强国""海洋强国""质量强国""网络强国"等战略相继提出⑥⑦。

十九大报告对当前我国的国家重大战略进行了较为全面的论述与总结。2017 年,十九大报告强调了全面建设小康社会的七大战略,即科教兴国战略、人才强国战略、创新驱动发展战略、乡村振兴战略、可持续发展战略、军民融合发展战略、区域协调发展战略⑧,并指出了文化强国、健康强国、食品安全、国家安全等战略的重要地位。这些主要的国家战略大体可以分为两类。一是与国家硬实

① 薄贵利.论国家战略的科学内涵[J].中国行政管理,2015(7):70-75.
② 程志勇,夏绮若.国家战略能力研究综述[J].国际研究参考,2019(10):54-59.
③ 薄贵利.论国家战略的科学内涵[J].中国行政管理,2015(7):70-75.
④ 高伯文.20 世纪 80 年代沿海地区经济发展战略的选择及其效应[J].当代中国史研究,2005(4):94-102+129.
⑤ 胡鞍钢.中国发展战略的历史演变[J].中国乡镇企业,2009(12).
⑥ 秦剑军.知识经济时代人才强国战略研究[D].武汉:华中师范大学,2008:1-236.
⑦ 陶晓玲.人才强国战略是强国第一战略[EB/OL].(2018-09-30)[2020-04-09].http://aoc.ouc.edu.cn/3c/30/c9824a212016/page.psp.
⑧ 习近平.决胜全面建成小康社会　夺取新时代中国特色社会主义伟大胜利——在中国共产党第十九次全国代表大会上的报告[EB/OL].(2017-11-15)[2020-04-08].http://www.12371.cn/2017/10/27/ARTI1509103656574313.shtml.

力有关的战略。硬实力是指国家支配性实力，包括基本资源（如土地面积、人口、自然资源）、经济力量、军事力量和科技力量等①。与硬实力相关的国家战略主要包括科教兴国战略、人才强国战略、创新驱动发展战略、军民融合发展战略等。第二类是与国家软实力有关的战略。软实力是指一个国家的文化、价值观念、社会制度等影响自身发展潜力和感召力的因素②，其包括可持续发展战略、对外开放战略、区域协调发展战略、健康强国战略、文化强国战略等。这些战略对当今中国在教育、科研、经济、军事等具体领域都提出了具体要求，为一流大学服务国家战略指明了前进方向。

　　2. 一流大学对国家战略的影响

　　一流大学在服务当前中国各领域国家战略发展进程中起着关键性的作用。以下主要从国家硬实力和软实力两方面归纳一流大学对国家战略的影响。

　　（1）一流大学对国家硬实力相关战略的影响

　　硬实力是国家综合实力的重要组成部分，在一定程度上对国家战略能力的形成具有决定作用③。硬实力的大小决定了国家在国际社会中的地位和作用，以及国家利益的实现程度④，影响着国家发展方向以及国家战略的制定。在国家硬实力提升方面，一流大学可以通过科研创新、人才培养等机制提升国家综合实力，为国家战略发展作出贡献。

　　不少实证研究探索了一流大学在科研创新上的关键推动作用。首先，一流大学是国家资金与项目支持的主要对象，拥有产生卓越原创性创新成果的物质条件。游小珺等构建了大学科研经费边际效益测算模型，对美国高水平大学科研经费的边际效益进行了测算分析，发现科研经费及其分配是影响大学科研实力的关键因素⑤。其次，顶级大学集聚大量一流科研人员，为创新提供了人才保障。罗萍发现大学科研人力资本和大学科研投入与经济增长之间存在长期均衡的协整关系，科研人力资本对经济增长起着非常重要的作用⑥。

① 程恩富，李立男.马克思主义及其中国化理论是软实力的灵魂和核心[J].马克思主义文化研究，2019(1)：15-28.
② 李齐全.提升文化软实力的实现路径[J].社会主义研究，2010(6)：60-62.
③ 詹家峰.国家战略能力与综合国力关系浅析[J].现代国际关系，2005(4)：21-27.
④ 张殿军.硬实力、软实力与中国话语权的建构[J].中共福建省委党校学报，2011(7)：60-67.
⑤ 游小珺，杜德斌，张斌丰，范斐.美国高水平高校科研经费边际效益估算与空间差异分析[J].科技进步与对策，2014(17)：144-150.
⑥ 罗萍.高校科研、人力资本与经济增长关联性的实证分析[J].广州大学学报（社会科学版），2009，8(7)：47-50.

另一方面,已有学者证明一流大学存在知识溢出效应,可以推动成果转化。安瑟林(Anselin)等人证实,大学研究与创新活动之间存在重要正相关,直接或间接地影响着私有部门的活动①。一流大学是基础性、原创性和战略性成果形成与转化的主力军,提升了国家经济、科技、军事等各领域展现出的硬实力②。如今,中国一流大学在各个领域正大力推动中国科研创新,为国家战略发展发挥了重要作用。

也有学者认为一流大学可以为国家培养行业和地区急需人才。米红和吴智鹏使用国内 15 所大学的在校研究生数、研究生指导教师中教授人数、发表论文数量以及教育科研事业经费投入 4 个指标进行回归分析,证实了研究生培养规模和质量与大学师资水平密切相关③。以世界一流师资队伍为基础,一流大学还通过先进的人才培养模式、条件一流的实验室等,为培养世界一流水平的人才奠定了坚实的基础。

基于此,紧密结合国家人才战略,一流大学一方面可以为国家培养急需人才,满足战略性新兴产业、服务产业快速发展需要。比如西安交通大学与国内外著名科研院所和龙头企业合作,创建"大数据与人工智能"等 7 个模式多元、专业交叉融合的"菁英"班,培养精英人才,推动战略性新兴产业快速成长④。

另一方面,一流大学可以为欠发达地区输送人才。一流大学聚集和培养了一批又一批优秀人才,并积极引导和支持学生到中西部地区就业,可以为中西部地区发展作出重要贡献。一流大学通过校地合作,与中西部就业市场加强联系,有效地服务欠发达地区的发展。以复旦大学为例,2018 年内蒙古、武汉、乌鲁木齐、西安、银川、石家庄、成都、重庆、广西等 9 个省市组团到校招聘,不仅拓展了就业岗位资源,也促进了人才向中西部地区流动⑤。中山大学也不断与各地党委组织部加强定向选调生招聘合作,积极拓展新的定向选调生范

① ANSELIN L, VARG A, ACS Z. Local geographic spillovers between university research and high technology innovations[J]. Journal of Urban Ecnomics, 1997(42): 422 - 448.
② 辛彦怀,李广.美国大学对科学技术的贡献[J].外国教育研究,2005(5): 41 - 45.
③ 米红,吴智鹏.我国研究型大学人才培养若干问题的实证研究[J].集美大学学报(教育科学版),2006(1): 17 - 21.
④ 西安交通大学学科办.西安交通大学"双一流"建设 2018 年度进度报告[EB/OL].(2019 - 02 - 16)[2020 - 04 - 13]. http://xxgk. xjtu. edu. cn/content. jsp? urltype = egovinfo. EgovInfoContent&wbtreeid = 1001&indentifier = xkb%2F2019-0216001.
⑤ 复旦大学.复旦大学毕业生就业质量报告(2018)[EB/OL].(2019 - 01 - 31)[2020 - 04 - 13]. http:// www. xxgk. fudan. edu. cn/21/57/c8200a205143/page. htm.

围,将地方对人才的需求落到实处,推动毕业生服务西部、基层地区的社会经济发展①。

(2) 一流大学对国家软实力提升的重要影响

约瑟夫·奈(Joseph Nye)最早提出了软实力概念,与硬实力相对,软实力是指通过运用各种软性资源或者以非强制性方式影响其他要素、行为体的能力,其最核心的内容是吸引他国作出与本国相同价值取向的活动②。一流大学可以通过塑造国际形象、建构国际话语权、提升国际吸引力三个层次发挥作用,成为软实力资源转化为软实力的重要平台③。

首先,一流大学提供了国际交流的平台,有助于塑造中国形象。一流大学是学术交流最为频繁的机构,可以利用学科和专业优势,加强与世界一流大学和学术机构的实质性合作,开展高水平人才联合培养和科学联合攻关④,在国际学术平台分享与交流中国优秀的研究成果,展示中国高等教育的科研水平⑤。一流大学也是参与国际文化交流的重要主体,是特色文化的传播与交流的重要平台。这种文化传播功能⑥有效地展示了国家魅力,将中国科学的思想体系和价值观在全球范围内实现高效能的交流与推广,提升了中国高等教育在国际上的竞争力,展示了中国一流大学的特色与发展。基于高水平科研成果分享、文化传播,一流大学可以扩大中华文化在全球范围内的影响力,形成文化壁垒,塑造中国大学的国际化形象,打造中国高等教育的学术品牌,实现中国高等教育品牌国际化的发展目标⑦,推动国家文化软实力的提升。

其次,一流大学提供了建构国际话语权的机会。一流大学处于教育金字塔的顶端,决定了它比其他社会机构更合适指出文化方向、提供样板、开展研究,在建构话语权上起着关键性的作用。时任普林斯顿大学科学史和科学哲学教授的托马斯·库恩(Thomas Samuel Kuhn)在《科学革命的结构》一书

① 中山大学.中山大学 2018 届毕业生就业质量年度报告[EB/OL].(2018-12)[2020-04-01].https://max.book118.com/html/2019/1028/7112032110002066.shtm.

② 张弛.约瑟夫·奈.软实力理论的反思及启示[J].南京政治学院学报,2011,27(4):67-70.

③ 柴旭东.论大学在国家软实力建设中的作用[J].中共贵州省委党校学报,2009(4):62-65.

④ 国务院.国务院关于印发统筹推进世界一流大学和一流学科建设总体方案的通知[EB/OL].(2015-10-24)[2020-04-03].http://www.gov.cn/zhengce/content/2015-11/05/content_10269.htm.

⑤ 宁滨.大学在国家文化软实力建设中责任重大[J].文化软实力,2016,1(1):77-81+83.

⑥ 张迪.大学在国家文化软实力建设中的作用机制与路径思考[J].江苏高教,2018(2):30-33.

⑦ 修旭,蔡维.高校教育的品牌国际化战略探讨[C].辽宁省高等教育学会 2013 年学术年会暨第四届中青年学者论坛论文摘要集,2013:34.

中提出了"范式"概念,树立了研究标准,从而塑造了西方文化在科学研究中的话语权①。当今,中国一流大学可以积极参与国际议题的讨论,设立国际标准,提出中国的研究理论,构建中国国际话语权。一流大学可以基于研究优势,在一些领域获得突破,树立国际认可的学术标准,取得中国文化在一定领域中的话语权。大学还可以通过开办国际文化学院在全球范围内传播中国语言、中国文字、中华文化以及中国成就,形成完整的中国文化软实力展示体系②。以北京大学为例,学校发挥人文社科优势,面向文化强国战略,加强优秀传统文化研究,拟设立"中华文明基因库""海上丝绸之路和郑和下西洋及其沿线地区历史文化研究"等重大研究项目,推动学科范式转型和创新,掌握学科国际话语权③。

此外,一流大学还提升了我国的国际吸引力。随着高等教育国际化的进一步发展,不同国家之间大学的交流合作日益频繁,大学在国际文化交流与合作中发挥着越来越大的作用。通过项目合作(中外合作办学、到境外举办学校)、人员交流(师生互访、双向留学)、学术合作(联合科研、学术交流)等方式多方位构建国际合作机制,扩大我国大学的学术影响力④。如北京大学设立了英国校区和芝加哥中心,其中,北京大学英国校区是北京大学的首个海外校区,也是中国的高等学府第一次以独资、独立经营、独立管理的形式走出国门,树立中国高校国际品牌、建设中国高等教育国际形象、营造中国教育走向世界舞台中央的国际舆论氛围⑤。另外,从 2004 年起,我国开始在海外设立孔子学院(Confucius Institute),其主要职能是提供符合各种人群需求的面授及远程汉语教学,开展标准化教师培训和汉语教学能力认证,提供留学中国咨询,举办传播中国教育文化活动,支持开展当代中国研究等。中国已在 134 个国家和地区建立了 500 所孔子学院和 1 000 个孔子课堂,学员总数达 190 万人,成为中国对外推广汉语与传播中华文化的重要窗口,有效提升了国家文化软实力⑥。

① 纪树立.论库恩的"范式"概念[J].自然辩证法通讯,1982(3): 6-15.
② 柴旭东.论大学在国家软实力建设中的作用[J].中共贵州省委党校学报,2009(4): 62-65.
③ 北京大学."双一流"建设 2018 年度进展报告[EB/OL].[2020-04-09].https://xkb.pku.edu.cn/sylm/gzdt/90652.htm.
④ 柴旭东.论大学在国家软实力建设中的作用[J].中共贵州省委党校学报,2009(4): 62-65.
⑤ 北京大学."双一流"建设 2018 年度进展报告[EB/OL].[2020-04-09].https://xkb.pku.edu.cn/sylm/gzdt/90652.htm.
⑥ 柴旭东.论大学在国家软实力建设中的作用[J].中共贵州省委党校学报,2009(4): 62-65.

综上所述,一流大学对国家战略贡献主要通过硬实力与软实力提升的双重机制。科研创新与人才培养是硬实力提升的主要机制,影响着国家发展的方向,而塑造国际形象、建构国际话语权、提升国际吸引力这三个层次组成了国家软实力提升的主要方式。一流大学基于这一双重机制,持续在国家战略发展进程中发挥着关键作用。

三、研究思路

通过以上的文献回顾,可以了解到大学,尤其是一流大学在国家硬实力和软实力发展方面发挥了特定的作用,对国家战略发展具有重要的意义。本章研究将结合国家战略和高等教育学的相关理论,基于可比数据与案例,探讨三方面的问题。① 如何衡量我国一流大学服务国家战略的贡献? ② 我国"双一流"建设大学在对服务国家战略方面的表现如何? ③ 我国"双一流"建设大学在服务国家战略方面有哪些经验可供借鉴?

基于上述研究问题,本章分为五个步骤开展(见图 8-1)。第一步,基于相关文献,构建一流大学服务国家战略的评价维度和指标体系,并选择不同维度下具有典型意义的大学和案例分析框架。第二步,根据设计的指标,选择相应的数据库,建立可比的指标数据库;根据案例大学政策,搜集相关大学服务国家战略的案例信息。第三步,对原始数据进行处理,计算指标得分,并比较国内大学的指标,探索国内一流大学服务国家战略指标的差异性。第四步,通过选择的典型案例大学,深入分析一流大学服务国家战略方面的具体表现与成功要素。第五步,归纳数据和案例分析的结果,并结合我国一流大学在服务国家战略方面存在的不足,提出促进一流大学服务国家战略能力提升的政策建议。

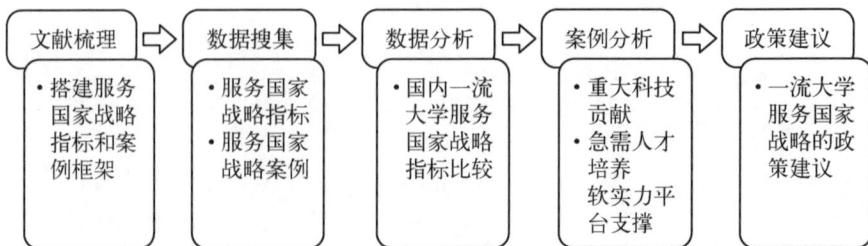

图 8-1 研究思路

第二节　研究方案与设计

一、指数设计

1.指标体系

基于大学对国家战略产生影响的相关理论与实证研究,我们提出了反映一流大学服务国家战略的指标体系,包括对国家硬实力与软实力两个维度(见图8-2)。在硬实力维度下,一流大学主要通过科技发展与人才强国两个方面贡献国家硬实力水平的提升,分别采用重大科技贡献与急需人才培养两个子维度。在软实力提升方面,一流大学主要通过提供软实力发展的支撑平台来促进国家战略的实现。根据重大科技贡献、急需人才培养、软实力平台三个子维度,研究进一步进行了相应指标的筛选,并综合考虑了高校间的可比性、时间可持续性以及数据采集的便捷性等因素,确定了三个衡量一流大学重大战略指标,分别是:国家科技三大奖及教育部人文社科奖、毕业生到中西部地区及高技能行业就业人数、举办具有影响力的国际会议。第一个指标反映一流大学对重大科技发展的贡献,第二个指标反映对不同地区或行业急需人才的培养,第三个指标反映大学对软实力提升所提供的支撑平台。

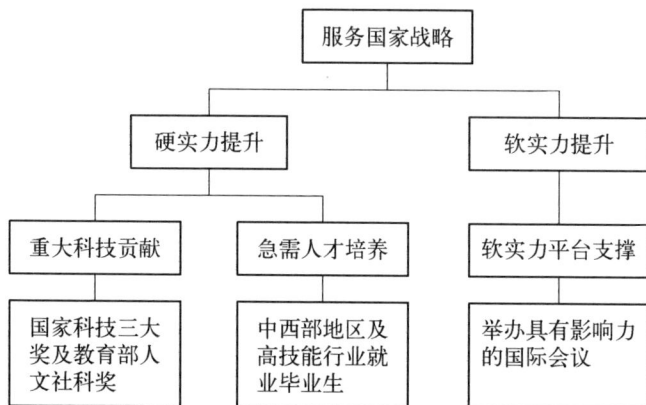

图8-2　一流大学服务国家战略指数的设计

2.样本选择

样本大学选择的是进入2019年ARWU排名前500且在我国"双一流"建设

名单中的 36 所大学。样本高校分为两组(因本指数与前 5 个国际可比指数不同,因此本指数的组别划分方法有所不同):国内 A 组大学是 ARWU 排名前 150 的 13 所大学,包括清华大学、北京大学、浙江大学、上海交通大学、中国科学技术大学、复旦大学、中南大学、哈尔滨工业大学、华中科技大学、南京大学、东南大学、中山大学、西安交通大学。国内 B 组大学为 ARWU 排名在 150 之后的 23 所"双一流"建设大学,参见表 8-1。

表 8-1 服务国家战略指数的样本

ARWU 排名	样本大学(中文)	样本大学(英文)
国内 A 组		
43	清华大学	Tsinghua University
53	北京大学	Peking University
70	浙江大学	Zhejiang University
82	上海交通大学	Shanghai Jiao Tong University
101—150	复旦大学	Fudan University
101—150	华中科技大学	Huazhong University of Science and Technology
101—150	中山大学	Sun Yat-sen University
101—150	中国科学技术大学	University of Science and Technology of China
国内 B 组		
151—200	中南大学	Central South University
151—200	哈尔滨工业大学	Harbin Institute of Technology
151—200	南京大学	Nanjing University
151—200	四川大学	Sichuan University
151—200	东南大学	Southeast University
151—200	电子科技大学	University of Electronic Science and Technology of China
151—200	武汉大学	Wuhan University
151—200	西安交通大学	Xian Jiaotong University
201—300	北京航空航天大学	Beihang University
201—300	北京师范大学	Beijing Normal University
201—300	大连理工大学	Dalian University of Technology
201—300	吉林大学	Jilin University
201—300	南开大学	Nankai University
201—300	山东大学	Shandong University
201—300	华南理工大学	South China University of Technology

（续表）

ARWU 排名	样本大学 （中文）	样本大学 （英文）
201—300	天津大学	Tianjin University
201—300	同济大学	Tongji University
201—300	厦门大学	Xiamen University
301—400	北京理工大学	Beijing Institute of Technology
301—400	中国农业大学	China Agricultural University
301—400	重庆大学	Chongqing University
301—400	湖南大学	Hunan University
301—400	兰州大学	Lanzhou University
301—400	西北工业大学	Northwestern Polytechnical University
401—500	东北大学	Northeastern University（Shenyang）
401—500	郑州大学	Zhengzhou University
501—600	华东师范大学	East China Normal University
501—600	中国海洋大学	Ocean University of China

3. 数据搜集

（1）国家科技三大奖及教育部人文社科奖

关键词：

国家科技奖励三大奖是指国家自然科学奖、国家技术发明奖及国家科学技术进步奖，属于国内科技领域最高的国家级奖励。其中，国家自然科学奖授予在基础研究和应用基础研究中阐明自然现象、特征和规律、做出重大科学发现的公民[①]。国家技术发明奖授予运用科学技术知识做出产品、工艺、材料及其系统等重大技术发明的中国公民[②]。国家科学技术进步奖授予在技术研究、技术开发、技术创新、推广应用先进科学技术成果、促进高新技术产业化，以及完成重大科学技术工程、计划等过程中做出创造性贡献的中国公民和组织[③]。

教育部人文社科奖是指高等学校科学研究优秀成果奖（人文社会科学），由国务院批准，教育部设立，每三年评选一次，为表彰奖励高校人文社会科学工作者取得的突出成绩，鼓励高校科研人员严谨治学、勇于创新、铸造精品，推动高校

---

① 中国科学院.国家自然科学奖简介［EB/OL］.［2020－08－20］.http://www.cas.cn/ky/kjjl/gjzrkxj/.
② 中国科学院.国家技术发明奖［EB/OL］.［2020－08－21］.http://www.cas.cn/ky/kjjl/gjjsfmj/.
③ 中国科学院.国家科学技术进步奖［EB/OL］.［2020－08－20］.http://www.cas.cn/ky/kjjl/gjkxjbj/.

哲学社会科学事业繁荣发展的一项重大举措。

数据来源：① 国家科技三大奖数据均来自国家科学技术奖励工作办公室官网公布的各年度获奖项目名单[①]。国家科学技术奖励工作办公室为承担国家科技奖励工作的机构,本章中的高校获三大奖的数据均可在国家科学技术奖励工作办公室官网查找到,数据来源较为可靠。② 教育部人文社科奖的数据来自教育部公布的第七届高等学校科学研究优秀成果奖(人文社会科学)获奖成果名单[②]。经专家评审、面向社会公示和奖励委员会审核通过,高等学校科学研究优秀成果奖(人文社会科学)获奖成果名单由教育部公布。本章中的获奖数据均可在教育部公布的获奖名单中查找到,数据来源可靠。

搜集步骤：

步骤一,国家科技三大奖信息搜集。首先,在国家科学技术奖励工作办公室官网查找历年各大奖项获奖项目名单,筛选高校所获奖项,分别统计 2015~2018 年名单中高校参与的获奖项目个数;其次,依据获奖名单,分别统计 2015~2018 年高校作为第一完成组织或第一完成人所属高校的获奖项目个数;依据获奖名单,筛选高校分校或附属医院,分别统计 2015~2018 年获奖项目个数。

步骤二,教育部人文社科奖信息搜集。首先,查找 2015 年第七届高等学校科学研究优秀成果奖(人文社会科学)申报材料审核结果公示一览表,从教育部查找第七届高等学校科学研究优秀成果奖(人文社会科学)获奖成果名单,统计获奖者所属学校。筛选高校的获奖成果,统计获奖成果数。

步骤三,计算各高校获奖信息总数。国家自然科学奖、国家科技进步奖、国家技术发明奖、教育部人文社科奖分别代表了基础研究、应用研究、开发研究和人文社科研究的国家层面的最高奖项,出于同等对待的考虑,本研究对这 4 类型的研究赋予同等权重。在不同等级奖项赋权方面,参考以往一些对获奖统计的研究,本研究根据各等级奖项数量占比进行赋权[③]。在国家科技三大奖中,特等奖、一等奖和二等奖的赋权比例分别为 10∶2∶1。在教育部人文社科奖中,一

---

① 国家科学技术奖励工作办公室.国家科技奖励[EB/OL].[2020－08－20].http://www.nosta.gov.cn/web/list.aspx?menuID=7.

② 中华人民共和国教育部.第七届高等学校科学研究优秀成果奖(人文社会科学)获奖成果名单(908项)[EB/OL].(2015－12－01)[2020－08－20].http://www.moe.gov.cn/srcsite/A13/moe_2557/moe_2558/201512/W020151224355622490739.pdf.

③ 李兴国.普通高校获国家级科技三大奖励的分布特征——基于 2002—2014 年通用获奖项目的分析[J].石家庄铁道大学学报(社会科学版),2015,9(4)：17－22.

等奖、二等奖、三等奖的赋权比例分别为 10：5：1。根据赋权比例进行加权,计算得到各样本大学的获奖原始数据。

步骤四,计算获奖指标得分。将获奖数据进行统计处理,并以国内 A 组高校的均值为分母,将各个高校的得分除以国内 A 组高校均值,计算得到各个高校的指标得分,并计算不同组别大学的指标均值。

(2)中西部地区及高技能行业就业毕业生比例

关键词:

中西部地区:依据国家统计局编印的《2018 中国统计年鉴》[①],中部地区包含 6 个省,分别为山西、安徽、江西、河南、湖北和湖南;西部包含 12 个省(自治区、直辖市),分别为内蒙古、广西、重庆、四川、贵州、云南、西藏、陕西、甘肃、青海、宁夏和新疆。

高技能行业:高技能行业的界定参考了《中国劳动力市场技能缺口研究》,采用劳动力人口中本科及以上学历人口所占比例来反映行业的技能水平[②]。本研究采用了 2019 年《中国人口和就业统计年鉴》中按行业分的教育程度统计,采用本科比例达到 30% 以上的行业作为高技能行业的界定,包含教育、科学研究和技术服务业、金融业、信息传输、软件和信息技术服务业、公共管理与社会保障业、卫生和社会工作[③]。

就业毕业生:采用各高校 2018 届本科、硕士、博士毕业生就业的学生人数。

数据来源:中西部就业人数及行业就业数据均来自各高校 2018 年毕业生就业质量年度报告,报告均从各高校官网获得。高校毕业生就业质量年度报告由各高校编制并每年发布,依据教育部办公厅《关于编制发布高校毕业生就业质量年度报告的通知》,在报告中客观反映本校毕业生就业的基本情况、主要特点、相关分析、发展趋势以及对教育教学的反馈等[④]。

搜索步骤:

步骤一,毕业生到中西部地区就业数据收集。在各高校官网下载 2018 年毕

---

① 中华人民共和国国家统计局.2018 中国统计年鉴[M].北京：中国统计出版社,2019.
② 复旦大学,清华大学联合课题组.劳动力市场技能缺口研究[EB/OL][2020 - 03 - 27].http://www.tsinghua. edu. cn/publish/Soc/3060/2016/20161123155110359453576/20161123155110359453576 _.html.
③ 中华人民共和国国家统计局.中国人口和就业统计年鉴[M].北京：中国统计出版社,2019.
④ 教育部.教育部办公厅关于编制发布高校毕业生就业质量年度报告的通知[EB/OL].(2013 - 11 - 02) [2020 - 05 - 30].http://www.moe.gov.cn/srcsite/A15/s3265/201311/t20131105_159491.html.

业生就业质量年度报告,在报告中查找"就业地域"相关章节,统计中部(或西部)地区就业人数数据。如若没有,则查找毕业生中部地区(或西部)就业比率,再乘以毕业生就业人数,计算得出毕业生中部(或西部)地区就业人数。部分学校不提供地域划分数据,则查找"就业流向"章节中就业地区流向的数据,将中部(或西部)地区对应省份毕业生就业人数相加,求得总和即为 2018 年中部(或西部)地区就业人数。

步骤二,高技能行业就业数据收集。依据各高校 2018 年毕业生就业质量年度报告[①],在报告中查找毕业生就业行业流向数据,对不同行业毕业生人数进行统计,再筛选出高技能行业数据。

步骤三,计算中西部地区及高技能行业就业毕业生比例。将中西部地区就业毕业生人数除以就业毕业生人数,得到中西部地区就业毕业生比例;将高技能行业就业毕业生数除以就业毕业生人数,得到高技能行业就业毕业生比例;将两个比例按照各 50% 加权处理,得到各个高校的中西部地区及高技能行业就业毕业生比例。

步骤四,计算指标得分。将中西部地区及高技能行业就业毕业生比例的原始数据进行统计处理,并以国内 A 组高校的均值为分母,将各个高校的得分除以国内 A 组高校均值,计算得到各个高校的指标得分,并计算不同组别大学的指标均值。

(3) 举办具有影响力的国际会议

关键词:

国际会议:本研究参考财政部《在华举办国际会议经费管理办法》中的界定[②],将高校举办的国际会议界定为高校在我国境内举办的、与会者来自 3 个或 3 个以上国家和地区(不含港、澳、台地区)的年会、例会、研讨会、论坛等会议。

影响力:会议的影响力通常可以通过多个方面来反映,包括参会的人数规模、会议的持续性等。本研究将具有影响力的国际会议界定为连续排届,或参会人数达到中等规模(100 人及以上)的国际会议[③]。

① 中国教育在线.2018 年高校毕业生就业质量报告汇总[EB/OL].[2020 - 05 - 30].https://gaokao.eol.cn/daxue/zixun/201901/t20190102_1639882.shtml.
② 财政部.在华举办国际会议经费管理办法[EB/OL].[2020 - 05 - 30].http://www.bic.cas.cn/zcfg/201907/t20190725_4702787.html.
③ 财政部.在华举办国际会议费用开支标准和财务管理办法[EB/OL].[2020 - 05 - 30].http://www.gov.cn/zwgk/2012-02/15/content_2067743.htm.

数据来源：数据来自各高校官网、国际合作与交流处网站、学校新闻网三类高校网站公开发布的新闻及报道。本章中的国际会议数据均可在三类网站以同样方式获得，数据来源较为可靠。

搜集步骤：

步骤一，会议信息搜集。以"举办国际"为关键词，年份锁定在 2018 年 1 月1 日至 2018 年 12 月 31 日，通过百度搜索引擎，对高校官网、国际合作与交流处网站、学校新闻网三类网站进行检索，获得国际会议官方新闻及报道，统计会议名称、排届情况、举办者、参会人数等数据。若有学校无法通过百度搜索引擎获取信息，则进入该校新闻网站，对新闻进行逐条筛选，获得相关数据。

步骤二，会议筛选。对每所学校的会议进行逐一核对，排除参会人数国际学者明显偏低的会议（比如一些海外人才引进的国际招聘会），排除只有 2 个国家学者参会的信息。然后，选择连续排届或参会人数超过 100 人以上的国际会议作为具有一定影响力国际会议的入选标准。最后，统计各个学校在 2018 年举办的具有国际影响力的会议数量。

步骤三，计算指标得分。将原始数据进行统计处理，并以国内 A 组高校的均值为分母，将各个高校的国际会议数据除以国内 A 组高校均值，计算得到各个高校的指标得分，并计算不同组别大学的指标均值。

4. 服务国家战略指数的算法

对所有原始值进行统计处理，改善原始数值分布；计算出国内顶尖大学组在各个指标上的平均值作为参照，设为 1 分；再通过计算单一大学的单一指标值与国内顶尖大学组在相同指标上的平均值的比值，得到该校在该指标上的得分。

对三个指标得分赋予同等权重，进行简单加权，得到大学对战略贡献指数，计算公式如下：

$$I_N = \frac{I_1 + I_2 + I_3}{3}$$

I_N：大学服务国家战略指数；I_1：国家科技三大奖及教育部人文社科奖指标；I_2：中西部地区及高技能行业就业毕业生比例指标；I_3：举办具有影响力的国际会议指标。

二、案例设计

在案例大学选择方面，本研究从重大科技贡献、急需人才培养、软实力平台支撑3个方面,分别选取了3个具有一定典型性的案例大学、机构或活动进行分析。

1.重大科技贡献:中国科学技术大学量子物理与量子信息研究部

量子信息科学对国家安全与经济进步至关重要,是国内外科技创新的兵家必争之地①。目前,我国在该领域已经具备一定国际竞争力,在部分方向上处于世界领先地位。在我国量子信息科学领域发展进程中,合肥微尺度物质科学国家实验室的量子物理与量子信息研究部扮演着关键角色。量子物理与量子信息研究部由潘建伟院士于2001年组建②,目前由45名专职科研人员、30名博士后和210名研究生构成③。研究部自成立以来,其科研活动紧紧围绕服务国家战略展开,通过一系列创新举措,在人才培养、科技发展、创新驱动、国家安全等国家战略方面,取得了累累硕果。研究部"多光子纠缠及干涉度量"团队获得了2016年中国自然科学领域最高奖——国家自然科学奖一等奖,其重大科学贡献得到了国家的最高肯定。研究部"墨子号"量子科学实验卫星成果还获得了美国科学促进会(American Association for the Advancement of Science,简称AAAS)授予的2018年度克利夫兰奖,该成果通过实现千公里级双向量子纠缠分发,为建立下一代安全通信网络奠定了基础④。量子技术领先水平获得国际认可,意味着我国在世界上掌握了量子通信领域话语权。

本研究选择中国科学技术大学量子物理与量子信息研究部作为案例,分析该研究部对国家战略贡献的具体举措和成效。本研究通过文献检索、新闻或访谈资料查找等方式,搜集了研究部发展历程与现状、研究部科研人员及其相关项目三个方面的资料,并采用文献分析法对资料进行了整理与分析。通过对相关资料的分析,本研究从4个方面归纳了中科大量子物理与量子信息研究部对国家战略的贡献:培育重大成果、服务顶层需求、深化产研合作、人才培养。

2.急需人才培养:清华大学人才培养

百年来,清华大学在培养具有为国家社会服务之健全品格的人才方面做出

---

① 量子信息和量子科技前沿协同创新中心.中国科学院量子信息与量子科技创新研究院理事会第二次会议在合肥召开[EB/OL].(2019 - 04 - 12)[2020 - 04 - 10].http://www.quantum2011.org/2019/0412/c9606a378149/page.htm.

② 量子物理与量子信息研究部.关于我们[EB/OL].[2020 - 03 - 27].http://quantum.ustc.edu.cn/web/node/1.

③ 量子物理与量子信息研究部.团队成员[EB/OL].[2020 - 03 - 27].http://quantum.ustc.edu.cn/web/people/47?page=4.

④ 央广网.美国科学促进会授予中国科研团队克利夫兰奖[EB/OL].(2019 - 02 - 17)[2020 - 03 - 13].https://zj.zjol.com.cn/news/1138327.html.

了卓越的贡献：培养了王大中、王小云、施一公等一批顶尖的科学家,胡锦涛、陈希、刘延东等一批重要的国家政治领导人与领军人才,还培育了王玉明、江亿、龙驭球等一大批卓越的工程师人才,为社会主义国家的建设作出了重要的贡献。根据北京理工大学 2018 年发布的"双一流"建设高校人才培养质量评价,清华大学位列一流大学建设高校人才培养质量排名第一。清华大学在人才培养方面取得的成功,不但得益于其"价值塑造、能力培养和知识传授"三位一体的教育理念,更得益于其在教育教学体系、学科学位项目、人才培养制度等方面的努力。

本研究选择清华大学作为案例,从文献查阅中搜集图书、期刊、报纸、会议文献、学位论文等资料,从索引搜索、数据库搜索中搜集高校本科教学质量报告、一流高校建设方案、"双一流"建设年度进展报告、年度工作要点报告、毕业生就业质量报告、清华大学章程等。案例将从学堂计划、工科人才培养、文科人才培养、特色专业学位项目、社会实践教学和就业引导六个方面,具体阐述清华大学为中华民族伟大复兴培养具有全球视野和国际水平的新时代领军人才的举措,并为我国一流大学强化人才培养质量、提升国际竞争力提供政策启示。

3. 软实力平台支撑：上海交通大学世界一流大学会议

进入 21 世纪,随着全球化和知识经济的不断发展,科技与人才的竞争日益成为综合国力竞争的重要组成部分,在这其中世界一流大学发挥着举足轻重的作用。世界一流大学不仅仅代表了教学和研究的卓越,更重要的是它也标志着大学在全球高等教育市场竞争的能力。因此,越来越多的大学看到自身的使命,并在其宣言中加入了"世界级"(World-class)这一长期目标,同时一些国家政府也采取特别措施,促进和支持建立世界级的高等教育机构。中国也在此种趋势下开始关注世界级大学的建设,世纪之交之时我国政府作出了"211 工程""985工程"等一系列重大决策,2015 年《统筹推进世界一流大学和一流学科建设总体方案》和 2017 年《统筹推进世界一流大学和一流学科建设实施办法(暂行)》的颁布确定了世界一流大学建设上升到国家战略层面[1][2]。

在这一背景下,对于如何评价和建设世界一流大学,国内外相关的学术、政策研究也日益增多,因此这方面需要更多的学术交流来展示中国成果、发挥中国

---

① 夏国平.世界一流大学关键特征与中国路径依赖研究[J].中国电化教育,2019(9)：74-81.
② 陈丽媛,刘念才.世界一流大学建设的中国模式及其国际影响[J].教育研究,2019(6)：105-115.

在国际高等教育界的影响力。上海交通大学教育学院世界一流大学研究中心(Center for World-Class Universities,简称CWCU)致力于有关世界一流大学的学术研究。2003年,中心研制完成并发布的世界首个多指标全球性大学排名——世界大学学术排名,作为世界大学排名的中国标准,影响了世界高等教育的生态。自2005年开始,中心发起并主办了两年一届的"世界一流大学国际研讨会"(International Conference on World-Class Universities),迄今已连续举办8届,旨在服务于世界一流大学有关研究的国际交流,促进和支持建立世界级的高等教育机构,推动中国的世界一流大学建设。该会议的提出在国际上取得了广泛响应,全球顶尖大学的校领导、杰出的专家学者、数据和教育评价机构的代表、高校管理人员等纷纷参与其中,为世界一流大学相关研究建言献策,取得了丰硕成果。历届会议的成功举办不断提升了WCU会议在国际高等教育领域中的影响力,也提升了作为主办方的上海交通大学在国际一流大学中的国际影响力。WCU会议不仅体现了我国在推动世界高等教育的发展进程中的主动性,更体现了新时代中我国软实力在世界范围内的认可度。

本研究以上海交通大学教育学院的WCU会议为案例,通过典型分析方法,采集了历届WCU会议以及国家软实力和我国文化建设的相关资料,通过明确研究目的、推测相关构念,对WCU会议发挥软实力平台的机制和成效进行了分析。在运行机制方面,研究从会议伙伴、会议视角、会议流程三个方面进行了归纳。在成效方面,研究从提供平台、建构话语权、提升影响力三个方面进行了梳理。

第三节 我国一流大学服务国家战略指数对比分析

一、国家科技三大奖及教育部人文社科奖指标分析

表8-2显示,国内B组大学在国家科技三大奖及教育部人文社科奖指标的得分显著低于国内A组大学,是国内A组大学的58%。附表6显示,A组大学中,北京大学、清华大学、浙江大学在该指标上得分显著较高。B组大学中,西安交通大学高于国内A组大学的平均水平。

表 8‐2　大学国家科技三大奖及教育部人文社科奖指标的得分

组　　别	指标得分
国内 A 组	1.00
国内 B 组	0.58
东部地区大学	0.77
中部地区大学	0.51
西部地区大学	0.55
东北地区大学	0.64

从不同地区的国内一流大学比较可以看出,东部地区的一流大学指标的得分最高,其次是东北的一流大学,中西部一流大学在重大科技贡献方面得分则较低,指标仅为 A 组大学的 51％和 55％。该结果反映出我国一流大学在重大科技贡献方面呈现出一定的地区差异,经济相对越发达的地区,一流大学对重大科技的贡献越高。

二、中西部地区及高技能行业就业毕业生比例指标分析

表 8‐3 是对 2018 年国内组大学中西部地区及高技能行业就业毕业生比例指标的比较。国内 A 组大学的指标得分略低于国内 B 组大学,后者是前者的 1.01 倍,说明国内 B 组大学在人才培养方面的贡献不输于 A 组大学。其中部分原因是因为不少 B 组大学位于中西部地区,因此有相对较高比例的毕业生留在本地工作。从附表 6 的大学排名结果来看,四川大学、电子科技大学、郑州大学、中国科学技术大学等中西部大学的确在该指标得分上名列前茅。

表 8‐3　大学"中西部地区及高技能行业就业毕业生比例"指标的得分

组　　别	指标得分
国内 A 组	1.00
国内 B 组	1.01
东部地区大学	0.95
中部地区大学	1.12
西部地区大学	1.16
东北地区大学	0.87

从地区的比较上看,中部和西部地区大学的指标得分显著高于国内 A 组大学,分别为国内 A 组大学的 1.12 和 1.16 倍;东部地区大学的指标均值则略低于国内 A 组大学,为后者的 95%。值得关注的是,东北地区大学在该指标上偏低,仅为国内 A 组大学的 87%。

三、举办具有影响力的国际会议指标分析

表 8-4 是对 2018 年国内组大学举办具有影响力的国际会议指标得分的比较。分析显示,国内 A 组大学指标得分高于国内 B 组大学,后者是前者的 70%。附表 6 显示,清华大学、复旦大学、上海交通大学等学校举办了较多具有国际影响力的会议,对国家软实力提升发挥了平台支撑的作用。通过地区比较发现,东部地区在该指标得分较高,西部地区次之,而中部和东北部地区的大学在举办具有影响力国际会议方面的表现相对较弱。

表 8-4　举办具有影响力的国际会议指标的得分

组　别	指 标 得 分
国内 A 组	1.00
国内 B 组	0.70
东部地区大学	0.83
中部地区大学	0.68
西部地区大学	0.76
东北部地区大学	0.55

四、一流大学服务国家战略指数分析

对三个分指标进行简单加权后,接着继续计算总的一流大学服务国家战略指数。表 8-5 显示,国内 A 组大学的服务国家战略指数得分高于国内 B 组大学,后者是前者的 74%,说明国内顶尖的一流大学在对国家战略贡献方面发挥的作用更为显著。从附表 6 的分析中可以看到清华大学、北京师范大学、北京大学、西安交通大学在服务国家战略贡献指数上得分均较高。此外,值得关注的是,一些西部地区的一流大学也在服务国家战略指数上表现突出,比如四川大学、华中科技大学、西北工业大学等。这说明在经济欠发达地区布局一些一流大学对于国家战略发展具有重要的作用。

表 8‐5　服务国家战略指数的得分

组　　别	指　数　得　分
国内 A 组	1.00
国内 B 组	0.74
东部地区大学	0.82
中部地区大学	0.75
西部地区大学	0.83
东北部地区大学	0.65

　　从地区比较来看,东部和西部地区的一流大学在服务国家战略指数上表现较高,而中部和东北部地区的一流大学则表现相对较弱。一个可能的原因是,由于地理上的邻近原因,中部与东北部地区的一流大学人才和资源可能更容易外流到经济发达的东部地区,因此造成了中部和东北部地区的一流大学在战略贡献上表现不佳。

　　综上分析,国内 A 组大学在重大科技贡献和软实力平台支撑方面显著高于国内 B 组大学,但在人才培养方面的战略贡献和 B 组大学相当。总体上,国内 A 组大学在服务国家战略方面的表现优于国内 B 组大学,反映出我国顶尖一流大学对国家战略的突出贡献。另一方面,地区分析结果显示,中部和东北部的大学在服务国家战略的指数表现弱于东部与西部的大学,可能与中部地区的人才资源外流有关,值得政策制定者的关注。

第四节　国家战略贡献案例分析

一、中国科大量子物理与量子信息研究部：推动量子信息领域战略发展

　　2000 年,中国科学技术大学通过中国科学院"百人计划"引进潘建伟博士,在获得中科院知识创新工程重要方向性项目支持后,于 2001 年开始筹建量子物理与量子信息实验室。2004 年,该实验室并入中国科大合肥微尺度物质科学国家实验室,成为量子物理与量子信息研究部[①]。自 2001 年发展至今,研究部已

---

① 九三学社中央宣传部.潘建伟[EB/OL].(2015 - 12 - 15)[2020 - 03 - 13].http://www.93.gov.cn/html/93gov/syfc/lyys/zgkxyys/yy/130111102335821574.html.

组建了一支一流科研团队：目前拥有 45 位专职科研人员，研究骨干中，5 位获国家杰出青年基金，8 位入选中科院"百人计划"，2 位入选教育部"长江学者"。此外，研究部正在培养博士后 30 人、研究生 210 人①。在近 20 年的发展中，团队迅速成长，持续突破，屡获科研成果，拥有卓越的科研表现，成功跃居国际领先名列。

中国科学技术大学量子物理与量子信息研究部具备卓越的科研水平，这是其迅速成长、屡获成果的重要基石。研究部一方面立足于基础理论和关键技术方面的创新和突破，成为了国家需求和社会发展的强大支撑力；另一方面其科研项目始终以服务国家战略为导向，与国家战略需求、市场需求端形成了稳定的合作与交流机制，是实现对接国家、行业需求的关键要素。正是在这两方面的目标驱动下，研究部在技术突破、服务国防、产研合作、人才培养方面取得了突出的成绩，为一流大学与一流学科服务国家战略提供了示范作用。以下将从 4 个方面归纳该研究部对国家重大科技发展的战略贡献。

1. 冲击国外霸权，打造量子信息领域科技高地

量子信息为量子力学与信息论的交叉学科②，近年来在量子计算、量子测量与传感、量子通信等量子信息领域发展态势强劲，被国际科技界预见为会对未来信息技术发展和人类社会生活产生革命性影响的战略性关键领域。量子信息产生于 20 世纪晚期，90 年代进入成熟期后，学者对前期理论难题进行解决与修正，美国学者班尼特(Charles H. Bennett)在这一时期提出了量子传输、纠缠纯化、量子密码术等量子信息的原创想法③。在此背景下，量子信息被一些学者引入国内。研究部抓住时代机遇，在经过近 20 年的发展后，形成了在量子信息领域的领先优势。这一成就与其带头人的前瞻性思维、国家果断的决策部署、研究部的长远战略设想这三方面因素密不可分。

首先，研究部的创立与潘建伟的前瞻思维密不可分。潘建伟感觉到，量子力学中各种奇妙的现象需要更尖端的实验技术才能得以验证，然而国内相关领域技术还比较落后④，于是他前往量子力学的诞生地之一的奥地利攻读博士学位⑤。

---

① 量子物理与量子信息研究部.团队成员[EB/OL].[2020 - 03 - 27].http://quantum.ustc.edu.cn/web/people/47?page=4.
② 古卫芳.关于量子信息思想发展史的研究[D].太原：山西大学,2007.
③ 古卫芳.关于量子信息思想发展史的研究[D].太原：山西大学,2007.
④ 常河.潘建伟：用量子研究追逐中国梦[N].光明日报,2019 - 07 - 16(4).
⑤ 常河.潘建伟：用量子研究追逐中国梦[N].光明日报,2019 - 07 - 16(4).

1997 年,潘建伟以第二作者身份发表了《实验量子隐形传态》,该论文被公认为量子信息实验领域的开山之作[1]。从 1997 年开始,潘建伟每年都利用假期回到中国科大讲学,通过各种渠道和国内的前辈们一起为我国在量子信息领域的发展提出建议,并引领一批研究人员进入这一领域[2]。

其次,国家果断决策和快速部署,优化科研环境,推动了量子信息研究团队的建设。2001 年,潘建伟回到中国科大,在中国科学院、国家自然科学基金委和科技部等主管部门的经费支持下,开始筹建实验室,组建研究团队[3]。2003 年,潘建伟提出卫星量子通信,这一设想在国际上没有先例。但中科院力排众议,支持潘建伟团队先期开展地面验证试验。经过数年的努力,当各项关键技术的积累已比较充分时,中科院又迅速决策,于 2011 年在国际上率先启动了量子科学实验卫星战略性先导科技专项[4]。科学院的果断决策和快速部署起了关键作用,最终推动我国在量子太空竞赛中占据先机。

最后,研究部对标学科领域前沿,进行战略布局与规划,赶超先进、发达国家。研究部在近 20 年的发展中始终立足于战略布局:我国虽已在量子计算领域取得了一些研究成果,具有一定的国际地位,但仍不足与欧美主要国家比肩,于是部署了量子计算发展三阶段战略。潘建伟设想,第一阶段是打破谷歌公司(Google Inc.)掌控的量子霸权,即针对一些特殊问题,造出一台比目前计算机更快的量子计算机,大概需要 50 个量子比特;第二阶段,能操纵几百个量子比特,实现专用量子模拟机,用于高温超导机制、特殊材料设计等目前计算机无法处理的问题;第三阶段造出可编程的通用量子计算机[5]。他表示,"我们已经能够实现 100 个甚至几百个原子的纠缠,在一些模拟的问题里,大概能够达到全世界计算能力总和的 100 万倍。"[6]2020 年,团队计划实现对 50 个光子的相关操纵,验证量子霸权[7]。其技术路线采用玻色取样,相比谷歌更具优越性,预计计算速度将达到全球最强超级计算机"顶点(Summit)"的 1 亿倍。在量子通信方面,他们计划研制一台光钟,精度达到 10—21 秒,大概 10 万亿年误差不超过 1 秒钟,这

---

① 常河.潘建伟: 用量子研究追逐中国梦[N].光明日报,2019 - 07 - 16(4).
② 常河.潘建伟: 用量子研究追逐中国梦[N].光明日报,2019 - 07 - 16(4).
③ 常河.潘建伟: 用量子研究追逐中国梦[N].光明日报,2019 - 07 - 16(4).
④ 常河.潘建伟: 用量子研究追逐中国梦[N].光明日报,2019 - 07 - 16(4).
⑤ 胡定坤.潘建伟揭示量子计算发展三阶段[N].科技日报,2020 - 01 - 15(1).
⑥ 胡定坤.潘建伟揭示量子计算发展三阶段[N].科技日报,2020 - 01 - 15(1).
⑦ 胡定坤.潘建伟揭示量子计算发展三阶段[N].科技日报,2020 - 01 - 15(1).

种技术也可以提供一种引力波探测的新途径①。

2. 服务顶层需求,助力国家信息安全领域发展

信息技术已渗透到了政治、经济等诸多领域,然而当前国内外形势正在发生深刻复杂变化,外部安全环境日趋复杂,国家安全的地理边界日益模糊,内部安全紧迫性、复杂性继续增长②,各国信息安全是国家安全的极其重要部分。量子通信是唯一被严格证明的无条件安全通信方式③,可以有效保障国家信息安全。2016 年,美国国家科学基金会面向国家信息安全战略,通过工程学部的研究与创新前沿计划(Emerging Frontiers in Research and Innovation,简称 EFRI)中的先进量子通信信息研究与工程项目,投入了 1 200 万美元用于量子安全通信相关技术的研发④。从这一现实可知,量子信息领域已成为服务中国顶层信息安全需求的重要领域,为国民经济可持续发展提供核心战略力量。

研究部与国家及地方政府建立合作机制,对接国家战略需求。2008 年,研究部针对量子通信实用化展开了攻关研究,成功研制出量子电话样机,并在商业光纤网络的基础上组建了可自由扩充的光量子电话网,节点间距达到 20 公里,实现了"一次一密"加密方式的实时网络通话和三方对讲机功能,达到了"电话互联互通、语音实时加密、安全牢不可破"的水平⑤⑥。2012 年,在科研主管部门和地方政府的支持下,潘建伟团队完成了国际最大规模的量子通信网络——"合肥城域量子通信试验示范网络"和"济南量子通信试验网",标志着大容量的城域量子通信网络技术完全成熟⑦。2012 年年底,潘建伟团队的量子通信装备在北京投入常态运行,为十八大等国家重要政治活动提供了信息安全保障⑧。

另一方面,研究部积极服务国家顶层设计,布局量子信息领域发展。"十三五"规划中明确提出,要以 2030 年为节点,部署量子信息等七大领域中体现国家

① 胡定坤.潘建伟揭示量子计算发展三阶段[N].科技日报,2020 - 01 - 15(1).
② 罗建波.总体国家安全观与中国国家安全战略[J].领导科学论坛,2018(16):79 - 96.
③ 常河.潘建伟:用量子研究追逐中国梦[N].光明日报,2019 - 07 - 16(4).
④ 乔健.量子信息科学最新发展态势及美国应对举措[J].全球科技经济瞭望,2017,32(Z1):15 - 20+24.
⑤ 桂运安."最年轻院士"潘建伟:逐梦量子世界[EB/OL].(2015 - 06 - 09)[2020 - 03 - 12].http://epaper.anhuinews.com/html/ahrb/20150609/article_3320025.shtml.
⑥ 安徽科技厅.中国科大建成世界首个光量子电话网[EB/OL].(2009 - 05 - 12)[2020 - 04 - 10].http://www.most.gov.cn/dfkjgznew/200905/t20090506_69030.htm.
⑦ 央视网.潘建伟:以微观见天地[EB/OL].(2016 - 02 - 09)[2020 - 04 - 10].http://news.sciencenet.cn/htmlnews/2016/2/338072.shtm.
⑧ 李陈续,刘爱华.潘建伟:量子世界的"中国耕者"[EB/OL].(2015 - 06 - 02)[2020 - 04 - 10].http://www.cas.cn/zt/rwzt/lhkjcxzg/pjw/201506/t20150624_4378719.shtml.

战略意图的重大科技项目。为了在 2030 年建成全球化的量子通信网络,潘建伟院士领衔的研究部着力构建天地一体化的量子保密通信网络。自 2011 年起,研究部科研人员们开始自主研制世界首颗量子科学实验卫星"墨子号"①,并于 2016 年成功发射,实现全球首次卫星和地面之间的量子通信。2013 年,团队牵头承担的千公里光纤量子通信骨干网工程"京沪干线"项目正式启动,在 2017 年 9 月 29 日正式开通,形成高可信、可扩展、军民融合的广域光纤量子通信网络②。

研究部通过承接国家安全项目,建立了自主可控、安全可信的国家安全网络,服务顶层需求,稳步推动量子通信技术应用。

3. 深化产研合作,推动量子信息产业发展

中国量子信息前端研究已达到国际领先,但产业化布局与发达国家还存在一定差距,这很大一部分原因在于国外大型企业对这一战略性领域给予了高度关注和强力支持。以量子计算为例,谷歌公司早在 2013 年就与美国国家航空航天局(National Aeronautics and Space Administration,简称 NASA)、加州大学芭芭拉分校(University of California,Santa Barbara)成立了量子人工智能联合实验室;国际商业机器公司 IBM(International Business Machines Corporation) 2014 年宣布在未来五年投资 30 亿美元开展量子计算等下一代计算技术研发③。大学与产业协同研发可以集中国家科技资源,促进领域深度发展,共同推动量子信息技术产业化。

中国科大量子物理与量子信息研究部也积极深化产研合作,推动量子信息产业发展。一方面,研究部借鉴国外经验,掌握市场需求,积极搭建产研沟通桥梁,加强合作关系,实现科技转化,推动培育战略性新兴产业。在量子计算领域, 2015 年中科院与阿里巴巴集团签署了共同推动量子信息技术研发及应用的战略合作协议,联合成立中国科学院-阿里巴巴量子计算实验室,研制量子计算机。 2017 年 10 月潘建伟团队与阿里云在杭州宣布合作发布量子计算云平台,积极推动量子计算的产业化。潘建伟表示,"中科院在经典计算算法、架构和云计算

---

① 陈丽媛,王健.求解量子奥秘的潘建伟[EB/OL].(2019 - 02 - 22)[2020 - 04 - 09].http://mini.eastday. com/a/190222223702853.html.

② 徐海涛,王琳琳.潘建伟:"量子梦"托起中国梦[EB/OL].(2014 - 06 - 04)[2020 - 03 - 10].http://zqb. cyol.com/html/2014-06/04/nw.D110000zgqnb_20140604_8-03.htm.

③ 澎湃新闻.中科院与阿里巴巴合作　成立亚洲首个量子计算实验室[EB/OL].(2015 - 07 - 31)[2020 - 04 - 10].https://www.guancha.cn/economy/2015_07_31_328845_s.shtml.

等方面有技术优势,阿里云在量子计算和模拟、量子人工智能等方面有优势。双方合作,可探索超越经典计算机的下一代超快计算技术。"①自 2017 年起,研究部与中船重工深化产学研合作,中船重工在量子惯性导航技术等领域已取得重大成果,与研究部合作契合度很高、潜力巨大,计划向量子通信、量子导航和量子探测等领域拓展②。通过积极搭建产研沟通的桥梁,研究部推动了量子信息产业化发展。

另一方面,潘建伟院士积极争取资源,推动产研合作顶层设计和系统性布局。2016 年,潘建伟院士向中科院、安徽省、合肥市相关领导汇报了中科院量子信息与量子科技创新研究院(简称量子创新研究院)的筹建方案,包括建设思路、建设目标、队伍基础、研究单元设置、管理体制、运行机制等,推动了量子信息领域协同创新组织架构和运行管理模式的形成③④。2017 年,量子创新研究院成立⑤⑥,由潘建伟院士担任院长。研究院选址合肥高新区,是安徽高新技术企业最为集中的区域。目前合肥高新区已云集了科大国盾、本源量子、国仪量子等多家主营量子技术企业,并拥有量子关联企业 20 余家⑦,形成了从基础研究、关键技术研发到产业成果转化的全链条⑧。此外,中国科学技术大学先后与 20 余家相关优势研究单位和企业签署了合作协议,在量子创新研究院的框架下,开展量子信息核心器件、量子计算、量子导航、量子激光雷达、量子通信安全性评测、成果转化与应用推广等方面的协同攻关⑨,凝聚了全国高校、科研院所和企业的优

① 澎湃新闻.中科院与阿里巴巴合作 成立亚洲首个量子计算实验室[EB/OL].(2015-07-31)[2020-04-10].https://www.guancha.cn/economy/2015_07_31_328845_s.shtml.
② 中船重工.中船重工:与中科大拓展量子通信、量子导航和量子探测等合作[EB/OL].(2017-08-31)[2020-04-10].https://www.thepaper.cn/newsDetail_forward_1779802.
③ 中科院.中科院量子创新研究院建设工作领导小组会在肥举行[EB/OL].(2016-12-09)[2020-04-14].http://www.gov.cn/xinwen/2016-12/09/content_5145827.htm.
④ 陈欢欢.中科院量子创新研究院:智者先行 不可估量[EB/OL].(2019-07-12)[2020-04-14].http://news.sciencenet.cn/htmlnews/2019/7/428304.shtm.
⑤ 人民网.潘建伟委员:要尽快实质性地启动量子信息国家实验室建设[EB/OL].(2019-03-11)[2020-04-10].http://www.cas.cn/zt/hyzt/2019lh/zkyzs/201903/t20190311_4684243.shtml.
⑥ 陈欢欢.中科院量子创新研究院:智者先行 不可估量[EB/OL].(2019-07-12)[2020-04-10].http://news.sciencenet.cn/htmlnews/2019/7/428304.shtm.
⑦ 新安晚报.全国政协委员、中国科学技术大学常务副校长、中科院院士潘建伟:量子科研成果可在合肥就地转化[EB/OL].(2019-03-12)[2020-04-10].http://www.hfnl.ustc.edu.cn/detail?id=15578.
⑧ 姜洁,张蓓尹.占领高科技领域制高点——与"千人计划"国家特聘专家潘建伟面对面[EB/OL].(2011-08-15)[2020-03-11].http://www.jyb.cn/high/gjrw/201108/t20110815_448297.html.
⑨ 王磊.中科院量子信息与量子科技创新研究院 明确未来五年的重大科技目标[EB/OL].(2018-02-24)[2020-04-10].http://www.cas.cn/cm/201802/t20180224_4636456.shtml.

势资源,强化了领域的产学研合作。在未来,研究部将会在更广范围、更高层次、更深程度上实现科研成果转化。

4. 引进和培养优秀青年人才,建立量子信息领域的人才储备

实现创新型国家和世界科技强国有赖于科教兴国战略和创新驱动发展战略,而人才是发展的重要基石。打造一支量子信息领域高精尖的人才储备队伍绝非易事。一方面,我国量子计算人才队伍与发达国家尚有差距,需大力做好量子计算领域年轻人才培养工作。在量子计算软硬件方面相对落后的情况下,应加快布局,并组织力量进行软件研发和技术积累。另一方面,量子信息多学科交叉,需要各领域的人才支持,为了深入实施创新驱动发展战略,国家急需培养量子信息多领域创新人才。

研究部选拔优秀人才,聚天下英才而用之,推进人才战略的顺利实施。潘建伟院士坚信,发掘"潜力股"是培养高层次创新型科技人才的第一步。2009 年,他以中科院"百人计划"等方式,引进了一批正处在创新能力高峰期的优秀青年学术骨干,壮大了中科大的研究力量[①]。

在培养人才过程中,潘建伟院士提倡创造一个人文氛围与科学氛围相得益彰的大环境,激发并培养他们对研究问题的兴趣。"只有在这样人文氛围与科学氛围相得益彰的大环境中,科研人员的想象力、创造力和竞争精神才会受到充分的激励和自由的发挥。"[②]同时,潘建伟鼓励研究部成员多合作与学习,使各具专长和特点的科技人才之间进行思想交流与碰撞,让知识储存量加速增长、科学思想快速形成、科研水平快速提高[③]。

此外,研究部还鼓励师生积极开展海外交流学习,开阔人才的国际视野。潘建伟院士提出,"有能力做出世界一流科技创新的高层次创新型科技人才应当具有国际化视野,能敏锐地跟踪和把握国际科技发展的最新动态,与国际同行之间积极进行思想碰撞和学术交流,互相取长补短。"[④]潘建伟院士作为研究部领头

---

① 央广网.实施人才强国战略　重视人才战略资源[EB/OL].(2017 - 12 - 05)[2020 - 03 - 10].https://baijiahao.baidu.com/s? id=15859198152791761474&wfr=spider&for=pc.

② 姜洁,张蕾尹.占领高科技领域制高点——与"千人计划"国家特聘专家潘建伟面对面[EB/OL].(2011 - 08 - 15)[2020 - 03 - 11].http://www.jyb.cn/high/gjrw/201108/t20110815_448297.html.

③ 姜洁,张蕾尹.占领高科技领域制高点——与"千人计划"国家特聘专家潘建伟面对面[EB/OL].(2011 - 08 - 15)[2020 - 03 - 11].http://www.jyb.cn/high/gjrw/201108/t20110815_448297.html.

④ 姜洁,张蕾尹.占领高科技领域制高点——与"千人计划"国家特聘专家潘建伟面对面[EB/OL].(2011 - 08 - 15)[2020 - 03 - 11].http://www.jyb.cn/high/gjrw/201108/t20110815_448297.html.

人,发挥着重要作用,根据每个人的研究专长,推荐学生们到英国、美国、瑞士、奥地利等国外各个顶尖实验室学习。例如,陈宇翱在 2004 年赴德国慕尼黑研究超冷原子调控技术,陆朝阳 2008 年到卡文迪实验室学习基于半导体量子点的固态体系量子调控技术,张强到斯坦福学习单光子探测技术①。通过交流学习,学生们接触到了不同的学科,学习了国外顶尖的知识,培养了国际化的视野,掌握了最新的研究成果,最终促进研究部人才成长。

目前,由"70 后"院士、"80 后"教授领衔的研究部,已经成功培养并聚集了包括量子模拟、计算和光学等多领域的科学家,他们在引领学科发展的同时,培养了一批拔尖创新人才,为国家量子信息领域人才储备作出进一步的贡献。

二、清华大学人才培养体系:服务国家高水平人才需求

清华大学 105 周年校庆上习近平总书记致信道,"清华大学是我国高等教育的一面旗帜。"以下将从学堂计划、人工智能专业、文科建设、特色专业学位项目、社会实践教学和就业引导六个方面,阐述清华大学为中华民族伟大复兴培养具有全球视野和国际水平的新时代领军人才的具体举措,从而为我国一流大学强化人才培养质量、提升国际竞争力提供政策启示。

1. 设立清华学堂,培养国家社会发展需要的拔尖创新人才

当今世界科技进步日新月异,知识经济方兴未艾。应对日趋激烈的国际人才竞争,我国的建设事业迫切需要一大批具有全球视野和国际水平的战略科技人才、科技领军人才、青年科技人才和高水平创新团队。2010 年中共中央和国务院颁布的《国家中长期人才发展规划纲要》指出"突出培养造就创新型科技人才","以高层次创新型科技人才为重点,努力造就一批世界水平的科学家、科技领军人才、工程师和高水平创新团队,注重培养一线创新人才和青年科技人才,建设宏大的创新型科技人才队伍"。

为了满足国家和社会发展对拔尖创新人才的迫切需要,2009 年清华大学推出了"清华学堂人才培养计划"(简称学堂计划),并在 2010 年被纳入国家教育体制改革试点项目"基础学科拔尖学生培养试验计划"。"学堂计划"是清华大学面向基础学科领域的本科生人才培养计划,它实施了一系列优势转化措施,定位于

---

① 金华日报."潘之队"成了世界量子领跑者——金华籍科学家潘建伟及其团队抢占科技创新制高点的故事[EB/OL].(2018 - 12 - 15)[2020 - 03 - 13].https://www.pans.cn/News/Detail/318641212792.

为国家培养一批学术思想活跃、国际视野开阔、发展潜力巨大的基础学科领域人才。首先,该计划实行首席教授负责制,依靠现有拔尖人才来培养未来拔尖人才。例如,计算机科学实验班邀请世界著名计算机科学家、图灵奖得主姚期智院士担任首席教授,全面负责学生培养和项目管理工作,亲自设计人才培养计划和课程体系,并亲自参与课程教学等工作①。其次,在课程设置中加入了大量挑战性课程,教学内容选择上加入了很多专业领域的热点问题,鼓励和引导学生在本科生阶段就尝试冲击学术前沿阵地。以"钱学森力学班"为例,它把挑战性学习贯通整个本科教育过程,大一、大二进行基础学术训练,大三开展创新挑战项目,设置"土木工程结构破坏试验与模拟""机器人足球""人体热量发电""未来音乐工厂"等创新设计项目,大四开展为期3—6个月的出国研修和毕业论文撰写训练。最后,该项目以百年清华学堂作为专用教学场所,将国家重点实验室、开放实验室、国家实验教学示范中心等向参与计划的学生开放,并为学生创新活动提供专门支持②。

"学堂计划"作为高等教育人才培养模式改革的典型,实施以来效果显著。清华大学许多有潜质的优秀学生励志加入"学堂计划",并以崇尚科学、追求学术为人生理想,带动所在院系形成了优良的学习风气。2012年"学堂计划"首届毕业生中绝大部分都选择在国内外一流大学和研究机构继续攻读基础科学领域的博士学位,其中不乏哈佛大学、麻省理工学院、斯坦福大学、芝加哥大学等国际一流名校③。2012年和2013年,数学班每年都有2名学生被哈佛大学数学系录取攻读博士学位,2008级朱艺航同学在抵达哈佛大学的第一周内即通过了数学系博士资格考试的全部6门科目④。清华大学"学堂计划"正在努力为国家培养一批学术思想活跃、国际视野开阔、发展潜力巨大的基础学科领域人才。

2. 提供培养跨领域新工科人才,适应新兴产业发展需求

"十三五"时期是全球新一轮科技革命和产业变革从蓄势待发到群体迸发的关键时期,也是我国战略性新兴产业大有可为的战略机遇期。当前物联网、云计算、大数据、人工智能等技术广泛渗透于经济社会各个领域,逐渐成为推动全球

① 孙棋."清华学堂"拔尖人才培养的经验与启示[N].中国科学报,2019 - 11 - 13(4).
② 孙棋."清华学堂"拔尖人才培养的经验与启示[N].中国科学报,2019 - 11 - 13(4).
③ 王冰冰."基础学科拔尖学生培养试验计划"阶段性总结交流会在我校举行[N].新清华,2013 - 10 - 11(6).
④ 袁驷,张文雪."清华学堂人才培养计划"改革与探索[J].中国大学教学,2014(3):9 - 13.

经济复苏和我国经济增长的主要动力。2017 年 7 月 8 日,国务院发布《新一代人工智能发展规划》指出,"人工智能的迅速发展将深刻改变人类社会生活、改变世界",必须进一步优化人工智能发展环境,"聚集起一批高水平的人才队伍和创新团队"。

李培根院士认为,"新工科"建设必须重新审视专业边界①。克劳斯·施瓦布(Klaus Schwab)在《第四次工业革命》中强调了人类迎接第四次工业革命的核心特征就是各项技术的融合,将"日益消除物理世界、数字世界和生物世界之间的界限,产生全新的技术能力,给政治、社会和经济体系带来巨大影响"②。因此,作为新兴前沿技术领域的人工智能在人才培养的目标导向、方式方法和结果评价等方面都有很大改变,对人才培养的知识广度、深度、综合素养等提出了新的更高的要求。

为了"打破学科壁垒、越过专业藩篱、打通本研隔断、消除校企隔阂、唤醒师生淡漠"③,清华大学紧密围绕学科基础和社会需求规划和调整专业,形成了较为完备的实验室新工科人才培养系统。2018 年 6 月 28 日,清华大学汇聚计算机学科群、管理科学与工程学科群、材料与化工学科群、电子信息科学与技术学科群等一流学科的优势,成立了清华大学人工智能研究院。此后,清华大学又陆续成立了知识智能、听觉智能、基础理论等研究中心和智能网联、汽车与交通研究中心、智能无人系统研究中心、柔性电子技术研究中心等研究机构。

前沿学科发展方兴未艾,而一流人才培养也成果显著。2018 年清华大学脑与智能实验室师生的 4 篇论文被机器学习领域的最高水平学术会议(Advances in Neural Information Processing Systems)录用,并被列入中国计算机学会 A 类会议论文列表。其中,深度学习对抗样本的鲁棒检测的论文获得英伟达先锋研究奖(NVIDIA Pioneering Research Award)。2019 年脑与智能实验室学生组成的 THANS 团队参加国际大学生类脑计算大赛(ICCBC 2019)决赛并获得了一等奖和 10 万奖金。

3. 实施"双高计划",培育中国特色社会主义建设下的人文社科人才

当前,我国正经历着中国特色社会主义的伟大实践,这不仅需要科技创新的

① 陈劲,吕文晶.人工智能与新工科人才培养:重大转向[J].高等工程教育研究,2017(6):18‐23.
② 朱正伟,周红坊,李茂国.面向新工业体系的新工科[J].重庆高教研究,2017,5(3):15‐21.
③ 陆国栋,李拓宇.新工科建设与发展的路径思考[J].高等工程教育研究,2017(3):20‐26.

支撑,也需要社会主义哲学社会科学思想的引领。2016 年 5 月 17 日,习近平总书记在哲学社会科学工作座谈会上,要求着力实施哲学社会科学人才工程,发现、培养、集聚一批有深厚马克思主义理论素养、学贯中西的思想家和理论家,一批理论功底扎实、勇于开拓创新的学科带头人,一批年富力强、锐意进取的中青年学术骨干,构建起种类齐全、梯队衔接的哲学社会科学人才体系。

2014 年以来,清华大学陆续发布《清华大学综合改革方案》《清华大学事业发展"十三五"规划纲要》和《关于加快哲学社会科学繁荣发展推进文科建设"双高"计划的实施意见》等文件,要求围绕"更创新、更国际、更人文"的发展思路,打造"高原更高,高峰更多"的清华文科新格局,包括重点支持中国特色新闻学、中国特色政治经济学、中国特色法学及中国公共政策理论等创新方向建设,推动文科学科基础研究的开展,实施文科学术专著出版支持计划,设立软科学研究计划,加强文科学术传播载体和交流平台建设[1]。

自加强文科建设以来,清华大学人才培养效果显著提升。其中公共管理学院通过科研院所长现代管理高级培训项目,已经为我国培养大型科研院所院长及所长 201 人[2]。法学院在国际比赛中至今保持着中国代表队在亚洲杯-模拟法庭大赛、国际商事仲裁比赛、国际空间法模拟法庭比赛和亚太商事仲裁比赛的最好成绩[3]。新闻与传播学院毕业生中 3 人获得中国新闻奖,多人获中直机关青年岗位能手、新华社十佳编辑记者称号,《人民日报》新闻精品奖等[4]。清华大学"双高计划"不仅夯实了文科建设的基础,还为中国特色社会主义培养了一批批合格的建设者和可靠的接班人。

4. 开设特色研究生专业学位项目,服务国家急需专业人才需求

研究生教育是我国教育事业的重要组成部分,也是国民教育的顶端,为国家培养了一批又一批优秀的创新人才。随着我国经济社会的快速发展,职业分化越来越细,职业的技术含量和专业化程度越来越高,我国迫切需要大批具有创新

---

① 清华大学.清华大学"双一流"建设 2018 年度进展报告[EB/OL].(2019 - 03 - 29)[2020 - 03 - 21].https://www.tsinghua.edu.cn/publish/newthu/newthu_cnt/intothu/pdf/201902qhsyl.pdf.
② 《清华大学文科的恢复与发展》编组组.清华大学文科的恢复与发展[M].北京:清华大学出版社,2011.
③ 人民网.清华大学法学院复建 20 周年　为国家培养 7 000 多名法学人才[EB/OL].(2015 - 10 - 10)[2020 - 04 - 12].http://legal.people.com.cn/n/2015/1010/c188502-27683475.html.
④ 清华大学新闻网.清华大学新闻与传播学院庆祝建院十周年[EB/OL].[2020 - 03 - 21].https://www.tsinghua.edu.cn/publish/news/4205/2012/20120514160440295493629/20120514160440295493629_.html.

能力、创业能力和实践能力的高层次应用型人才。2016 年 8 月 17 日,教育部学位与研究生教育发展中心主任黄宝印指出,目前"各行各业对应用型人才的需求迫切、质量要求更高,专业学位研究生教育愈显重要"①。

为了服务国家战略需求,清华大学以"国家战略、数一数二、独一无二、高端合作"为原则,开设了数个颇具"清华特色"的专业学位项目。创新领军工程博士项目重点招收国家重点行业、地区、创新型企业相关领域的创新人才,例如 2018年招收的 135 名工程博士全部来自国电、国网、中航、中建、中铁、中核等国家重点行业企业和中兴、腾讯、百度等创新性企业②。冬奥赛事管理体育硕士贯彻"以素质为基础,以实践应用为目的"的理念,致力于培养具有良好的知识储备、国际沟通能力与组织管理才能的冬奥赛事管理人才。香港政务人才项目融入中国国家治理与发展经验,传授研究生香港特别行政区政府与区域治理的知识,致力于培养一批能植根中国、面向世界,知国情、懂港情的高级公共管理人才。

清华大学充分发挥了专业学位的专门性、项目性、应用性,开设了一系列特色鲜明、水平一流、面向实践的研究生项目,并受到了实务界人士的广泛参与和积极认可。据清华大学校方的最新数据显示,2018 年创新领军博士项目申请人数超过 500 人,报录比将近 10∶1,其中不乏企业总工程师、总经济师、总会计师、高校教授等,甚至有几位已获得博士学位③。冬奥赛事管理体育硕士项目受到国家体育总局、北京冬奥组委、河北省冬奥办的高度赞扬和评价。香港政务人才项目得到了香港特别行政区政务司司长张建宗的积极肯定。张建宗表示,"香港的管治需要大量拥有积极人生观,对社会有担当,负责任同时具有国家观念、香港情怀和国际视野的优秀高级公共管理专才。而香港政务人才项目开展的课程将涵盖这些重要元素,让人对项目和学员们充满信心及期待。"④

5. 开展社会实践教学,增强学生社会责任感

躬身实践、知行合一是大学生融会课堂学习、掌握社会本领的重要方式,也

---

① 国务院.全国会计专业学位研究生教育指导委员会全体会议在北京召开[EB/OL].(2016 - 08 - 19)[2020 - 03 - 021].http://www.gov.cn/xinwen/2016-08/19/content_5100671.htm.
② 清华大学研究生院.创新领军工程博士项目[EB/OL].[2020 - 03 - 21].https://www.tsinghua.edu.cn/publish/yjsy/694/2019/20190329101001304916600/20190329101001304916600_.html.
③ 清华大学研究生院.创新领军工程博士项目[EB/OL].[2020 - 03 - 21].https://www.tsinghua.edu.cn/publish/yjsy/694/2019/20190329101001304916600/20190329101001304916600_.html.
④ 中国青年网.清华高级公共管理硕士香港政务人才项目开学[EB/OL].(2018 - 09 - 03)[2020 - 03 - 21].http://news.youth.cn/gn/201809/t20180903_11716601.htm.

是激发学生的爱国情感、培养学生社会责任感的关键一环。2016 年 12 月 7 日，习近平在全国高校思想政治工作会议上曾说，"社会是个大课堂。青年要成长为国家栋梁之材，既要读万卷书，又要行万里路。"长期以来，党和国家对广大青年学生深入社会和实践成长为祖国栋梁之材都寄予了殷切的期望。

为了增强社会实践教学，一方面清华大学组织开展了多类学习调研和社会实践类活动，包括"重走总书记初心之路""使命四十年"等，打造了"中国力量""丝路探索""同行中国""洞察中国""江村学者""聚焦北京""创益筑梦"等一系列社会实践品牌，同时开展"新时代从哪里来——学习十九大精神基层调研行"主题活动①。通过实践教育和活动，学生深入基层、深入群众，了解了国情、民情和社情，增强了服务国家、服务人民的社会责任感和勇于探索的创新精神，培养了善于解决问题的实践能力，并在知识、能力和素质等方面协调与全面发展。

另一方面，清华也建立了全方位、高规模、多人次的社会实践参与体系。2018 年清华大学社会实践参与规模突破 1 000 支队伍、10 000 人次学生。清华大学若干具有代表性的社会实践举措包括：一是实施"领雁工程"，对全体学生党支书进行系统轮训、精细培养和发展支持，增强学生党员的使命和担当意识。其中新雁班一期、二期学员赴内蒙古自治区呼和浩特市土默特左旗参观乌兰夫故居、土默特革命历史陈列馆，提升了政治素养和理论水平，坚定了共产党人的初心和使命。二是实施"紫荆志愿，薪火相传"志愿者计划（后简称"薪火计划"），致力于培养具有志愿公益精神与必备素质的青年骨干。"薪火计划"自实施以来至今已有十一年历史，孕育孵化了"会飞的盒子""粉刷匠""暖·爱""童话梦工坊"等一批具有广泛社会影响的志愿公益项目。三是实施"饮水思源　服务社会"优秀学生培养计划，通过开展实践活动让学生了解国情、民情、社情，从而培养具有理想信念、奉献精神、国际视野以及领导力的学生骨干。"思源"计划实施十九年来，初步形成了本研结合的学生骨干领导培养体系，为未来中国培养了一届又一届具有强烈社会责任感和服务精神的领军人物。

6. 提供基层与中西部就业引导，鼓励毕业生服务国家需求

高校毕业生是国家宝贵的人才资源，而基层是高校毕业生成长成才的重要平台。习近平总书记在全国高校思想政治工作会议上曾说道，"好青年志在四

---

① 清华大学.清华大学"双一流"建设 2018 年度进展报告［EB/OL］.（2019 - 03 - 29）［2020 - 03 - 21］. https://www.tsinghua.edu.cn/publish/newthu/newthu_cnt/intothu/pdf/201902qhsyl.pdf.

方,要鼓励高校学生把视线投向国家发展的航程,把汗水洒在艰苦创业的舞台,到基层去、到西部去、到祖国最需要的地方去,做成一番事业、做好一番事业。"

2017年1月24日,中共中央办公厅、国务院办公厅印发了《关于进一步引导和鼓励高校毕业生到基层工作的意见》,强调"党中央、国务院高度重视高校毕业生就业工作,把基层作为高校毕业生成长成才的重要平台,对引导和鼓励高校毕业生到基层工作提出了明确要求"。同年,人社部、中组部、教育部、财政部、团中央联合印发通知,共同启动实施《高校毕业生基层成长计划》,倡导高校毕业生扎根基层,为基层发展提供更多的人才资源支持。

清华大学加强引导,多方入手,引导学生毕业后立志服务祖国、服务人民。首先,清华大学组织开展"我伴祖国共辉煌""科学发展 成才报国"等主题教育活动,营造支持毕业生到基层就业的良好氛围。其次,清华大学针对有志于基层就业的学生展开了早期调查和早期培训,掌握有志于到基层工作毕业生的详细情况,同时加强与各地组织人事部门的联系,建立详实的数据库,并通过开展基层职业教练计划、"基层(农村)见习计划""赴基层工作预备计划"等项目,组织座谈会、社会实践、基层短期挂职等活动,使学生增进对基层的了解,坚定信念。在毕业生选聘阶段,采取重点推荐、全程覆盖的方式,向有志于到基层就业的毕业生提供点对点、个性化的服务,提高工作成效①。最后,清华注重基层工作毕业生典型的宣传工作。相关的典型案例有:人称"农民律师"、当选中国首届"十佳大学生村官"的2006届毕业生周倍良,当过班级党支部书记、近年来学校首批到西藏工作的内地学生、2007届毕业生廖晓西,前往河南驻马店市上蔡县文楼村当"村官"的昔日高考状元、2008届毕业生魏华伟,毅然选择与灾区人民战斗在一起、成为四川省汶川县选调生的2009届毕业生程莉②。

清华大学引导毕业生面向基层就业的人才工作取得良好成效,一批批清华毕业生志存高远、脚踏实地、转变择业观念、勇于到基层一线和艰苦的地方去,把人生的路一步步走稳走实,在平凡岗位上创造不平凡的业绩。据《清华大学"双一流"建设2018年度进展报告》,近五成签约本科毕业生赴重点单位工作,本科毕业生赴北京以外地区就业比例达78.4%,其中24.7%的毕业生前往西部和东

① 杨晨光.清华大学引导高校青年学子树立起科学就业观念[N].中国教育报,2009-06-12(1).
② 教育部.清华大学积极引导优秀毕业生面向基层就业取得良好成效[EB/OL].(2009-08-07)[2020-04-01].http://old.moe.gov.cn/publicfiles/business/htmlfiles/moe/s136/201004/83626.html.

北地区就业①。

三、上海交通大学世界一流大学国际研讨会：打造软实力支撑平台

1. 软实力的概念与理论维度

进入 21 世纪以来，全球经济大调整、大变革，新一轮科技革命和产业革命兴起，国际竞争日益激烈。软实力这一相较于硬实力的软性要素越来越成为各国战略布局的重点。软实力这一理论概念是曾任美国助理国防部长和哈佛大学教授约瑟夫·奈(Joseph Nye)首先提出的。他在 1990 年《外交政策》杂志发表《软实力》一文，首次将国家综合国力划分为两种实力，即硬实力和软实力，并认为资源、经济、军事和科技四大实力元素所构成的硬实力始终是有限的，而真正具有无限力量的动力元素是软实力。在 2004 年的著作《软实力——国际政治的制胜之道》一书中，约瑟夫·奈较为完整地阐述了软实力概念："软实力是通过吸引而非强迫或收买的手段来达到目的的能力。它源于一个国家的文化、政治观念和政策吸引力。如果我国的政策在他人看来是合理的，我们软实力就自然地增强了②。"中国学者用文化软实力一词实现了软实力概念的本土化，着重突出了文化国力这一基本内涵。2007 年，国家文化软实力的概念首次写入了党的十七大报告中，是中国特色社会主义建设整体布局中文化建设所产生的现实结果，这一国力既体现在为人民的文化权益服务，又体现在中国文化在世界范围内是否形成良好形象从而产生相应的吸引力。

软实力的本质是一种影响力，主要是以软性要素影响其他要素或行为体的能力。在不同领域、范围中有不同的表现形态，其影响力维度主要是指在国际社会中，对一国的国际吸引力、感召力和塑造力以及该国外部发展环境的作用。国际影响力是软实力在国际社会中的具体体现，是一国运用自己所掌握的各种资源作用于其他行为体，实现自身战略目标的影响力。对约瑟夫奈的软实力概念解读中"软实力的一个力量指向是对他国或他者的影响力、吸引力与说服力，即软实力的外向性③"，具体体现在一国的国际话语权及其所塑造的国际形象之中。

① 清华大学.清华大学"双一流"建设 2018 年度进展报告[EB/OL].(2019 - 03 - 29)[2020 - 03 - 21].
https://www.tsinghua.edu.cn/publish/newthu/newthu_cnt/intothu/pdf/201902qhsyl.pdf.
② 约瑟夫·奈.软实力——世界政坛成功之道[M].吴晓辉,钱程译.上海：东方出版社,2005.
③ 蒋英州,叶娟丽.对约瑟夫·奈"软实力"概念的解读[J].政治学研究,2009(5)：114 - 124.

2. WCU 会议提升软实力的具体举措

高等教育作为国家软实力的重要组成部分,在国际文化交流方面发挥着举足轻重的作用,体现了一个国家的文化形象。为了推动世界一流大学研究、促进相关研究的国际交流、推动中国的世界一流大学建设,上海交通大学教育学院世界一流大学研究中心自 2015 年发起了"世界一流大学国际研讨会",迄今已连续举办八届。WCU 会议具有全球化的视野和高层次学术交流特性,举办至今已成为全球一流大学研究领域具有突出国际影响力的学术会议品牌,并在高等教育领域持续发挥着提升国家软实力的重要作用。通过对 WCU 会议举办者的访谈,以下归纳出 WCU 会议在提升国家软实力方面的若干举措。

(1) 高水平的会议伙伴

WCU 会议是由教育部战略研究基地——上海交通大学教育学院世界一流大学研究中心主办。该中心因长期从事世界一流大学相关方面的学术研究领域,在全球享有较高的知名度和影响力。世界一流大学研究中心主任刘念才教授与多位全球高等教育专家建立了深度合作关系,包括联合国教科文组织欧洲高等教育研究中心前主任、学术排名与卓越国际协会(International Ranking Expert Group,简称 IREG)创始人扬·萨德拉克(Jan Sadlak)博士,牛津大学教育系教授、牛津大学全球高等教育研究中心主任西蒙·马金森(Simon Marginson)教授,波士顿学院高等教育学教授、《国际高等教育》杂志创始人菲利普·阿特巴赫(Philip Altbach)教授,全球高等教育专家及世界银行前高等教育主管贾米尔·萨尔米(Jamil Salmi)博士等。这些专家拥有国际高等教育研究领域的学术声誉以及丰富的学术网络资源,对于会议国际化水平的提升发挥了至关重要的作用。部分国际专家自从第一届会议开始就深度参与会议主题的设定、大会主讲嘉宾的邀请、大会主题演讲报告、会议成果的编撰等工作。他们的加入极大促进了会议国际影响力的提升,并帮助 WCU 会议进一步树立国际学术品牌影响力。

(2) 全球化的会议视角

知名高等教育专家菲利普·阿特巴赫曾指出,WCU 会议的最大优势在于它是一个以研究为基础,以全球视角关注世界一流大学未来进程的研究型会议。每届 WCU 会议主题紧密围绕一流大学建设与发展的关键议题,兼具学术研究与政策指导价值。如第一届和第二届的会议议题探讨了世界一流大学排名的相关问题,第三届、第四届和第五届会议议题注重对大学建设方面的相关研究,第六届、第七届和第八届会议议题着重强调了全球化视角下一流大学的挑战和目标。

每届 WCU 会议都有数十个国家的名校大学校长、政府和国际组织官员、顶尖学者和评价专家参与报告。这些高水平的发言人给论坛提供了前沿观点和一手资料,有助于各位参会者了解世界一流大学建设方面最新的相关信息,如法国前总理关于法国高等教育改革的报告、俄罗斯高教专家关于俄罗斯重点建设的报告等。历届 WCU 会议还汇聚了全球高等教育英才共同参与,不断积累国际经验,共享发展成果,以国际视野搭建了世界一流大学研究的沟通平台,也促成了世界一流大学和各位专家学者在管理和学术方面的广泛合作。

(3) 国际化的会议流程

WCU 会议旨在促进全球世界一流大学的建设与发展,在会务方面采用了国际学术会议标准规范操作。在会议之前,会务组专家根据当前国际形势和研究发展态势提前设计会议主题,并在会议召开一年前在网站公布会议时间和主题,面向全球征稿并组织专家评审投稿。同时,会务组专家会根据会议主题聘请重量级学者作为主讲人,邀请高水平的研究者共同参与。会议召开前,会务组提前将会议文集和参会名单提供给参会者,以便参会者了解会议内容、相互联络。会议期间,会务组会邀请上海交通大学校长等领导出席致辞;考虑到研究主题的集中性,WCU 会议采用了大会报告的形式开展,确保所有参会者都能够集中听取主讲嘉宾的发言报告,并进行现场互动讨论;会议还安排了欢迎会、晚宴等各种形式的聚会,为会议的参与者提供互动和深入探讨的机会。会后,会务组根据会议主题选择相关文章,以英文和中文两种文字同时出版会议文集,分享成果,传播思想,以便世界各国学者的进一步研究。

3. WCU 会议对国家软实力提升的作用

(1) 提供国际交流的平台,打造一流大学研究的学术共同体

有影响力的国际会议是实现国际交流与沟通的重要方式,而 WCU 会议正是世界一流大学研究领域最主要的国际交流平台之一,它推动了一流大学领域学术共同体的建设。与 QS、THE 等世界一流大学排名组织所举办的会议不同,WCU 会议较为关注一流大学领域的学术性研究,近年来大会的报告约有 40% 是国际一流大学的知名学者的研究,约 60% 是世界一流大学政策实践者的经验。参会学者可以全面了解到世界各国一流大学建设的理论与实践经验,而且

对一流大学建设与评价相关主题进行深入探讨。WCU会议期间，国际专家还会与国内教师进行各类正式和非正式的会谈与学术交流，搭建起中国学者与世界学者沟通交流的桥梁。此外，WCU会议还促进了一流大学领域学术共同体的深入合作与交流，推动上海交通大学教育学院与国外院校有关一流大学国际项目的研究、联合培养研究生等方面的深度合作，促使很多参会者投稿编成会议论文集。

（2）提供中国学者研制的一流大学排名，建构国际话语权

米歇尔·福柯（Michel Foucault）曾提出，如果没有话语的生产、积累、流通和功能发挥，权利关系自身就不能得以建立和巩固[①]。在高等教育全球化的背景下，"中国需要增强国家话语权，从国际教育规则的被动接受者转变为主动制定者和积极倡议者"[②]。

WCU会议的突出贡献就是为中国学者研究开发的世界一流大学排名标准提供了展示平台，进而促进我国在国际范围内对一流大学评价话语权的建构。CWCU在2003年研制完成并发布的世界首个多指标全球性大学排名——世界大学学术排名，是世界四大权威大学排名榜单之一。ARWU排名根据教育质量、教师质量和科研成果等客观量化指标制作世界大学排名榜单，每年被排名的大学有1 800所，每年发布全球前1 000名大学的排名表现。在历届的WCU会议中都有对ARWU排名的专场交流与讨论，来自世界各国的专家、学者和教育管理者，以及THE、QS、USNews等其他国际知名世界大学排名机构的负责人也会出席，共同探讨全球性大学排名的现状、发展趋势以及影响与应用等问题。WCU会议提供了平台来展示中国对一流大学的评价方法与结果，影响着世界一流大学评价的标准，提高了中国在一流大学评价方面的话语权。

（3）吸引多国专家学者参会，发挥学术影响力

高等教育中的文化软实力体现了为高等教育教学要素与资源形成的具有竞争性的影响力，从本质上来说，高等教育的软实力是以吸引力为核心，以竞争力为载体，以影响力为结果的高等教育内部权力分配和外部权力博弈[③]。吸引力是高等教育软实力中的核心概念，是整合文化性、价值性、制度性的关键载体。

---

① 匡亚明.权力点眼睛——福科访谈录[M].上海：上海人民出版社，1997.
② 任来群."双一流"战略下高等教育国际化的未来发展[J].中国高等教育，2016(5)：15 - 17.
③ 李健，洪文成.中国高等教育软实力的内涵及建设路径[J].大学教育科学，2018(5)：16 - 20.

WCU 会议自 2005 年以来已成功举办八届,每次会议都会吸引全球从事世界一流大学研究的高等教育管理、大学评价和科技政策等领域的学者以及大学领导人等专家学者的共同参与,就目前世界范围内有关世界一流大学建设和高等教育等热点话语进行交流探讨。从第一届 WCU 会议有 30 多位专家学者参与发展到第八届 WCU 会议有来自二三十个国家 100 多位专家学者共同参与,展现了会议在国际学界的认可度。每届 WCU 会议之后,会务组专家将优秀的会议论文汇编成为中英文著作出版,成为 WCU 会议的重要品牌,英文著作累积被引 300 余次,持续发挥了国际学术影响力。

(4) 展示中国一流大学的研究与实践,塑造国家形象

WCU 会议不仅给世界提供了一个一流大学研究的交流平台,而且给中国提供了一个一流大学建设效果的对外展现的窗口。著名高等教育专家西蒙·马金森指出,高等教育的中国模式体现了效率优先发展观,国家将经费投入到金字塔顶端,有意识地推动"领先的研究型大学层次"的形成[①]。不少西方学者对中国模式下的一流大学建设效果仍然存在不少争议,WCU 会议则通过国内外学者的学术交流,对外展现了中国一流大学建设的特色与发展历程。如在第三届 WCU 会议上,上海交通大学教育学院王琪博士通过"中国特色、世界一流""学科带动、整体提升""创新驱动、服务社会""深化改革、激发活力"这四个方面向参会者介绍了上海交大的建设之路与发展历程。第八届 WCU 会议中,四川大学、哈工大、西北工大等高校纷纷围绕全球化与国家特色这一议题分享治学经验,共享发展成果,并与其他大学共同探讨教育模式和高校发展机遇。这些国内学者介绍的中国一流大学建设经验有助于塑造我国高等教育发展的良好形象。通过这些正式和非正式的交流,能够让国际专家学者感受到我国一流大学建设的特色与成效,有助于提升我国一流大学建设的国际形象与影响力。

第五节　政　策　建　议

基于以上对一流大学经济贡献的指标比较与案例分析的结论,本研究提出以下几方面的政策建议:

---

① MARGINSON S. Higher Education in East Asia and Singapore: Rise of the Confusion model[J]. Higher Education, 2011(5): 587 - 611.

一、构建大学服务国家战略的长效机制,精准对接国家科技发展需求

加强并完善国家政策支持与战略布局,构建高校服务国家战略的长效机制,对提升大学服务国家战略能力具有重要意义。当前,我国一流大学在重大科技贡献方面取得了突出的成绩,但大学在服务国家战略的过程中,往往对国家与市场的需求掌握不够清楚,从而导致无法精准对接的问题。高校服务国家战略的长效机制还不够完善,特别是走在基础研究前沿的一流大学,对社会需求的把握相对不够精准[①]。一方面,国家关于大学服务国家战略的整体规划设计还存在不足[②],国家推动产学研协同创新的动力机制还有所欠缺[③]。另一方面,在对接服务国家战略上,一流大学仍存在传统学科组织形态壁垒、资源瓶颈等问题[④]。此外,中西部地区大学仍然与东部地区存在明显的差距,对经济欠发达地区的科技支撑作用还有待提升。在国家层面上,建议加强科技研发支持政策的顶层设计、优化布局结构、注重对中西部地区一流大学科研发展的支持。在中国科大量子物理与量子信息研究部案例中,其成功服务国家战略的重要因素之一,是中科院及时甄别具有重要价值的研究领域,明确了国家科技发展需求,从而果断决策并提供强大支持,为科研发展扫清障碍,发挥最大潜能。同时,国家还应积极推动协同创新、产研合作,充分利用技术市场和资本市场,催生更多原始创新成果,加快科技成果转化,推动中西部地区的科技产业发展。正如潘建伟院士所说,"量子信息科学已经进入到深化和快速发展的阶段,特别需要多学科交叉融合和各项关键技术的攻关,需要在国家层面进行顶层设计和系统性布局。"[⑤]国家层面的支持与决策在国家关键领域科研发展起到了关键性的作用。在高校层面,应以树立学科优势为基础,对接国家战略布局,与国家战略及市场需求端进行合作与交流,推动产研协同创新。针对国家战略需求端,高校能够通过技术咨询、政策咨询、学术合作、人员交流等方式,例如可以采取申

① 张涛,周琳.国家战略需求与研究型大学的发展模式研究[J].南京理工大学学报(社会科学版),2015,28(6):63 – 68.
② 刘一鹏.国家战略布局与研究所科研发展[J].产业与科技论坛,2019,18(16):12 – 13.
③ 周正,尹玲娟,蔡兵.我国产学研协同创新动力机制研究[J].软科学,2013,27(7):52 – 56.
④ 饶燕婷."产学研"协同创新的内涵、要求与政策构想[J].高教探索,2012(4):29 – 32.
⑤ 何星辉.量子通信是不是伪科学? 潘建伟这样回应[EB/OL].(2019 – 03 – 11)[2020 – 04 – 20].http://www.xinhuanet.com/tech/2019-03/11/c_1124217666.htm.

请国家各类基金科研项目,或与国家或地方政府达成战略合作等,形成稳定的合作与交流机制,与此同时增加对国家战略的了解,立足于国家需求,进行科研规划,将科学研究牢牢扎根于社会发展之中。在面向产业发展方面,高校需要认清优势和壁垒,打破科研的局限性,转变思路,紧抓市场需求,适时利用其他科研机构及企业资源,通过横向课题、技术转化、人员交流、资源共享等方式,深化产学研结合,将国家资源使用做到最优化。

二、开设定位准确的培养项目,培养社会发展急需人才

大学在培养高层次人才的过程中,往往需要营造出不同面向、不同定位的育人环境。不论是数理英才还是人文思者、"好奇探索家"还是"技术实干者",都是服务我国现代化建设战略的重要人才支撑。开设定位准确的培养项目,对于形成各具特色的培养模式、营造优质和谐的育人环境具有重要的价值。

目前,我国仍有相当一部分大学人才培养目标定位不准确、质量控制缺乏时效性、教学资源投入欠缺[①]。即使设立了某些具有特色的培养项目,仍然缺乏配套运行制度和人员,这些项目或是选拔程序有待完善,或是课堂模式有待改进,或是师资力量有待整合[②]。此外,优质育人环境的营造还与场所和氛围息息相关,而这些尚未得到大多数高校的重视。

促进一流高校培养高水平人才服务国家战略,需要在大学层面创新人才培养模式。建议我国其他一流大学参考和借鉴相关高校的成功经验,立足自身优势,设立对接社会发展需求的各类人才培养项目。例如清华大学将人才培养工程化、项目化、专业化,在校内成立"学堂计划""双高计划""领雁工程"等专项计划,有针对性地培养了不同领域的战略发展急需人才。其次,建议完善各类人才培养项目的运作机制。将相关的人事、财务、法律、资产管理等职能都整合到统一的部门之中,并让符合项目特色、具有专业水准的师资和相关人员担起责任,提高人才培养的专业化水平。比如清华大学给予首席教授等带教者在选拔培养、课程设置、心理建设、流动退出乃至名称场所等全方位的自主权,有助于让科学指导科学,一流引领一流。最后,建议高校完善人才培养的实践与就业引导环

---

① 王艳玮.我国普通高校本科人才培养质量保障的问题与对策研究[D].武汉:华中师范大学,2014.
② 李双龙,陈·巴特尔.天津高校"科技拔尖人才培养"项目运行机制特色、问题及对策研究[J].西部学刊,2019(23):107-111.

节,将社会切实的需求与人才培养的过程相结合,提供给学生接触和解决国家发展迫切问题的机会,提升学生服务国家战略发展的观念与意识,并引导学生向国家有重要战略需求的行业和地区就业。此外,从急需人才培养的指标分析来看,东北地区的一流大学相比其他地区存在一定的短板,而且人才流出严重,是高水平人才相对欠缺的地区。本研究建议加强东北地区大学人才培养体系的建设,服务区域内人才发展的需求。

三、举办有影响力的国际会议,服务国家软实力提升

20世纪末以来,随着全球化程度的日益加深,各国大学的组织与互动形式进一步发生深层次革命,世界一流大学成为各国特别是发展中国家高等教育改革的重要举措,已经有30多个国家明确出台建设世界一流大学的相关政策或计划[①]。作为一个发展中国家,中国应采取全球化的视角,采用国际化、标准化的治学方式,在全球化进程中把握高等教育的制度先机,增强自身抵御全球化外部风险与挑战的能力。

高校国际学术会议作为对外展示的重要窗口,是提升学校影响力和辐射力的重要载体,也是高校增强自身话语权和扩展自身软实力的重要机遇。目前,随着我国在世界范围内的影响力不断增强,国际话语权的不断提高,高校国际学术会议交流日趋繁荣。但我国高校举办的国际研讨会仍普遍存在着质量不高、会议流程不规范、国际影响力不足等问题。此外,在国际会议筹备中还存在着会务组与学术组分工不清楚,会议主题设置不明晰,处理突发性问题能力不足等情况,影响着会议的质量和效果[②]。同时,大多数会议在监管上也较为薄弱,很多会议在结束后都没有针对其质量进行调查和跟踪分析,缺乏全面的会议总结和连贯的后续计划。从各种调查分析来看,我国学术会议数量虽多,但总体质量不高,有影响力的自主创办的学术会议较少,学术会议的策划、筹备、召开和会后总结不足,会议组织者的办会意识、能力和水平有待进一步提高。

参考上海交通大学WCU会议的成功经验,建议从以下三个方面提高一流大学国家会议质量与水平。首先,需更加注重品牌效应,做好顶层设计。既要充分利用市场对资源优化配置的能力也要充分发挥政府的宏观调控能力,加强顶

① 刘宝存,张伟.国际比较视野下的创建世界一流大学政策研究[J].比较教育研究,2016(6):1-8.
② 郑倩.高校筹备大型国际会议的挑战和应对[J].高校后勤研究,2017(7):51-54.

层设计。通过整合资源，做好规划、交流宣传，使各个高校能够有实力召开具有高度美誉的国际学术会议，产生品牌影响力。其次，建议大学建立高水平的国际合作网络，拓展会议的国际影响力。WCU 会议的重要成功要素之一，就是建立了若干高水平国际专家的学术网络，并形成了一流大学研究领域的国际学术共同体。这一学术网络的形成为国际会议持续产生影响力奠定了坚实的基础。建议我国高校在举办国际会议时，积极与学术界的国际协会、相关国际高水平的专家学者构建合作关系，从而提升会议的国际影响。最后，应注重会议的统筹规划与管理组织。通过周密策划，征集意见实现会议内容和形式的统一，同时借助合理高效的会议组织机构、精密细致的会议流程安排实现会议的标准化、程式化与规范化。通过优化会议的交流形式，提高会议的互动效果，使会议信息能够有效、精准地传达，会议内容能够及时、高效地传播，进一步提高会议效用，确保会议质量。

（杨希，蔡心兰）

附 录

附表 1 一流大学"人才培养"指数（2020—2021）

大　　学	指数得分	国际著名校友	国际学生	博士研究生
世界顶尖大学组	**2.25**	**2.64**	**1.05**	**1.47**
世界一流大学组	**1.00**	**1.00**	**1.00**	**1.00**
清华大学	1.30	1.44	0.58	1.51
北京大学	1.28	1.43	0.56	1.35
中国科学技术大学	1.23	1.41	0.36	1.32
南京大学	1.11	1.25	0.47	0.82
复旦大学	1.11	1.19	0.54	1.44
浙江大学	1.09	1.19	0.58	1.24
武汉大学	0.86	0.94	0.48	0.64
南开大学	0.83	0.90	0.40	0.69
上海交通大学	0.78	0.75	0.63	1.25
山东大学	0.78	0.86	0.40	0.54
吉林大学	0.78	0.88	0.30	0.53
哈尔滨工业大学	0.70	0.71	0.50	0.63
天津大学	0.69	0.71	0.43	0.65
东南大学	0.63	0.63	0.43	0.59
华南理工大学	0.56	0.59	0.38	0.42
东北大学（沈阳）	0.55	0.59	0.24	0.50
中山大学	0.55	0.55	0.33	0.90
西安交通大学	0.55	0.48	0.53	0.73
北京师范大学	0.54	0.48	0.51	0.72
四川大学	0.54	0.53	0.37	0.60
兰州大学	0.52	0.55	0.27	0.47
华中科技大学	0.52	0.48	0.45	0.88
北京理工大学	0.50	0.45	0.44	0.65

(续表)

大 学	指数得分	国际著名校友	国际学生	博士研究生
大连理工大学	0.50	0.53	0.28	0.43
厦门大学	0.48	0.45	0.45	0.52
中国海洋大学	0.47	0.48	0.29	0.50
中国农业大学	0.47	0.42	0.25	0.79
西北工业大学	0.46	0.42	0.39	0.60
郑州大学	0.46	0.51	0.34	0.20
同济大学	0.44	0.35	0.48	0.64
中南大学	0.43	0.39	0.32	0.60
华东师范大学	0.43	0.35	0.46	0.59
湖南大学	0.41	0.45	0.20	0.34
北京航空航天大学	0.33	0.22	0.46	0.61
电子科技大学	0.30	0.22	0.37	0.45
重庆大学	0.29	0.22	0.34	0.48

附表 2 一流大学"原创研究"指数(2020—2021)

大　　学	指数得分	突破性研究论文	权威期刊论文	前沿研究方向的活跃度
世界顶尖大学组	**2.48**	**3.48**	**1.82**	**2.15**
世界一流大学组	**1.00**	**1.00**	**1.00**	**1.00**
清华大学	2.20	2.53	2.01	2.07
北京大学	1.74	1.76	1.82	1.64
浙江大学	1.46	1.06	1.63	1.68
上海交通大学	1.26	0.78	1.58	1.42
复旦大学	1.24	1.10	1.33	1.27
华中科技大学	1.17	0.66	1.21	1.63
中国科学技术大学	1.56	1.35	1.73	1.60
南京大学	1.30	0.66	1.89	1.35
武汉大学	1.20	0.51	1.53	1.55
中山大学	1.14	0.66	1.24	1.52
西安交通大学	1.11	0.78	1.25	1.30
哈尔滨工业大学	1.07	0.51	1.15	1.54
湖南大学	1.00	0.29	0.89	1.81
天津大学	0.97	0.51	1.31	1.08
北京航空航天大学	0.95	0.59	1.20	1.05
华南理工大学	0.93	0.29	1.02	1.48
西北工业大学	0.93	0.59	0.89	1.32
中南大学	0.93	0.00	0.84	1.96
厦门大学	0.91	0.66	0.99	1.08
南开大学	0.90	0.66	1.04	1.01
东南大学	0.89	0.42	0.88	1.38
四川大学	0.87	0.42	1.02	1.19
电子科技大学	0.87	0.29	0.69	1.63
同济大学	0.85	0.42	0.94	1.20
吉林大学	0.82	0.42	0.96	1.07
北京师范大学	0.76	0.51	0.92	0.86
大连理工大学	0.74	0.00	0.99	1.22
北京理工大学	0.69	0.00	0.90	1.18
重庆大学	0.69	0.00	0.88	1.19
山东大学	0.69	0.00	1.02	1.05
中国农业大学	0.69	0.59	0.57	0.90
兰州大学	0.67	0.42	0.77	0.84

(续表)

大　学	指数 得分	突破性 研究论文	权威 期刊论文	前沿研究方向 的活跃度
华东师范大学	0.63	0.29	0.73	0.88
中国海洋大学	0.57	0.51	0.52	0.68
郑州大学	0.55	0.00	0.69	0.97
东北大学	0.50	0.00	0.70	0.81

附表 3　一流大学"学术大师"指数(2020—2021)

大　学	指数得分	全球高被引科学家	重大国际奖项得主	国际权威学术刊物主编
世界顶尖大学组	**2.28**	**2.15**	**2.41**	**2.27**
世界一流大学组	**1.00**	**1.00**	**1.00**	**1.00**
清华大学	0.64	1.92	0	0
四川大学	0.60	0.61	0	1.20
中国科学技术大学	0.49	1.46	0	0
电子科技大学	0.49	1.46	0	0
浙江大学	0.45	1.36	0	0
北京大学	0.41	1.22	0	0
上海交通大学	0.41	1.22	0	0
东南大学	0.41	1.22	0	0
华南理工大学	0.37	1.10	0	0
华中科技大学	0.35	1.05	0	0
中山大学	0.32	0.96	0	0
哈尔滨工业大学	0.32	0.96	0	0
南开大学	0.32	0.96	0	0
北京航空航天大学	0.30	0.91	0	0
北京理工大学	0.30	0.91	0	0
复旦大学	0.29	0.86	0	0
吉林大学	0.29	0.86	0	0
湖南大学	0.29	0.86	0.	0
西北工业大学	0.27	0.81	0	0
南京大学	0.25	0.75	0	0
武汉大学	0.25	0.75	0	0
西安交通大学	0.25	0.75	0	0
中南大学	0.23	0.68	0	0
山东大学	0.23	0.68	0	0
天津大学	0.23	0.68	0	0
厦门大学	0.23	0.68	0	0
北京师范大学	0.20	0.61	0	0
大连理工大学	0.20	0.61	0	0
同济大学	0.20	0.61	0	0
中国农业大学	0.20	0.61	0	0
重庆大学	0.14	0.43	0	0
东北大学(沈阳)	0.14	0.43	0	0

（续表）

大　　学	指数 得分	全球高被 引科学家	重大国际 奖项得主	国际权威学术 刊物主编
华东师范大学	0.10	0.30	0	0
中国海洋大学	0.10	0.30	0	0
兰州大学	0	0	0	0
郑州大学	0	0	0	0

附表 4　一流大学"经济贡献"指数(2020—2021)

大　　学	指数得分	技术转化收入	专利转让比例	高管及股东校友创业板上市公司市值
世界顶尖大学组	**1.25**	**1.38**	**0.92**	**2.13**
世界一流大学组	**1.00**	**1.00**	**1.00**	**1.00**
清华大学	0.69	1.63	0.35	0.70
北京理工大学	0.47	1.26	0.27	0.23
复旦大学	0.43	0.40	0.32	0.83
华南理工大学	0.42	0.69	0.32	0.43
浙江大学	0.42	0.67	0.27	0.61
上海交通大学	0.41	0.30	0.35	0.68
西安交通大学	0.40	0.50	0.35	0.44
东北大学	0.35	0.73	0.27	0.21
哈尔滨工业大学	0.35	0.18	0.42	0.34
北京大学	0.32	0.24	0.27	0.54
华中科技大学	0.32	0.39	0.27	0.38
北京航空航天大学	0.31	0.13	0.35	0.38
南开大学	0.31	0.47	0.22	0.43
中南大学	0.31	0.19	0.32	0.40
中山大学	0.31	0.15	0.27	0.58
重庆大学	0.31	0.12	0.39	0.26
山东大学	0.30	0.33	0.32	0.24
四川大学	0.30	0.49	0.22	0.34
武汉大学	0.30	0.18	0.32	0.37
南京大学	0.29	0.19	0.32	0.34
同济大学	0.29	0.33	0.27	0.28
电子科技大学	0.28	0.18	0.32	0.28
东南大学	0.27	0.16	0.27	0.38
湖南大学	0.27	0.08	0.32	0.33
天津大学	0.27	0.35	0.22	0.33
兰州大学	0.26	0.05	0.32	0.30
西北工业大学	0.26	0.19	0.32	0.18
吉林大学	0.25	0.13	0.27	0.32
中国科学技术大学	0.25	0.34	0.16	0.41
华东师范大学	0.24	0.09	0.32	0.15
厦门大学	0.22	0.14	0.22	0.31
郑州大学	0.21	0.07	0.27	0.19

（续表）

大　　学	指数得分	技术转化收入	专利转让比例	高管及股东校友创业板上市公司市值
中国农业大学	0.20	0.19	0.22	0.12
中国海洋大学	0.19	0.11	0.22	0.17
北京师范大学	0.16	0.09	0.16	0.24
大连理工大学	0.15	0.14	0.16	0.16

附表 5   一流大学"品牌影响力"指数(2020—2021)

大　　学	指数得分	世界一流大学视角	第三方评价视角	媒体视角
世界顶尖大学组	**2.70**	**2.95**	**1.84**	**3.32**
世界一流大学组	**1.00**	**1.00**	**1.00**	**1.00**
清华大学	2.37	2.79	1.61	2.71
北京大学	2.30	2.61	1.61	2.68
上海交通大学	0.98	1.17	0.65	1.13
浙江大学	0.71	0.84	0.65	0.66
复旦大学	0.67	0.97	0.65	0.41
中国科学技术大学	0.55	0.45	0.81	0.41
中山大学	0.29	0.29	0.16	0.41
华中科技大学	0.19	0.44	0.00	0.14
南京大学	0.45	0.63	0.48	0.24
西安交通大学	0.24	0.09	0.00	0.64
天津大学	0.24	0.49	0.00	0.22
同济大学	0.18	0.29	0.00	0.24
西北工业大学	0.17	0.22	0.00	0.30
武汉大学	0.17	0.33	0.00	0.19
四川大学	0.16	0.27	0.16	0.06
华东师范大学	0.15	0.20	0.00	0.26
南开大学	0.14	0.20	0.00	0.22
大连理工大学	0.14	0.09	0.00	0.33
哈尔滨工业大学	0.13	0.15	0.16	0.09
北京理工大学	0.13	0.14	0.00	0.26
北京师范大学	0.13	0.26	0.00	0.11
山东大学	0.12	0.29	0.00	0.07
北京航空航天大学	0.10	0.15	0.00	0.14
郑州大学	0.10	0.06	0.00	0.23
中国农业大学	0.09	0.20	0.00	0.08
厦门大学	0.09	0.19	0.00	0.08
重庆大学	0.09	0.10	0.00	0.16
兰州大学	0.08	0.13	0.00	0.12
湖南大学	0.08	0.10	0.00	0.14
华南理工大学	0.06	0.09	0.00	0.10
电子科技大学	0.06	0.12	0.00	0.07
中南大学	0.06	0.08	0.00	0.09

（续表）

大　　学	指数得分	世界一流大学视角	第三方评价视角	媒体视角
东北大学	0.03	0.04	0.00	0.06
东南大学	/	0.12	0.00	/
吉林大学	/	/	0.00	0.05
中国海洋大学	/	0.05	0.00	/

注：东南大学、吉林大学和中国海洋大学的数据不完整，故无指数得分。其中东南大学和中国海洋大学的学校官网流量缺少直接点击的百分比，吉林大学的英文官网无法打开。

附表6　一流大学"服务国家战略"指数(2020—2021)

大　　学	指数得分	重大科技贡献	急需人才培养	软实力平台支撑
国内顶尖大学组	**1.00**	**1.00**	**1.00**	**1.00**
清华大学	**1.25**	**1.39**	**0.98**	**1.57**
北京师范大学	1.08	1.04	1.18	1.11
北京大学	1.08	1.49	1.01	0.84
西安交通大学	1.05	1.01	1.12	1.11
上海交通大学	0.97	0.93	0.89	1.18
四川大学	0.95	0.70	1.25	0.94
复旦大学	0.94	0.93	0.83	1.18
华中科技大学	0.91	0.64	1.12	1.02
西北工业大学	0.85	0.49	1.14	0.94
南京大学	0.85	1.00	0.99	0.59
中国科学技术大学	0.84	0.77	1.16	0.59
北京理工大学	0.81	0.47	0.99	1.02
北京航空航天大学	0.80	0.50	0.99	0.94
华东师范大学	0.79	0.60	1.05	0.72
东南大学	0.78	0.68	0.96	0.72
同济大学	0.76	0.52	0.87	0.94
吉林大学	0.74	0.8	0.87	0.59
厦门大学	0.70	0.69	0.97	0.42
中南大学	0.69	0.35	1.10	0.59
天津大学	0.69	0.43	0.83	0.84
电子科技大学	0.68	0.17	1.23	0.59
郑州大学	0.68	0	1.16	0.84
中国农业大学	0.64	0.43	0.91	0.59
哈尔滨工业大学	0.64	0.64	0.86	0.42
南开大学	0.64	0.57	0.92	0.42
山东大学	0.64	0.55	0.93	0.42
湖南大学	0.64	0.42	1.04	0.42
重庆大学	0.63	0.17	1.09	0.59
中国海洋大学	0.59	0.2	0.84	0.72
东北大学	0.56	0.22	0.87	0.59
大连理工大学	/	0.43	/	0.59
华南理工大学	/	0.51	/	0.84
兰州大学	/	0.40	/	0.42

（续表）

大　　学	指数 得分	重大 科技贡献	急需 人才培养	软实力 平台支撑
武汉大学	/	0.90	/	0.59
浙江大学	/	0.97	/	1.02
中山大学	/	0.88	/	0.59

注：大连理工大学、华南理工大学、兰州大学、武汉大学、浙江大学、中山大学因就业相关统计数据未公开，未纳入相关指标计算。

缩略语一览

A

AAAS	American Association for the Advancement of Science	美国科学促进会
ALAS	AUTM Licensing Activity Survey	美国许可活动调查报告
ARWU	Academic Ranking of World Universities	世界大学学术排名
AUTM	Association of University Technology Managers	大学技术管理者协会

B

BCSA	Bachelor of Computer Science and Arts	计算机科学与艺术本科学位
BHA	Bachelor of Humanities and Arts	人文与艺术本科学位
BSA	Bachelor of Science and Arts	理学与艺术本科学位
BSAC	Berkeley Sensor & Actuator Center	伯克利传感器和执行器中心
BSAI	Bachelor of Science in Artificial Intelligence	计算机科学学院人工智能本科专业项目
BXA	BXA Intercollege Degree Programs	跨学院学位项目系列

C

CPD	Continuing professional development activities	继续职业培训
CPPD	Center for Personal and Professional Development	教师个人与专业发展中心

D

DSP	Digital Signal Processor	数字信号处理器

E

EA	Engineering and Arts additional major	工程与艺术辅修专业

ESI	Essential Science Indicators	基本科学指标

G

GFF	Gemma Frisius Fund	鲁汶大学杰玛·弗里斯基金

I

I&I	Innovation & Incubation Centre	创新与孵化中心
I/UCRC	Industry/University Cooperative Research Centers	产学合作研究中心
IAB	Industrial Advisory Board	工业咨询委员会
IPIRA	Office of Intellectual Property and Industry Research Alliances	产业研究联盟办公室
IREG	International Ranking Expert Group	国际排名专家组

L

LERU	League of European Research Universities	欧洲研究型大学联盟
LRD	Leuven Research & Development	鲁汶大学研发中心
LSEC	Leaders In Security	国际著名信息安全机构

M

MCs	Modular Credits	模块化学分
MSc	NUS Master of Science	企业开发硕士项目

N

NCSU	North Carolina State University	北卡罗莱纳州立大学
NEC	NUS Entrepreneurship Centre	新加坡国立大学创业中心
NOC	NUS Overseas Colleges	新加坡国立大学海外学院
NSF	National Science Foundation	美国国家科学基金会
NUS	National University of Singapore	新加坡国立大学

O

OxRSS	Oxford Research Staff Society	牛津研究人员协会

P

PDR	Professional Development Review	职业发展审查

POD   People and Organisational Development Unit   人与组织发展中心

Q
QS   QS World University Rankings   QS 世界大学排名

R
RDP   The Researcher Development Programme   研究人员发展计划

S
SBIR   Small Business Innovation Research   美国能源部小企业创新研究
SRD   Staff Review and Development   教师评估和发展计划
STEM   Science, Technology, Engineering, Mathematics   科学、技术、工程、数学

T
THE   Times Higher Education World University Rankings   泰晤士高等教育世界大学
                                                                   排名

U
USNEWS   U.S. News & World Report Best Global Universities   《美国新闻与世界报道》全球
               Rankings   最佳大学排名

V
VIF   Visiting Industrial Fellow program   工业伙伴计划

W
WCU   International Conference on World-Class Universities 世界一流大学国际研讨会